高等职业院校专业能力建设项目——机电类专业系列规划教材

计算机二维绘图设计
——AutoCAD 2017 中文版

主 编 赵 雷 齐红星

副主编 魏 梅 陈 华 郑宗慧 陈 翠

西南交通大学出版社
·成 都·

图书在版编目（CIP）数据

计算机二维绘图设计：AutoCAD 2017 中文版 / 赵雷，齐红星主编. —成都：西南交通大学出版社，2019.2（2021.12 重印）

高等职业院校专业能力建设项目. 机电类专业系列规划教材

ISBN 978-7-5643-6772-5

Ⅰ. ①计… Ⅱ. ①赵… ②齐… Ⅲ. ①AutoCAD 软件 – 高等职业教育 – 教材 Ⅳ. ①TP391.72

中国版本图书馆 CIP 数据核字（2019）第 026995 号

高等职业院校专业能力建设项目——机电类专业系列规划教材

计算机二维绘图设计
——AutoCAD 2017 中文版

主编	赵 雷　齐红星
责任编辑	李华宇
封面设计	何东琳设计工作室
出版发行	西南交通大学出版社 （四川省成都市二环路北一段 111 号 西南交通大学创新大厦 21 楼）
邮政编码	610031
发行部电话	028-87600564　028-87600533
网址	http://www.xnjdcbs.com
印刷	成都中永印务有限责任公司
成品尺寸	185 mm×260 mm
印张	15
字数	375 千
版次	2019 年 2 月第 1 版
印次	2021 年 12 月第 2 次
定价	38.00 元
书号	ISBN 978-7-5643-6772-5

课件咨询电话：028-81435775
图书如有印装质量问题　本社负责退换
版权所有　盗版必究　举报电话：028-87600562

前　　言

AutoCAD 是美国 Autodesk（欧特克）公司开发的著名的计算机辅助设计软件，是当今最优秀、最流行的计算机辅助设计软件之一。AutoCAD 功能强大、操作简便，一直深受广大技术人员的青睐。AutoCAD 凭借其智能化、直观生动的交互界面以及强大的图形处理能力，在机械、电气领域中应用极为广泛。它充分体现了当今 CAD 技术的发展方向。

本书作者均从事多年的院校一线教学工作，且具有多年实践经验，这便保证了本书内容的正确性、专业性和实用性。本书以大中专院校、职业院校及各类社会培训学校的教学需要为出发点，紧密结合学科特点，内容全面，由浅入深、循序渐进地阐述了 AutoCAD 2017 的功能和应用；注重理论知识与实践操作的紧密结合，同时突出上机操作环节；操作步骤采用图注的形式表现，简单明了。

本书从教学实际需求出发，合理安排知识结构。本书主要内容如下：项目一，主要让学生从兴趣出发进入学习；项目二，主要介绍了 AutoCAD 2017 的基本功能、文件管理及图形文件的基本操作等；项目三，主要介绍了平面图形、命令的使用、设置绘图环境、绘图方法及坐标系的使用；项目四，主要介绍了三视图的绘制方法；项目五，主要介绍了二维零件图形的绘制、使用文字与表格的方法，包括文字的创建与编辑、表格的创建与编辑、创建尺寸标注的样式及各种图形的标注方法等；项目六，主要介绍了 TOP-DOWN 和 DOWN-TOP 两种装配体绘制方法、序号和 BOM 表等。

本书内容丰富、结构清晰、图文并茂、通俗易懂，适合以下读者学习使用：

（1）从事初、中级 AutoCAD 制图的工作人员；

（2）从事机械、电气类设计制造的工作人员；

（3）在计算机培训班学习 AutoCAD 制图的学员；

（4）高等院校相关专业的学生或准备参加 CAD 等级考试的学生。

本书是集体智慧的结晶，由重庆机电职业技术学院赵雷、齐红星担任主编，负责对全书统一加工整理、修改和定稿。本书共分为七个项目，其中项目一由赵雷编写，项目二由齐红星编写，项目三由赵雷、陈华编写，项目四由魏梅编写，项目五由赵雷、齐红星编写，项目六由魏梅、郑宗慧、陈翠编写，项目七由陈华编写。

我们真切希望读者在阅读本书之后，不仅能开阔视野，而且可以增长实践操作技能，并且从中学习和总结操作的经验和规律，从而达到灵活运用的水平。由于编者水平有限，书中纰漏和考虑不周之处在所难免，欢迎广大读者予以批评、指正（邮箱：qihongxing9261@163.com）。

本书对应的电子课件、实例源文件和习题答案可以到西南交通大学出版社数字化教学平台下载，同时也可以参加在线课学习 http：//mooc.icve.com.cn/。

编　者

2018 年 12 月

目 录

项目一　设计入门 1
　　一、利用 AutoCAD 画卡通头像（插入图片法）.. 2
　　二、利用 CAD 画标准篮球场（参数法绘制）... 7
项目二　绘图软件基本知识 15
　　一、绘图准备 16
　　二、查　看 20
　　三、创建标准 21
　　四、几何图形 22
　　五、精　度 27
　　六、图　层 31
　　七、特　性 34
　　八、修　改 39
　　九、块 47
　　十、文字说明和标签 50
　　十一、标　注 53
　　十二、打　印 56
项目三　绘制平面图形 61
　　一、坐标系的使用 62
　　二、鼠标作用 62
　　三、选择物体的方法 62
　　四、绘图命令——直线、构造线、射线 67
　　五、绘图命令——点、矩形、正多边形 69
　　六、绘图命令——圆、圆弧、椭圆、椭圆弧 71
　　七、绘图命令——多线、多段线、修订云线、样条曲线 76
　　八、文字、面域、测量工具 81
　　九、填充、创建块、插入块命令 82
项目四　绘制三视图 95
　　一、绘制轴承座（一）... 96
　　二、绘制轴承座（二）... 130

项目五　绘制零件图 148
　　一、图层、颜色和线型设置 150
　　二、设置文字样式命令 154
　　三、设置标注样式 156
　　四、绘制图框 161
　　五、绘制图形 163
项目六　绘制装配图 187
　　一、绘制千斤顶的装配图 188
　　二、绘制机用虎钳的装配图 197
项目七　设计实例 217

参考文献 234

项目一
设计入门

学习目标

（1）掌握利用已有图片进行绘图的方法。
（2）掌握利用已知参数进行绘图的方法。

重　点

- 插入图片和使用直线、圆弧指令。

难　点

- 线条的删减和图案填充指令的初期应用。

视频：
变形金刚绘制

 利用 AutoCAD 画卡通头像（插入图片法）

（1）打开 AutoCAD，点击菜单栏的"新建"按钮，如图 1-1 所示。

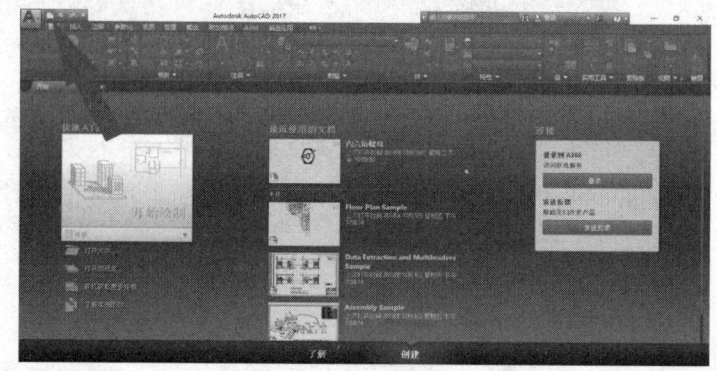

图 1-1　新建

（2）选择"acadiso.dwt"模板，如图 1-2 所示。

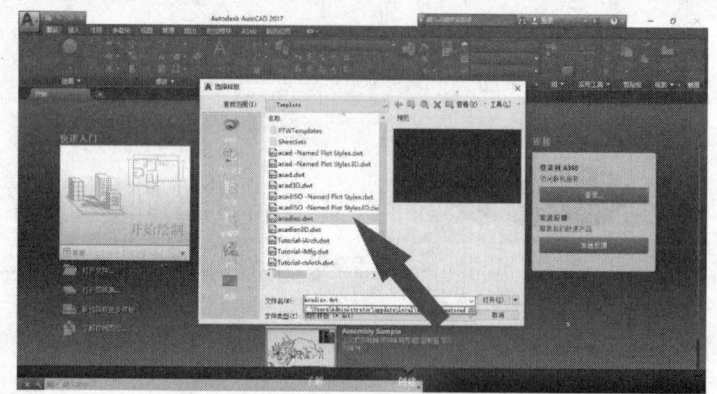

图 1-2　选择模板

（3）打开 AutoCAD，点击菜单栏的"插入"按钮，在选项卡中选择"附着"命令，如图 1-3 所示。

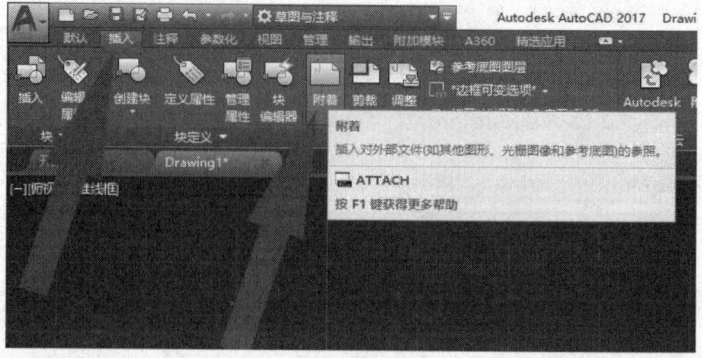

图 1-3　"附着"命令

（4）找到图片素材所在的文件夹，选择"变形金刚 1.jpg"，单击"打开"，如图 1-4 所示。

（5）这里可以进行各种个性化的设置。注意，由于插入的图片一般默认有插入的路径，如果源文件更改，也就是原来的图片位置改动，很可能导致这个插入的图片不能够在 CAD 中显示。因此，如果不想它们有关联，可以点击"无路径"。这里还可以指定插入的比例、旋转的角度等，选择完毕，点击"确定"按钮，如图 1-5 所示。

图 1-4　打开图片素材

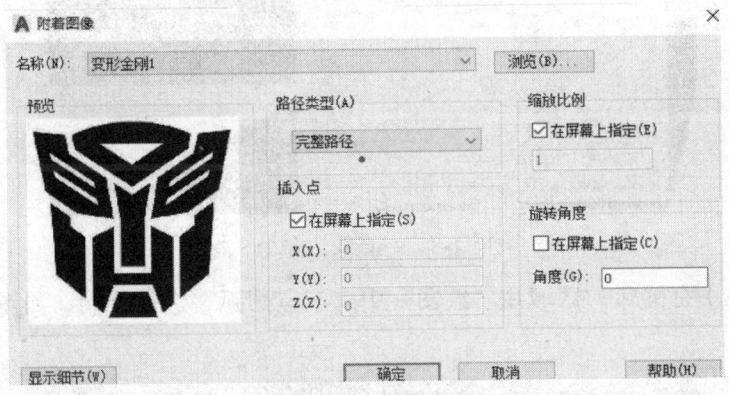

图 1-5　附着图像设置

（6）指定比例放置，比例为"1"，如图 1-6 所示。

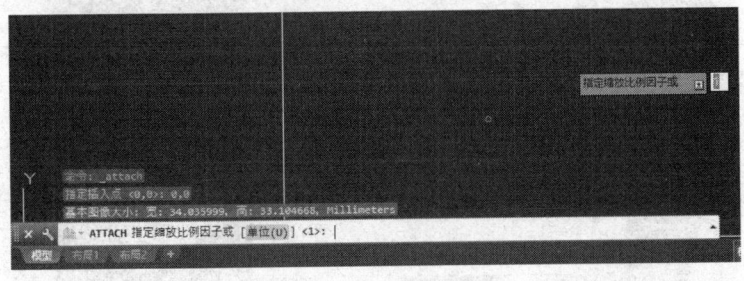

图 1-6　指定比例

技巧：图片放置完成，双击鼠标中键，界面将最大化显示，如图1-7所示。

图1-7　界面最大化显示

（7）选择默认选项卡，左键点击"直线"指令进行绘制，如图1-8所示。

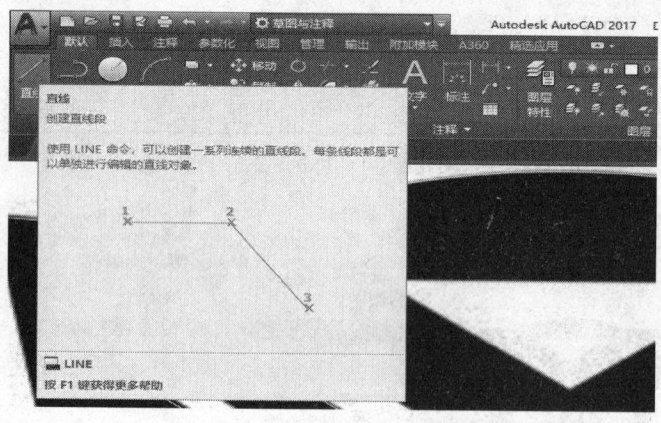

图1-8　"直线"命令

（8）有圆弧的区域用"绘图"中"三点圆弧"进行绘制，如图1-9所示。

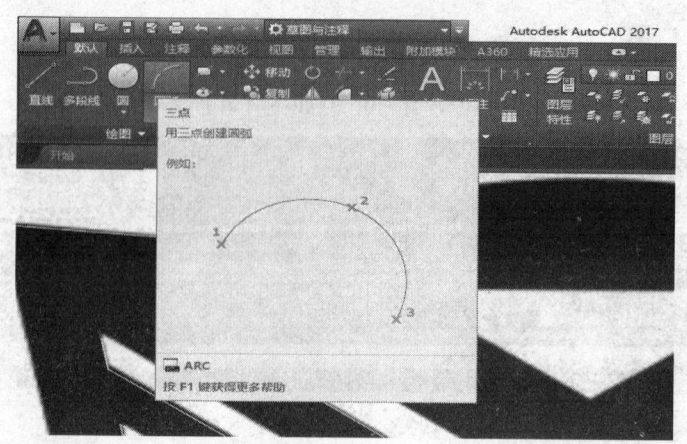

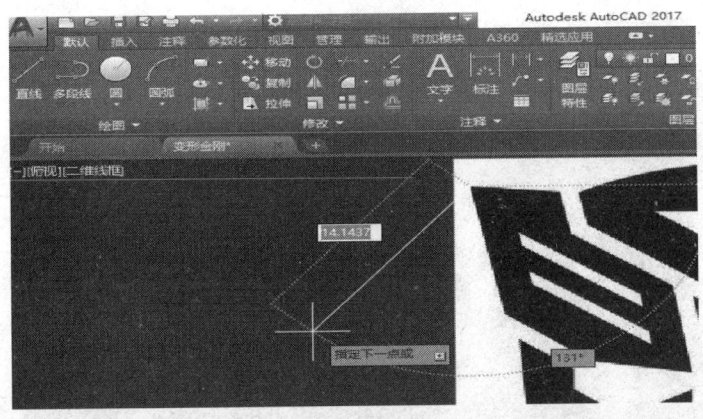

图 1-9 "三点圆弧"命令

（9）返回绘图界面，指定插入点插入图片，由于插入的图片显示得太小，可以将它放大。

（10）点击这张图片，然后单击右键，选择"缩放"命令，也可以点击右面工具栏的"缩放"命令，如图 1-10 所示。

图 1-10 "缩放"命令

（11）利用"图案填充"命令把封闭区域填充起来，如图 1-11 所示。

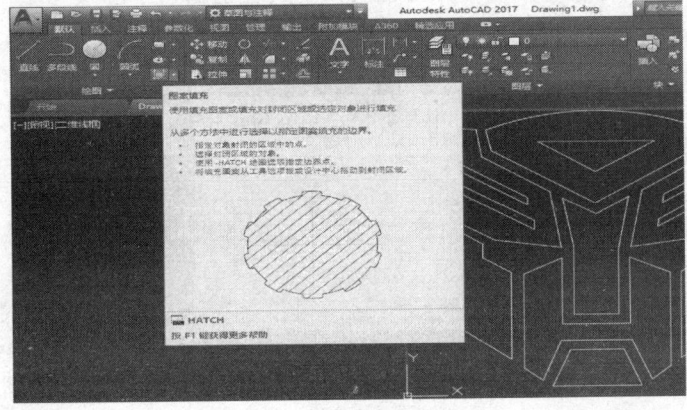

图 1-11 "图案填充"命令

（12）这里和第一个方式一样，先指定缩放的"基点"，如图1-12所示。

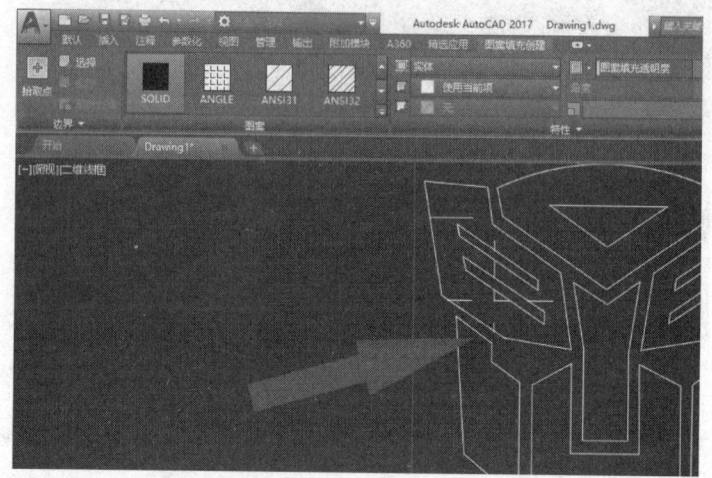

图1-12　指定"基点"

（13）输入缩放比例，然后回车，返回到绘图界面，如图1-13所示。

图1-13　返回到绘图界面

（14）保存文件，如图1-14所示。可以发现，图片已经更改了大小，如果大小不适合，可以按照刚才的方式进行缩放即可。

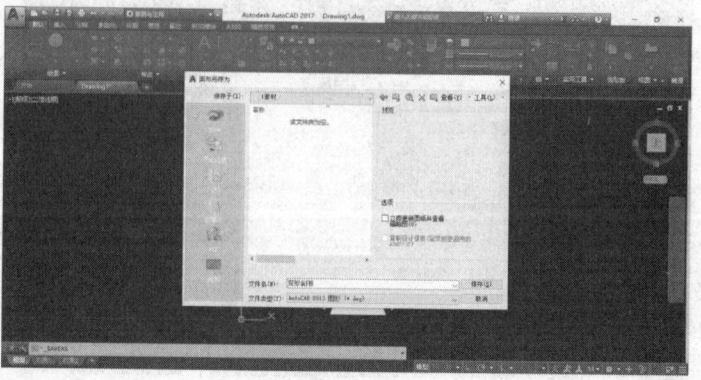

图1-14　保存文件

项目一 设计入门 7

（15）总结：这个方式看似复杂一些，但是比较规范，做起来也比较快捷。

视频：
篮球场绘制

二、利用 Auto CAD 画标准篮球场（参数法绘制）

绘制标准篮球场，球场的尺寸要与国际篮联的主要正式比赛所规定的要求一致：长 28 m，宽 15 m，如图 1-15 所示。界线画法：球场界线距观众、广告牌或任何其他障碍物至少 2 m。

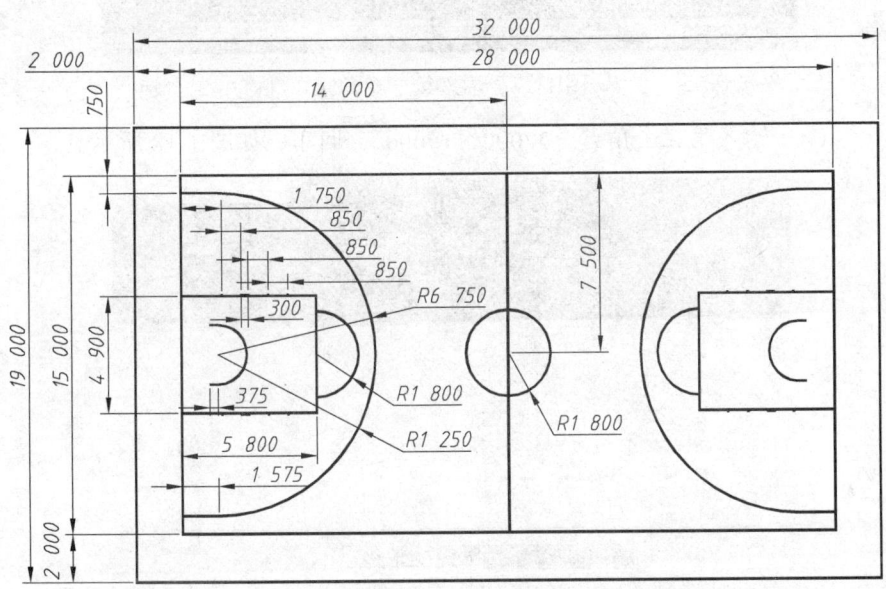

图 1-15 球场尺寸

绘图步骤：

（1）新建图纸，双击鼠标中键，界面回到初始位置。

（2）利用矩形（REC）指令，点击默认的"矩形"图标，建立边界区域，如图 1-16 所示。

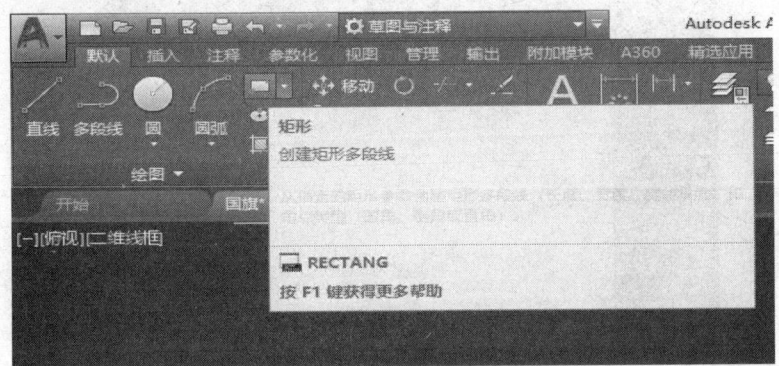

图 1-16 矩形指令

（3）输入第一个角点（0,0），回车，如图1-17所示。

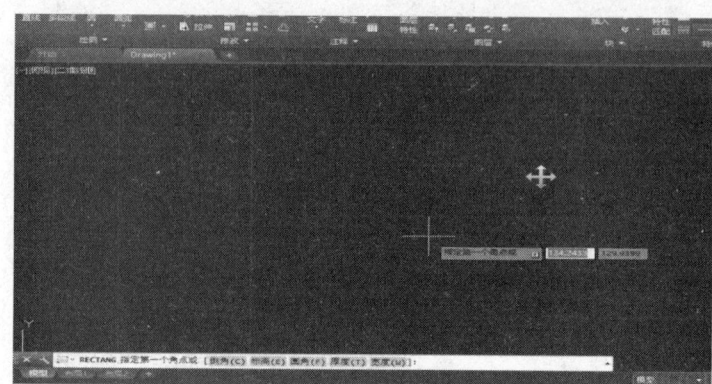

图1-17　输入第一个角点

（4）输入第二个角点（32000,19000），回车，如图1-18所示。

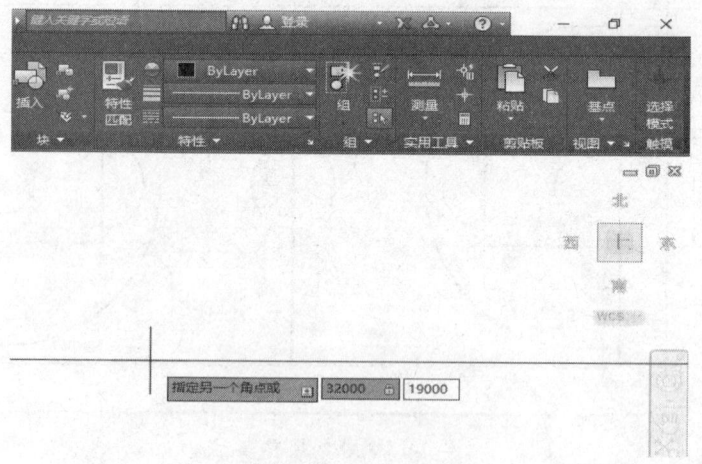

图1-18　输入第二个角点

（5）重复矩形（REC）指令，输入第一个角点（2000,2000），回车，如图1-19所示。

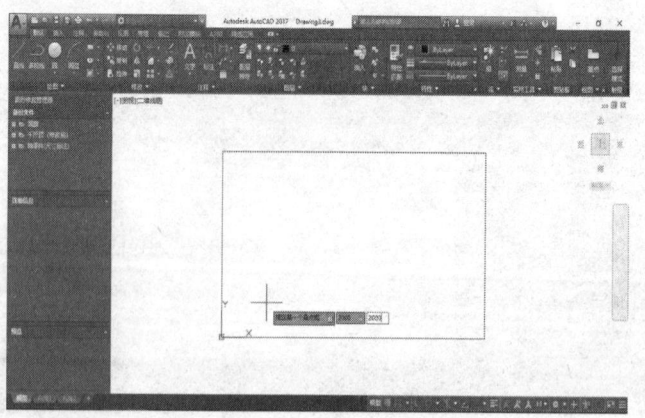

图1-19　输入第一个角点

（6）输入第二个角点（28000，15000），回车，如图 1-20 所示。

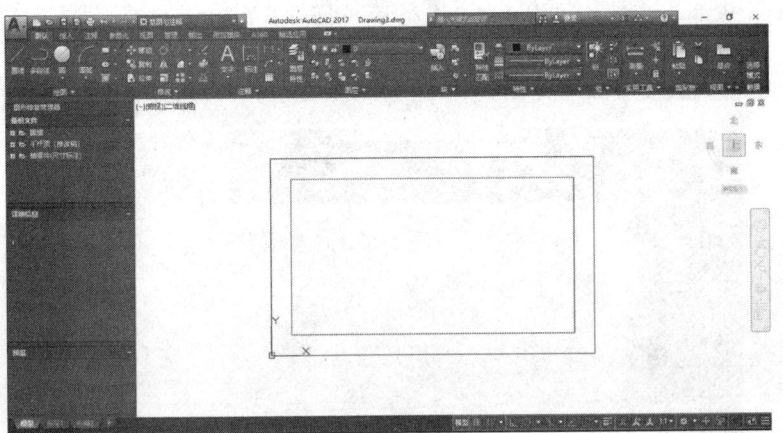

图 1-20　输入第二个角点

（7）设置对象捕捉，如图 1-21 所示。

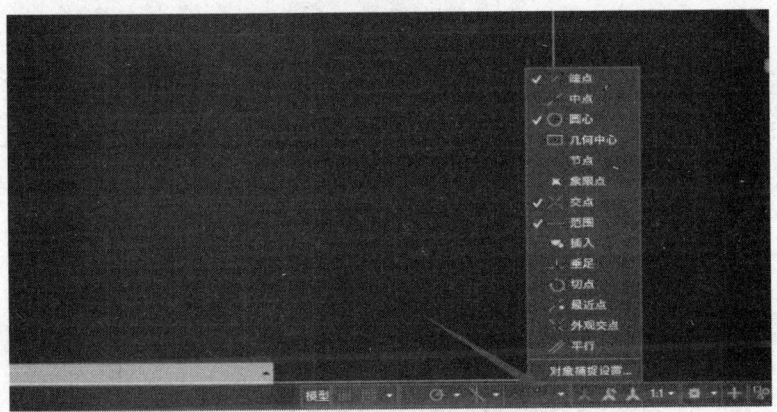

图 1-21　对象捕捉

设置对象捕捉为"全部选择"，如图 1-22 所示。

（8）选择直线（L）指令，绘制 3 分投篮区：从球场左下角边界点放置直线第一点，向上 750 mm，再水平向右 1 575 mm；绘制圆弧，绘制半径为 6 750 mm（量至圆弧外沿）的圆弧（半圆）；再绘制垂直于端线的直线，完成 3 分投篮区绘制，如图 1-23 所示。

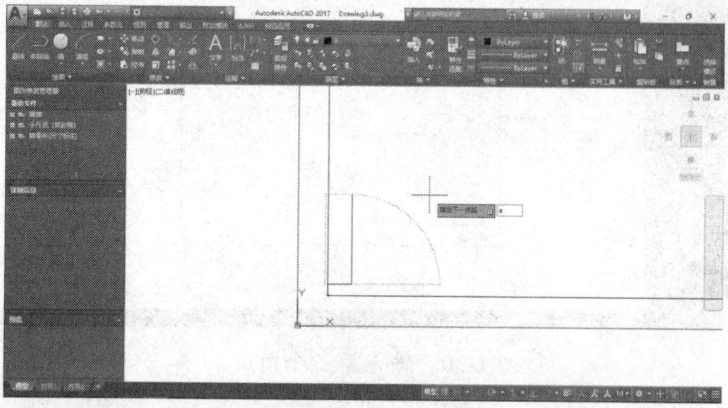

（a）

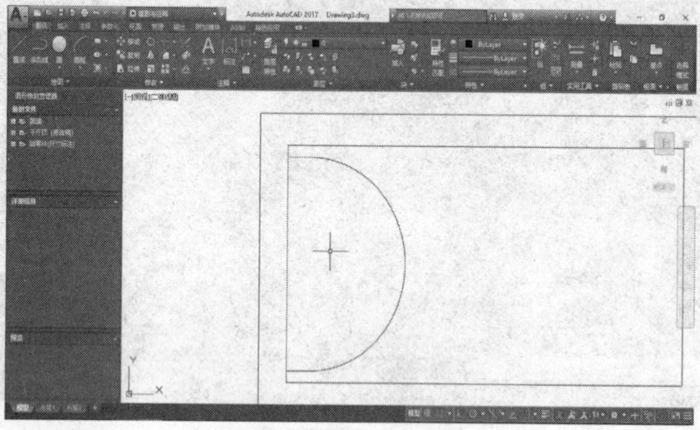

（b）

图 1-23　绘制 3 分投篮区

（9）绘制罚球线、罚球区和免责区。

① 罚球线要与端线平行，它的外沿距离端线内沿 5 800 mm。这条线长为 4 900 mm。它的中点必须落在连接两条端线中点的假想线上，如图 1-24 所示。

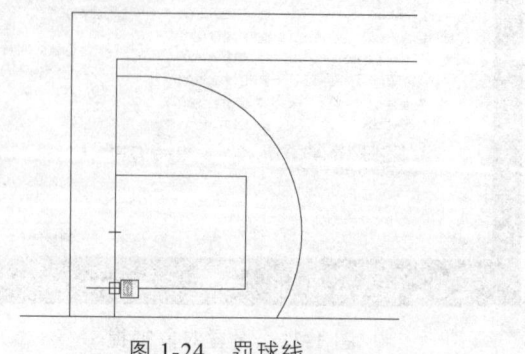

图 1-24　罚球线

② 罚球区是限制区加上以罚球线中点为圆心、以 1 800 mm 为半径的圆。绘制方法：以罚球线中点绘制半径为 1 800 mm 的圆之后利用罚球线把左半圆修剪掉，如图 1-25 所示。

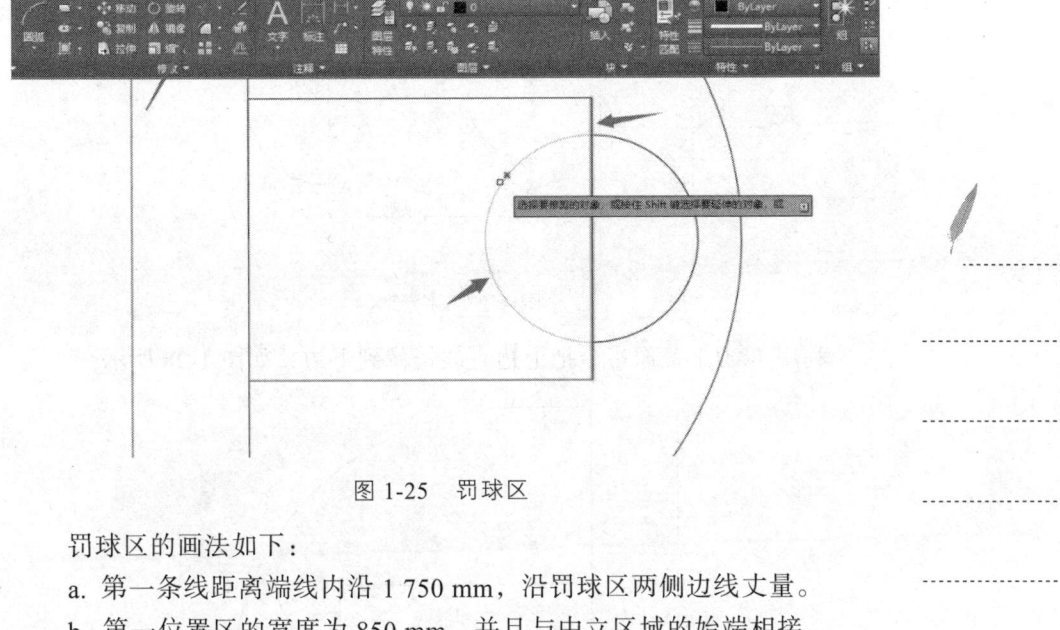

图 1-25　罚球区

罚球区的画法如下：

a. 第一条线距离端线内沿 1 750 mm，沿罚球区两侧边线丈量。

b. 第一位置区的宽度为 850 mm，并且与中立区域的始端相接。

c. 中立区域的宽度为 400 mm。

d. 第二位置区与中立区域相邻，宽度为 850 mm。

e. 第三位置区与第二位置区相邻，宽度也是 850 mm。

f. 这些位置区的线条，其长度为 50 mm，并垂直于罚球区边线的外侧，如图 1-26 所示。

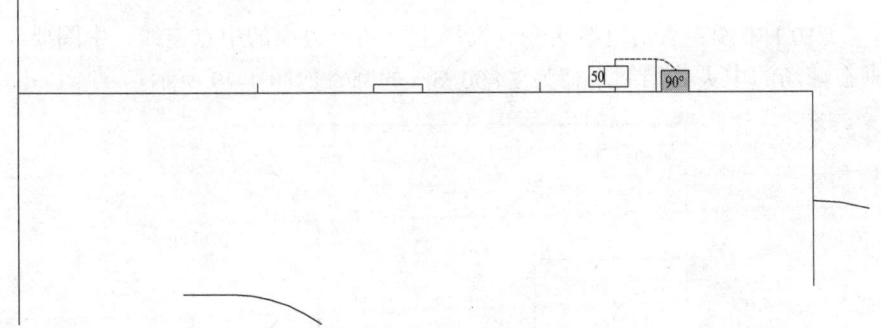

图 1-26　位置区

③ 绘制免责区，点击圆（C）指令，利用"同心"关系找到 R6 750 mm 圆的圆心，以这个点为圆心，绘制半径为 1 250 mm 的圆，点击直线（L）指令从上下两个象限点绘制向左的直线，长度为 375 mm，之后修建掉左半圆，如图 1-27 所示。

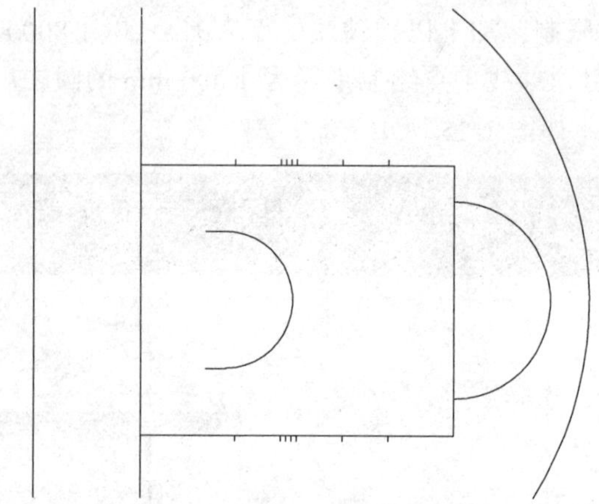

图 1-27　负责区

利用（MI）镜像指令把上边直线镜像到下边，如图 1-28 所示。

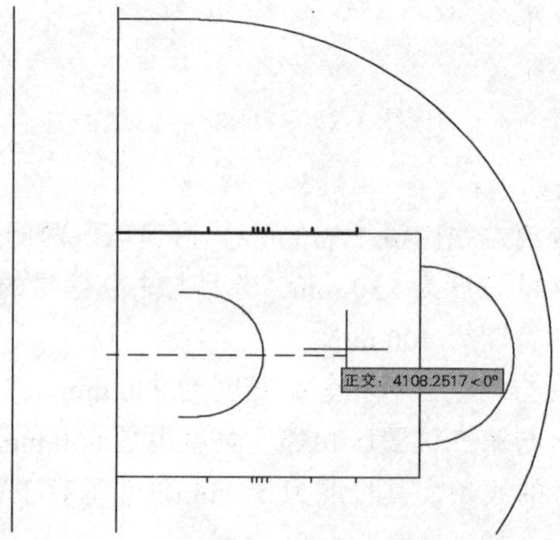

图 1-28　镜像

（10）中圈：点击直线指令，选择上下两条边线的中点连线，中圈要画在球场的中央，绘制半径为 1 800 mm 的圆，如图 1-29 所示。

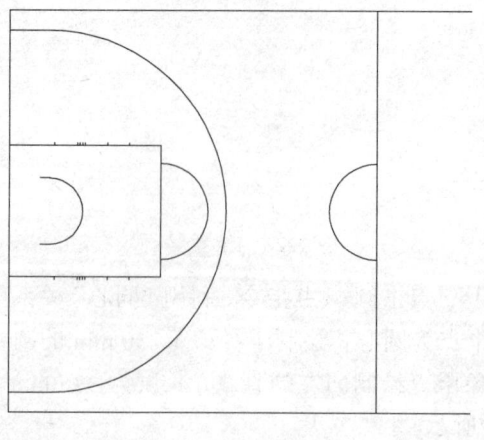

图 1-29　中圆

（11）利用镜像指令，把左边绘制好的图像复制到另一侧，如图 1-30 所示。

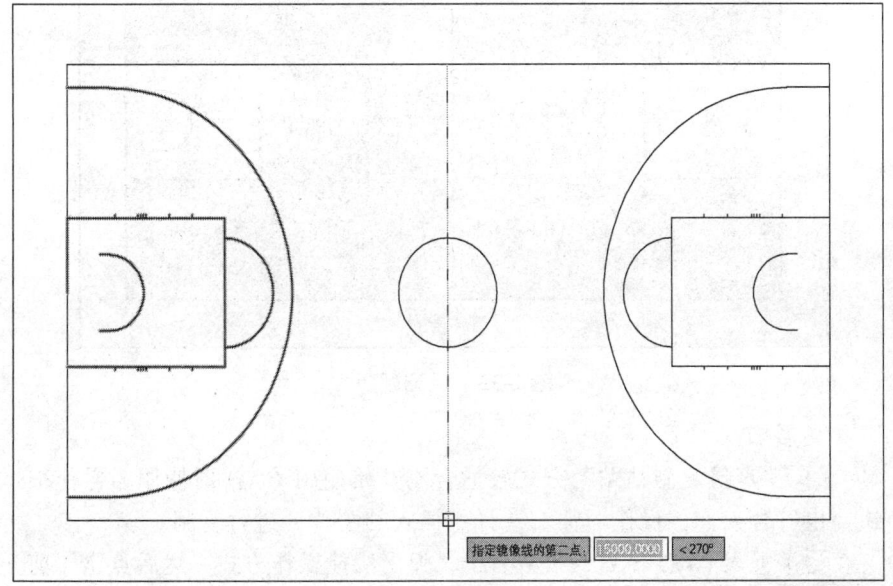

图 1-30　镜像

（12）调节线条：宽度为 0.05 m（5 cm），点击显示线宽按钮，线宽将被显示出来，如图 1-31 所示。

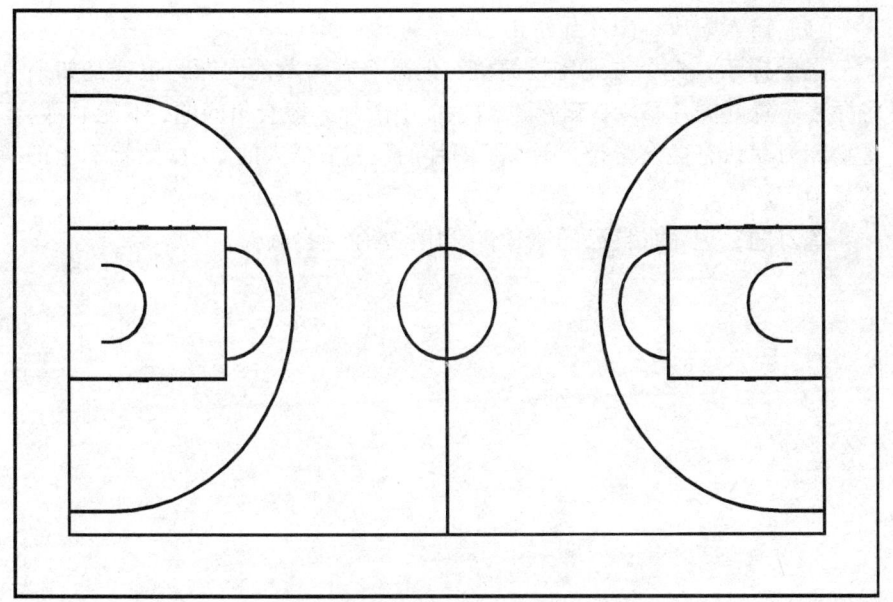

图 1-31　调节线条

（13）填充颜色，按照标准场地颜色，填充红、绿两色，如图 1-32 所示。

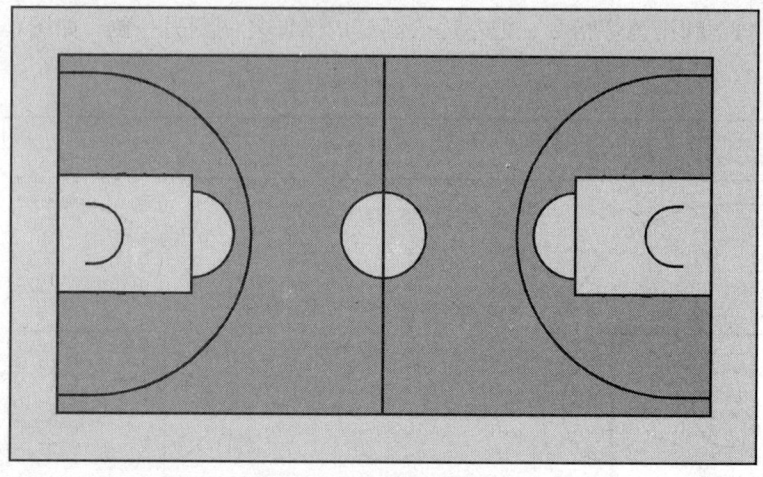

图 1-32　填充颜色

拓展知识：

（1）"直接复制粘贴"方式较适合刚开始使用 CAD 时使用，操作很快，也符合人们的操作习惯。选择想插入的图片，进行复制。

（2）进入 CAD 界面，单击右键，弹出快捷操作方式，然后点击"剪贴板"，在弹出来的快捷方式中，点击"带基点复制"。

（3）要求指定基点，点击一个粘贴图片的位置并指定基点。

（4）指定基点后，按要求"指定缩放比例因子"，也就是图片缩放的大小比例，在下方命令栏输入比例，然后回车。

（5）输入完成，图片显示出来。

温馨提示：这个方式比较简单，但是有着潜藏的问题，也就是如果将原来位置的图片移动、删除等，CAD 中图片一般会出问题，不能显示。这是因为默认有插入路径，更改了图片的位置，插入的 CAD 图就不能正常显示了。

练习题：选一张自己的照片，利用 CAD 画自画像。

项目二
绘图软件基本知识

学习目标

（1）了解绘图软件的用户界面、菜单及对话框。
（2）掌握绘图软件的基本功能。
（3）熟悉绘图软件的工作空间。
（4）掌握绘制平面图形的一般方法和步骤。

重　点

- 绘图软件的工作空间、工具条的使用、图形文件的基本操作。

难　点

- 绘制常用工程图需要设置的绘图环境、文件管理的使用。

一、绘图准备

启动 AutoCAD 2017 软件后，单击"开始绘制"按钮，开始绘制新图形。

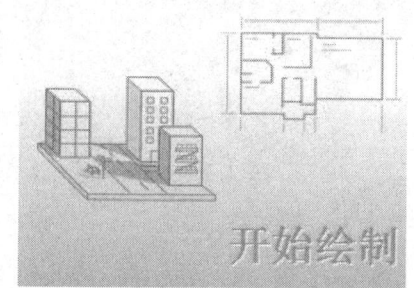

在绘图区域的顶部包含标准选项卡式功能区。可以从"常用"选项卡中选择几乎所有的命令，如图 2-1 所示。此外，下面显示的"快速访问"工具栏包括熟悉的命令，如"新建""打开""保存""另保为""打印""放弃"等。

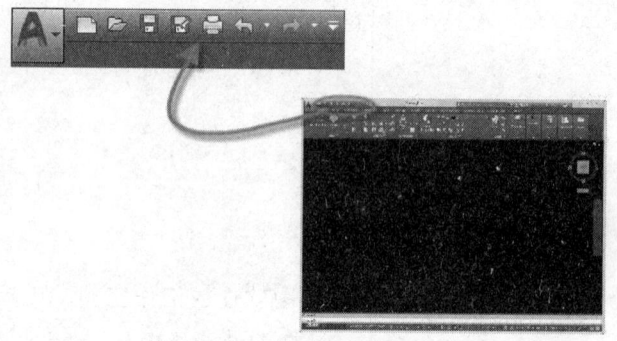

图 2-1 "常用"选项卡

注：如果"常用"选项卡不是当前选项卡，需要继续操作并单击它。

1. "命令"窗口

AutoCAD 软件界面的核心部分是"命令"窗口。它通常固定在应用程序窗口的底部。"命令"窗口可显示提示、选项和消息，如图 2-2 所示。

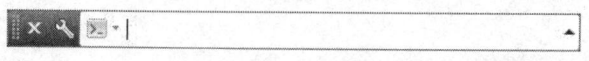

图 2-2 "命令"窗口

可以直接在"命令"窗口中输入命令，而不用使用功能区、工具栏和菜单。可以尝试多使用此方法。值得注意的是，当开始键入命令时，它会自动完成。当提供了多个可能的命令时（见图 2-3），可以通过单击或使用箭头键并按 Enter 键或空格键来进行选择。

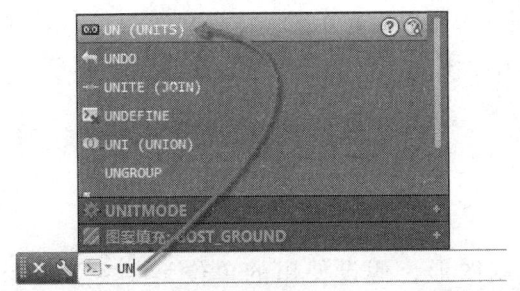

图 2-3　多个可能的命令

2. 鼠标用法

大多数用户使用鼠标（见图 2-4）作为其定点设备，但是其他设备也具有相同的控件。

鼠标左键：选择对象，指定位置，框选图形。

鼠标右键：快捷菜单。

鼠标中键：平移和缩放。

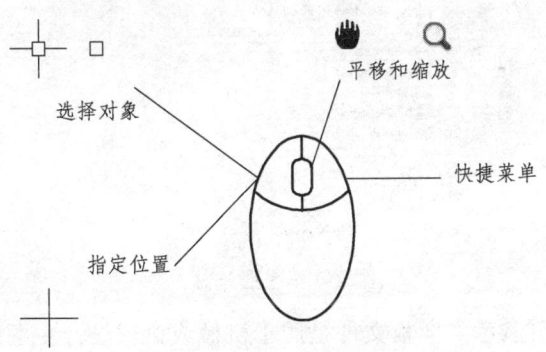

图 2-4　鼠标功能

提示：当查找某个选项时，可尝试单击鼠标右键。根据定位光标的位置，不同的菜单将显示相关的命令和选项。

3. 新建图形

通过为文字、标注、线型和其他指定图形表达，如图 2-5 所示。

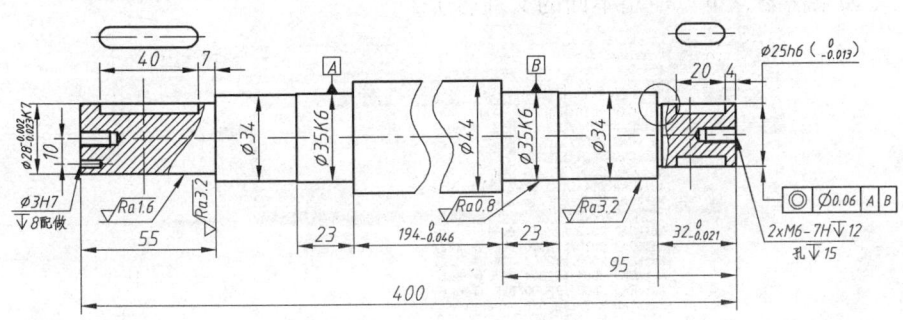

图 2-5　图形表达

所有这些设置都可以保存在图形样板文件中。单击"新建"按钮（见图 2-6）从下面几个图形样板文件中进行选择：

图 2-6　"新建"

- 对于英制图形，假设使用的单位是英寸，使用 acad.dwt 或 acadlt.dwt。
- 对于公制单位，假设使用的单位是毫米，使用 acadiso.dwt 或 acadltiso.dwt，如图 2-7 所示。

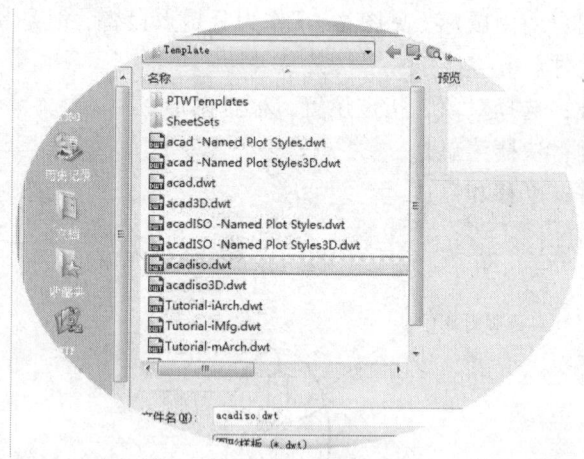

图 2-7　图形样板

列表中的"教程"样板文件是用于机械或机械设计主题的简单样例，使用英制（i）和公制（m）版本。若想要对它们进行修改，可以按照不同的要求设置相应的图层、线形等内容。

4. 创建自己的图形样板文件

可以将任何图形（.dwg）文件另存为图形样板（.dwt）文件，如图 2-8 所示。也可以打开现有图形样板文件，进行修改，然后重新将其保存（如果需要，可以使用不同的文件名）。

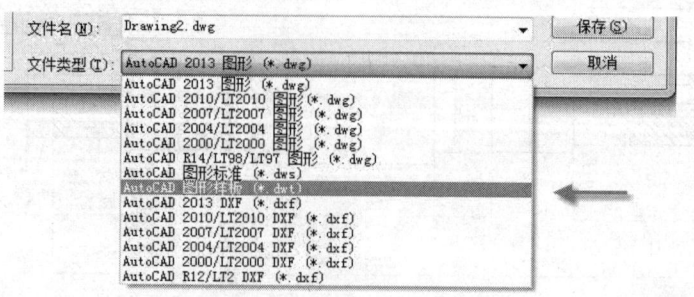

图 2-8　另存为.dwt 文件

如果独立工作，可以开发图形样板文件以满足设计工作，在以后熟悉其他功能时，可以为它们添加设置。

要修改现有图形样板文件，单击"打开"，在"选择文件"对话框中指定"图形样板（*.dwt）"并选择样板文件，如图2-9所示。

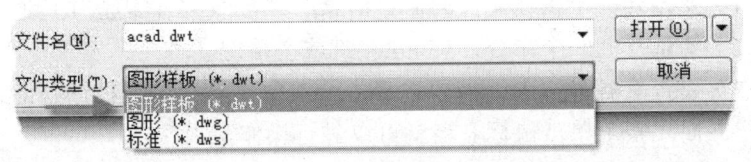

图2-9　选择样板文件

注意：如果已经建立了一组图形样板文件，在修改其中的任何文件之前应先与CAD管理员进行核对。

5. 单　位

当第一次开始绘制图形时，需要确定一个单位表示长度（英寸、英尺、厘米、千米或某些其他长度单位）。例如，用毫米为单位测量机械零件的截面，如图2-10所示。

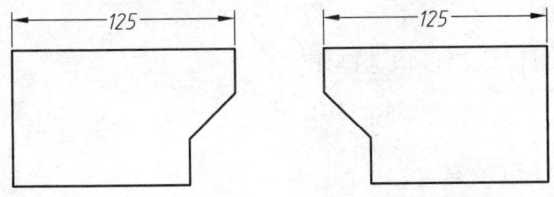

图2-10　用毫米为单位测量机械零件的截面

6. 单位显示设置

在决定使用哪种长度单位之后，UNITS命令可以控制几种单位显示设置，包括：

格式（或类型）：例如，可以将十进制长度6.5设置为改用分数长度$6\frac{1}{2}$来显示。

精度：例如，十进制长度6.5可以设置为以6.50、6.500或6.5000来显示。

如果打算使用英尺和英寸，可以使用UNITS命令将单位类型设置为"机械"，然后在创建对象时，指定其长度单位为英寸。如果要使用公制单位，保留将单位类型设置为"小数"。更改单位格式和精度不会影响图形的内部精度。它只会影响长度、角度和坐标在用户界面中如何显示。

提示：如果需要更改UNITS设置，确保将图形另存为图形样板文件。否则，将需要更改每个新图形的UNITS设置。

7. 模型比例

始终以实际大小（1:1的比例）创建模型。术语模型是指设计的几何图形。图形包含模型几何图形以及显示在布局中的视图、注释、尺寸、标注、表格和标题栏。在创建布局时,可以指定以后在标准大小的图纸上打印图形时所需的比例。

建议:

(1)要打开关于正在运行的命令信息的"帮助",只需按 F1 键。

(2)要重复上一个命令,按 Enter 键或空格键。

(3)要查看各种选项,需要选择一个对象,然后单击鼠标右键,或在用户界面元素上单击鼠标右键就可以进行操作。

(4)要取消正在运行的命令或者如果感觉运行不畅,按 Esc 键。例如,如果在绘图区域中单击,然后再输入命令,将看到与图 2-11 类似的显示。

图 2-11

按 Esc 键可以取消该预选操作。

二、查看

1. 平移和缩放

在图形中平移和缩放,并控制重叠对象的顺序,最简单的方式是通过使用鼠标上的滚轮更改视图。

(1)通过滚动滚轮缩小或放大。

(2)通过按住滚轮并移动鼠标,可以任意方向平移视图。

(3)通过单击滚轮两次,缩放至模型的范围。

提示: 当放大或缩小时,光标的位置很重要。将光标当作放大镜。

注意: 如果无法继续缩放或平移,请在"命令"窗口中输入"REGEN",然后按 Enter 键。此命令将重新生成图形显示并重置可以用于平移和缩放的范围。

2. 重叠对象

如果创建了相互重叠的对象,则可能需要更改哪些对象显示在上面或其他对象的前面。可以从功能区上的"修改"面板中访问多个绘图次序选项。单击以展开"修改"面板,然后单击下拉箭头,如图 2-12 所示。

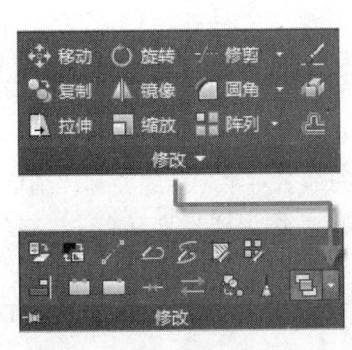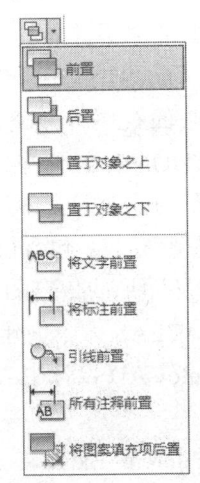

图 2-12　展开"修改"面板

列出的绘图次序选项包括将图案填充项后置、将文字前置等。

三、创建标准

CAD 标准在创建具有一致外观的图形集时起着关键作用。
CAD 标准包括但不限于：
（1）图形中的命名对象，包括图层、文字样式、标注样式和线型等。
（2）标题栏和详细信息。
（3）注释准则和方法。
（4）图形布局和图纸集准则。
（5）对象特性惯例（ByLayer、ByBlock 或明确设置）。

帮助管理 CAD 标准的命令和实用程序包括以下各项：
（1）块编辑器：编辑包含在图形内的块中的对象。（BEDIT 命令）
（2）写块：将选定的对象或块输出到新的图形（DWG）文件。（WBLOCK 命令）
（3）图层特性管理器：创建和管理图形中的图层。（LAYER 命令）
（4）文字样式管理器：创建和管理图形中的文字样式。（STYLE 命令）
（5）标注样式管理器：创建和管理图形中的标注样式。（DIMSTYLE 命令）
（6）线型管理器：输入和管理图形中的线型。（LINETYPE 命令）
（7）多重引线样式管理器：创建和管理图形中的多重引线样式。（MLEADERSTYLE 命令）
（8）多线样式：创建和管理图形中的多线样式。（MLSTYLE 命令）
（9）表格样式管理器：创建和管理图形中的表格样式。（TABLESTYLE 命令）

（10）局部视图样式管理器：创建和管理图形中的局部视图样式（VIEWDETAILTSTYLE 命令）

（11）截面视图样式管理器：创建和管理图形中的截面视图样式。（VIEWSECTIONSTYLE 命令）

（12）布局选项卡：创建和管理图形中的布局。（LAYOUT 命令）

（13）图形样板：包含已构建的命名对象、标题栏和详细信息以及其他用于创建新图形的信息的图形文件。图形样板具有文件扩展名.dwt，并且是使用 SAVEAS 命令创建的。

（14）AutoCAD 设计中心：将命名对象输入到当前图形。（ADCENTER 命令）

（15）Content Explore：将命名对象从另一个图形输入到当前图形。（CONTENTEXPLORER 命令）

（16）图层转换器：基于图层映射表，在图形中合并图层并更改图层的特性。（LAYTRANS 命令）

（17）CAD 标准检查器：根据图形标准（DWS）文件中定义的标准，检查并修复当前图形中的标准冲突。（STANDARDS 命令）

（18）标准批处理检查器：根据图形标准（DWS）文件中定义的标准，检查选定图形文件中的标准冲突。

四、几何图形

创建基本几何对象，如直线、圆和图案填充区域。

可以在 AutoCAD 中创建许多不同类型的几何对象，但对于大多数二维图形只需要知道其中几个几何对象。

提示：如果想要在创建几何对象时简化显示，可以按 F12 键来关闭动态输入。

1. 直 线

直线是 AutoCAD 图形中最基本和最常用的对象。若要绘制直线，可以单击"直线"工具，如图 2-13 所示。

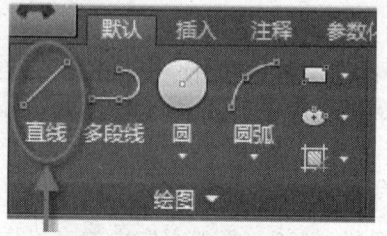

图 2-13 "直线"工具

或者，也可以在"命令"窗口中键入"LINE"或"L"，然后按 Enter 键或空格键。

需要注意在"命令"窗口中对于输入点位置的提示，如图 2-14 所示。

`X ✏ ∕ ▾ LINE 指定第一个点：`

图 2-14　输入点位置的提示

若要指定该直线的起点，可以输入坐标（0，0）。最好将模型的一个角点定位在（0，0）（称为原点）。若要定位其他点，可以在绘图区域中指定其他坐标位置（X，Y），如图 2-15 所示，也可以使用更有效的方法来指定点，这些方法将在"精度"主题中介绍。

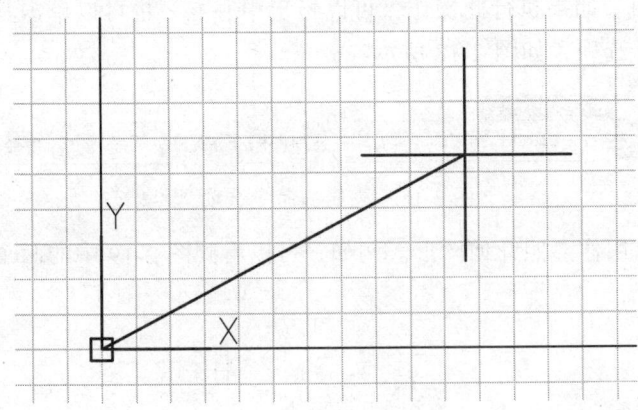

图 2-15　指定直线起点

指定了下一个点后，LINE 命令将自己自动重复，不断提示输入其他的点。按 Enter 键或空格键结束序列。

2. 作为构造辅助工具的直线

直线可以用作参照和构造几何图形，如地界线过渡、对称的机械零件的镜像线、避免干涉的间隙线和遍历路径线。

3. 圆

圆（CIRCLE）命令的默认选项需要指定中心点和半径，如图 2-16 所示。

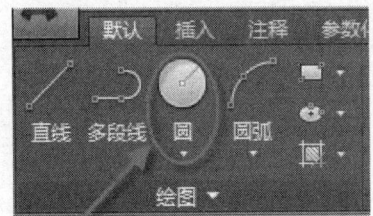

图 2-16　圆命令

在下拉菜单中提供了其他的圆选项，如图 2-17 所示。

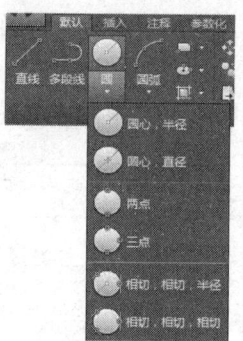

图 2-17　圆选项

或者，也可以在"命令"窗口中输入"CIRCLE"或"C"，并单击选择一个选项。如果执行此操作，可以指定中心点，也可以单击其中一个亮显的命令选项，如图 2-18 所示。

图 2-18　亮显的命令选项

圆可以用作参照几何图形。例如，可以看到图 2-19 中的两个门会相互干涉。

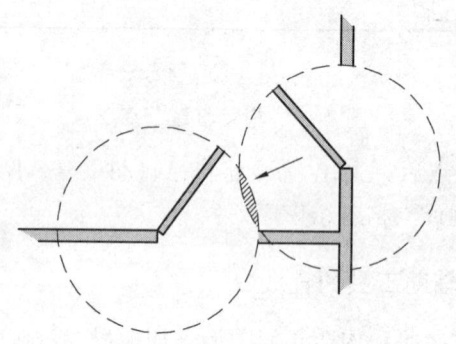

图 2-19　两个门会相互干涉

4. 多段线和矩形

多段线（见图 2-20）是作为单个对象创建的相互连接的序列直线段或弧线段。

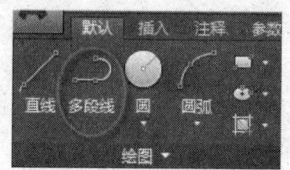

图 2-20　多段线

使用多段线（PLINE）命令可以为以下对象创建开放多段线或闭合多段线：

（1）需要具有固定宽度线段的几何图形。
（2）需要了解总长度的连续路径。
（3）用于地形学地图和等压数据的轮廓素线。
（4）在印刷电路板上的布线图和宽线。
（5）流程图和布管图。

多段线可以具有恒定宽度，或者可以有不同的起点宽度和端点宽度。指定多段线的第一个点后，可以使用"宽度"选项来指定所有后来创建的线段的宽度。可以随时更改宽度值，甚至在创建新线段时更改，如图 2-21 所示。

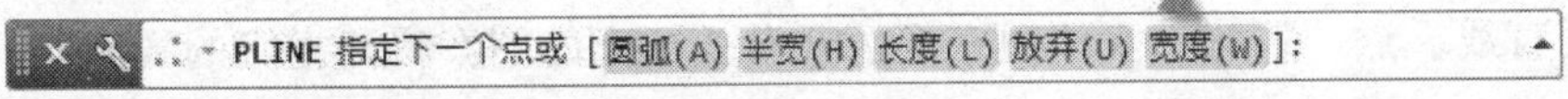

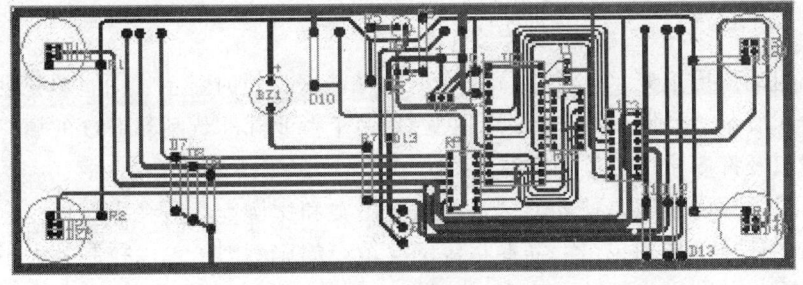

图 2-21　线段宽度

图 2-22 是印刷电路板的样例，其中的线路是使用宽多段线创建的。接合焊盘是使用 DONUT 命令创建的。

图 2-22　印刷电路板

多段线对于每个线段可以有不同的起点宽度和端点宽度，如图 2-23 所示。

图 2-23　不同起点宽度和端点宽度的多段线

快速创建闭合矩形多段线的方法是使用 RECTANG 命令（在"命令"窗口输入"REC"），如图 2-24 所示。

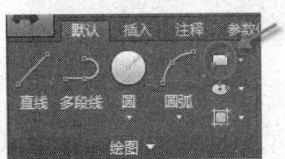

图 2-24　闭合矩形多段线

只需单击矩形的两个对角点即可快速创建闭合矩形多段线，如图 2-25 所示。如果使用此方法，则启用"栅格捕捉"（F9）以提高精度。

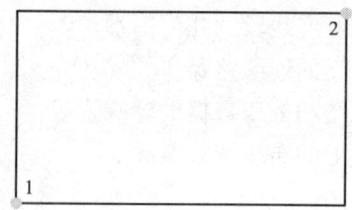

图 2-25　快速创建闭合矩形多段线

5. 图案填充和填充

在 AutoCAD 中，图案填充（见图 2-26）是单个复合对象，该对象使用直线、点、形状、实体填充颜色或渐变填充的图案覆盖指定的区域。

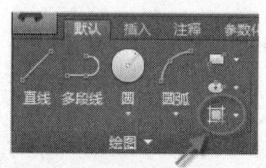

图 2-26　图形填充命令

启动图形填充（HATCH）命令时，功能区将暂时显示"图案填充创建"选项卡。在此选项卡上，可以从 70 多个行业标准英制和 ISO 的填充图案以及许多专用选项中进行选择。

最简单的步骤是从功能区选择填充图案和比例，然后在由对象完全封闭的任意区域内单击。需要指定图案填充的比例因子，以控制其大小和间距。

创建图案填充后，可以移动边界对象以调整图案填充区域，或者可以删除一个或多个边界对象以创建部分边界的图案填充。

提示：如果将填充图案设置为实体或渐变填充，还要考虑在"图案填充创建"选项卡上设置透明度级别以达到有趣的重叠效果。

以下是一些如何使用实体填充图案的样例：

提示：如果需要在图案填充中对齐图案，请使用"设定原点"选项来指定对齐点，如图 2-27 所示。

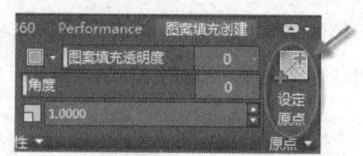

图 2-27　设定原点

注意：如果区域不是完全封闭的，将显示红色圆，以指示要检查间隙的位置。在命令窗口中输入"REDRAW"以删除红色圆。

6. 用户坐标系

用户坐标系（UCS）图标表示输入的任何坐标的正 X 和 Y 轴的方向，并且它还定义图形中的水平方向和垂直方向。在某些二维图形中，它可以方便地单击、拖动和旋转 UCS 以更改原点、水平方向和垂直方向，如图 2-28 所示。

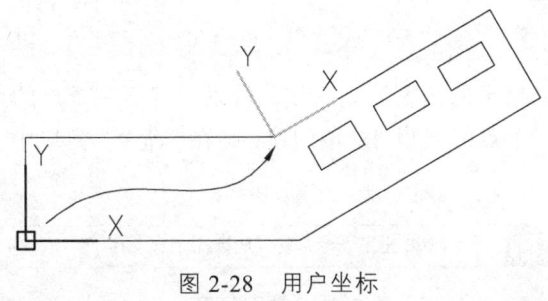

图 2-28　用户坐标

7．栅格显示

有些用户喜欢使用栅格线作为参照，而另一部分用户喜欢在空白区域中工作。要禁用夹点显示，请按 F7 键。即使栅格处于禁用状态，也可以通过按 F9 键强制光标捕捉到栅格增量。

五、精　度

确保模型所需要的精度，有几种可用的精度功能，包括：

（1）极轴追踪。捕捉到最近的预设角度并沿该角度指定距离。

（2）锁定角度。锁定到单个指定角度并沿该角度指定距离。

（3）对象捕捉。捕捉到现有对象上的精确位置，如多线段的端点、直线的中点或圆的中心点。

（4）栅格捕捉。捕捉到矩形栅格中的增量。

（5）坐标输入。通过笛卡尔坐标或极坐标指定绝对或相对位置。

3 个最常用的功能是极轴追踪、锁定角度和对象捕捉。

1．极轴追踪

需要指定点时（如在创建直线时），可以使用极轴追踪来引导光标以特定方向移动。

例如，指定直线的第一个点后，将光标移动到右侧，然后在"命令"窗口中输入距离以指定直线的精确水平长度，如图 2-29 所示。

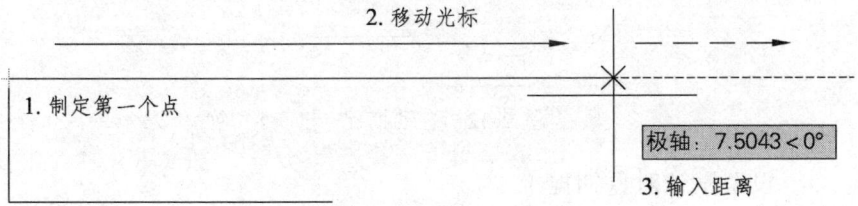

图 2-29　极轴追踪

在默认情况下，极轴追踪处于打开状态并引导光标以水平或垂直方向（0°或 90°）移动。

2. 锁定角度

如果需要以指定的角度绘制直线，可以锁定下一个点的角度。例如，如果直线的第二个点需要以 45°角创建，则在"命令"窗口中输入"<45"，如图 2-30 所示。

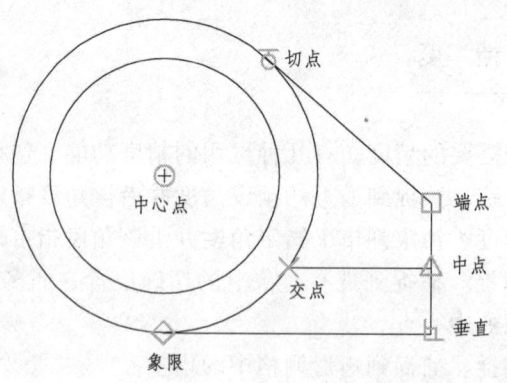

图 2-30　锁定角度

按所需的方向沿 45°角移动光标后，可以输入直线的长度。

3. 对象捕捉

到目前为止，在对象上指定精确位置的最重要方式是使用对象捕捉。在图 2-31 中，通过标记来表示多个不同种类的对象捕捉。

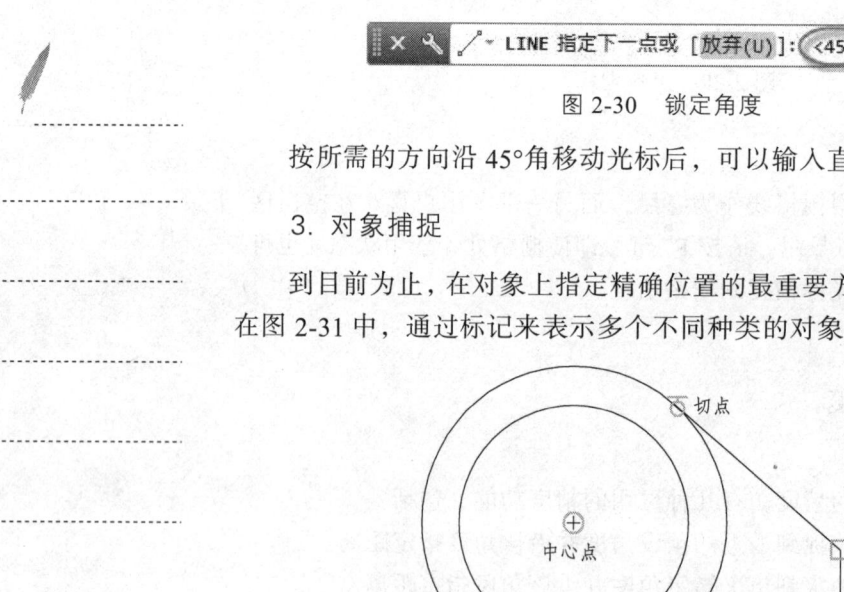

图 2-31　对象捕捉

只要 AutoCAD 提示指定点，对象捕捉就会在命令执行期间变为可用。例如，如果创建一条新线，然后将光标移动到现有直线端点的附近，光标将自动捕捉它，如图 2-32 所示。

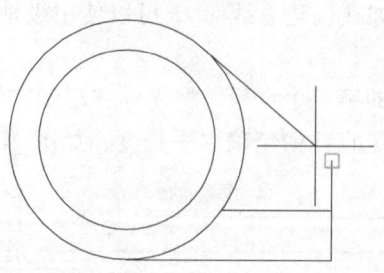

图 2-32　自动捕捉

4. 设置默认对象捕捉

输入 OSNAP 命令可以设置默认对象捕捉，也称为"运行"对象捕捉。

例如，可能会发现，默认启用"中点"对象捕捉很有用，如图 2-33 所示。

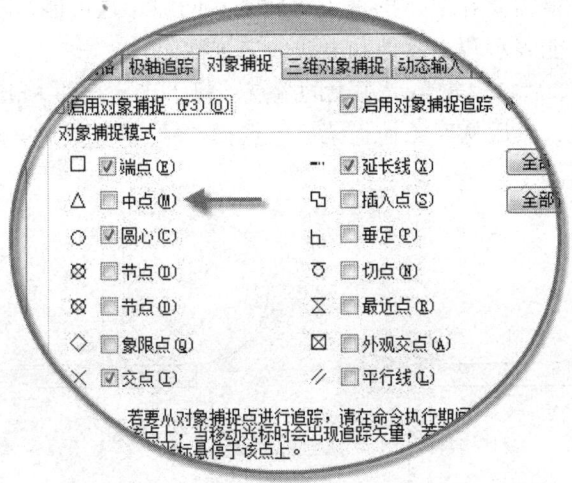

图 2-33 设置默认对象捕捉

建议：

（1）在提示输入点时，可以指定替代所有其他对象捕捉设置的单一对象捕捉。按住 Shift 键，在绘图区域中单击鼠标右键，然后从"对象捕捉"菜单中选择对象捕捉。然后，移动光标在对象上选择一个位置。

（2）应确保放大到足够大以避免出现错误。在复杂的模型中，捕捉到错误对象将导致可能传播到整个模型的错误。

5. 对象捕捉追踪

在命令执行期间，可以从对象捕捉位置水平和垂直对齐点。在图 2-34 中，首先将光标悬停在端点 1 上，然后悬停在端点 2 上。光标移近位置 3 时，光标将锁定到水平和垂直位置。

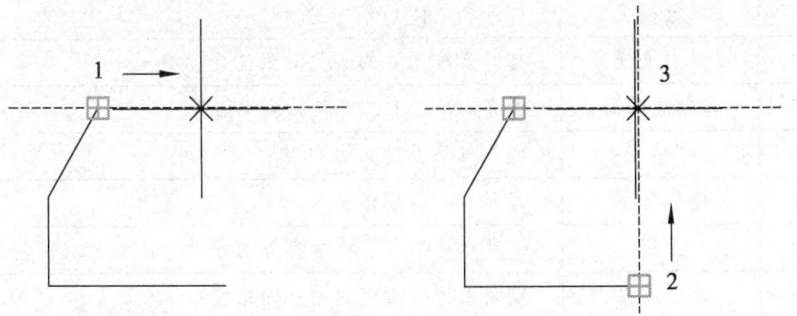

图 2-34 对象捕捉追踪

现在，可以完成已从该位置创建的直线、圆或其他对象。

6. 验证所做的工作

重新检查几何图形以尽早发现错误。输入 DIST 命令（或仅 DI）来测量模型中任意两点之间的距离。

例如，可能需要在显示的两点之间查找间隙，这可能表示墙角和小桌子角，也可能表示塑料零件和电线的二维截面。

输入 DIST 后，单击角点 1 上的端点。接下来，按住 Shift 键，同时单击鼠标右键，然后从对象捕捉菜单中选择"垂直"。最后，单击圆 2，如图 2-35 所示。

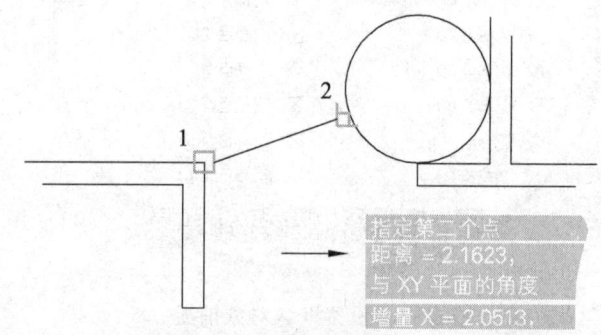

图 2-35 验证所做的工作

显示在结果中的小数位数和单位样式由 UNITS 命令控制。

7. 快捷功能键参考

键盘上的功能键在 AutoCAD 中都具有指定。最常打开和关闭的功能键使用"一把钥匙"的符号来表示，如表 2-1 所示。

表 2-1 常用快捷功能键

主键	功能	说明
F1	帮助	显示活动工具提示、命令、选项板或对话框的帮助
F2	展开的历史记录	在命令窗口中显示展开的命令历史记录
F3	对象捕捉	打开和关闭对象捕捉
F4	三维对象捕捉	打开三维元素的其他对象捕捉
F5	等轴测平面	循环浏览 2-1/二维等轴测平面设置
F6	动态 UCS	打开与平面对齐的 UCS
F7	栅格显示	打开和关闭栅格显示
F8	正交	锁定光标按水平或垂直方向移动
F9	栅格捕捉	限制光标按指定的栅格间距移动
F10	极轴追踪	引导光标按指定的角度移动
F11	对象捕捉追踪	从对象捕捉位置水平或垂直追踪光标
F12	动态输入	显示光标附近的距离和角度并在字段之间使用Tab键时接受输入

六、图 层

通过将对象指定到图层来组织图形。当图形看起来很复杂时,可以隐藏当前不需要看到的对象,如图 2-36 所示。

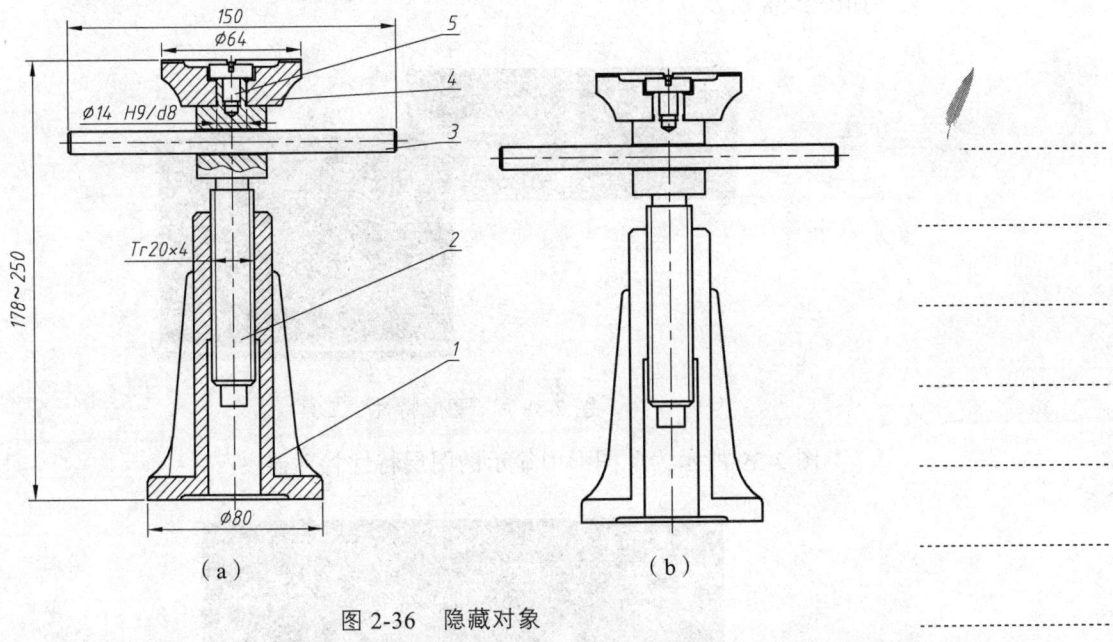

图 2-36 隐藏对象

在图 2-36(b)所示的图形中,已通过关闭其图层来暂时隐藏尺寸和剖面线。

可以通过在与特定功能或用途关联的图层上组织图形中的对象,来获得该控制级别。将图层看作是透明的纸可能会有助于理解,如图 2-37 所示。

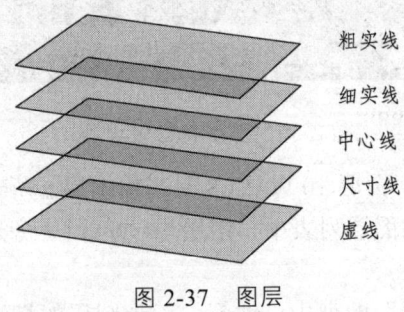

图 2-37 图层

使用图层,可以:

(1)关联对象(按其功能或位置)。
(2)使用单个操作显示或隐藏所有相关对象。
(3)针对每个图层执行线型、颜色和其他特性标准。

重要信息：图层是在 CAD 图形中可用的最重要的组织部分，可避免在一个图层上创建所有对象的显示。

1. 图层控件

要查看图形的组织方式，可以在命令窗口中输入"LAYER"或"LA"命令来打开图层特性管理器，也可以单击功能区中的"图层特性"工具，如图 2-38 所示。

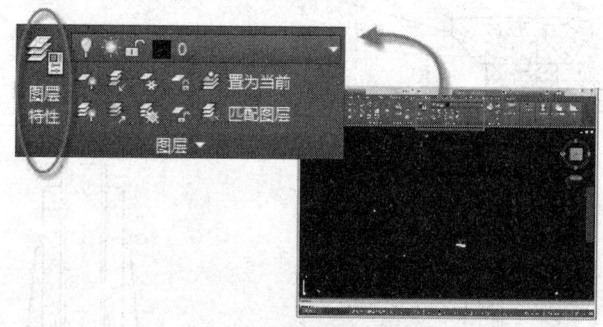

图 2-38 "图层特性"工具

图 2-39 所示为此图形中显示的图层特性管理器。

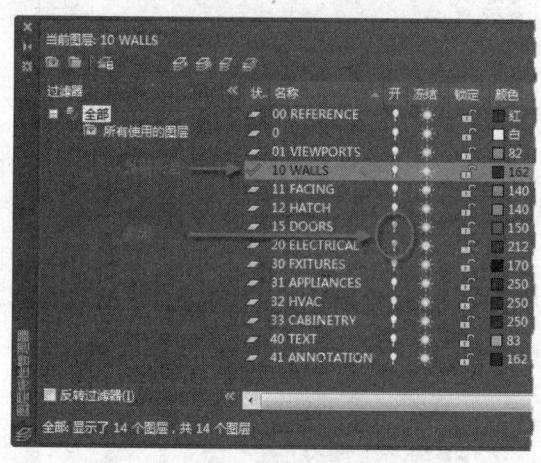

图 2-39 图层特性管理器

如图 2-39 所示，图层 10 WALLS 是当前图层。所有新对象都将自动放置在该图层上。在图层列表中，图层 10 WALLS 旁边的绿色勾选标记确认它是当前图层。

在标签为"打开"的列中，注意，两个图层的灯泡图标都是暗的，则表示已关闭这些图层以隐藏图形中的几何图元。

注意：每个图层名都以两位数的数字开始。此惯例使用户可以轻松控制图层的顺序，因为它们不依照字母排序。

提示：对于复杂图形，可能要考虑更复杂的图层命名标准。例如，图层名可以以 3 位数开始，后跟命名代码。

2. 实用建议

（1）图层 0（零）是在所有图形中存在并具有某些深奥特性的默认图层。最好创建自己的具有意义名称的图层，而不使用此图层。

（2）任何包含至少一个标注对象的图形将自动包括保留图层（称为 Defpoints）。

（3）为后台构造几何图形、参考几何图形和通常不需要查看或打印的注释创建图层。

（4）创建布局视口的图层。"布局"主题中将介绍有关布局视口的信息。

（5）创建所有图案填充和填充的图层。它可使在一个操作中将它们全部打开或关闭。

3. 图层设置

以下是图层特性管理器中最常用的图层设置。单击图标以启用和禁用设置。

（1）关闭图层。在工作时，可以关闭图层以降低图形的视觉复杂程度。

（2）冻结图层。可以冻结暂时不需要访问的图层。冻结图层类似于将其关闭，但会在特大图形中提高性能。

（3）锁定图层。若要防止意外更改这些图层上的对象，可以锁定图层。另外，锁定图层上的对象显示为淡入，这有助于降低图形的视觉复杂程度，但仍可以模糊地查看对象。

（4）设置默认特性。可以设置每个图层的默认特性，包括颜色、线型、线宽和透明度。创建的新对象将使用这些属性，除非替代它们。稍后将在本主题中阐述替代图层特性。

4. 图层特性管理器中的控件

要创建新图层，可以单击如图 2-40 所示的按钮并输入新图层的名称。要将其他图层置为当前图层，可以单击图层，然后单击如图 2-40 所示的按钮。

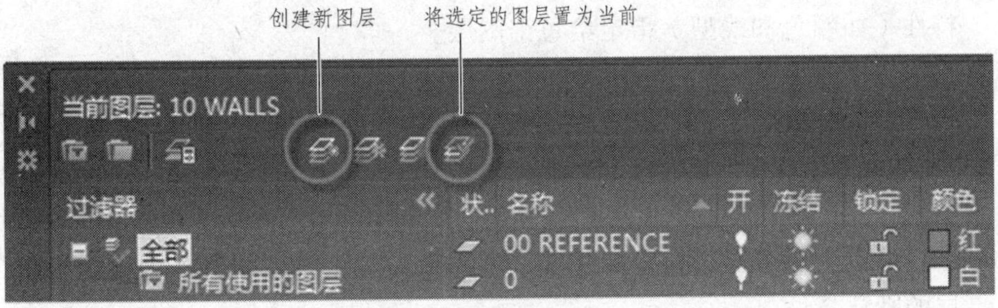

图 2-40　图层特性管理器中的控件

5．快速访问图层设置

图层特性管理器占用大量空间，而且并不总是需要访问所有选项。若要快速访问最常用的图层控件，可以使用功能区中的控件。当未选定任何对象时，"常用"选项卡上的"图层"面板将显示当前图层的名称，如图 2-41 所示。

图 2-41　显示当前图层的名称

可以不时地进行检查，以确保创建的对象在正确的图层上。虽然容易忘记执行此操作，但它也易于设置。单击下拉箭头以显示图层列表，然后单击列表中的图层以使其成为当前图层，也可以单击列表中的任何图标以更改其设置，如图 2-42 所示。

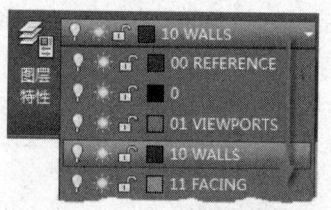

图 2-42　设置图层

6．保持的标准

建立的图层标准至关重要。如果创建图层的标准集并将其保存在图形样板文件中，则在启动新图形时可使用这些图层，从而可以立即开始工作。在"基础知识"主题中将显示有关图形样板文件的其他信息。

7．概　要

按功能组织图形，可以暂时隐藏不需要的图形数据，还可以将默认特性（如颜色和线型）指定给每个图层。

七、特　性

可以为单个对象指定特性（如颜色和线型），或者将其作为指定给图层的默认特性。

在如图 2-43 所示的图形中，在创建零件、定位线、剖切位置和文字时,使用了不同颜色以帮助区分它们。

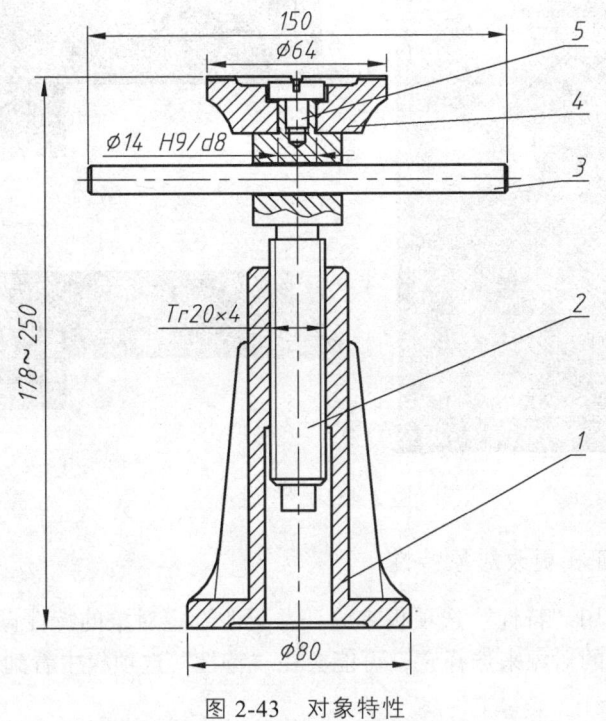

图 2-43 对象特性

1. "特性"选项板

"特性"选项板是基本工具。可以使用 PROPERTIES 命令(在命令窗口中输入"PR")、按 Ctrl+1 键或者单击"常用"选项卡的"特性"面板中的小箭头(见图 2-44)来打开它。

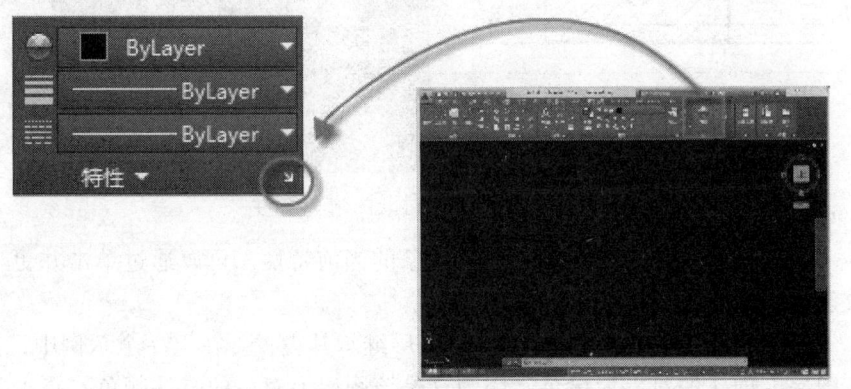

图 2-44 "特性"面板

"特性"选项板显示所有重要特性设置的列表。可以单击任何可用字段来更改当前设置。在如图 2-45 所示的示例中,如果未选择任何对象,则当前颜色将从 ByLayer 更改为红色,并且将禁用 UCS 图标。

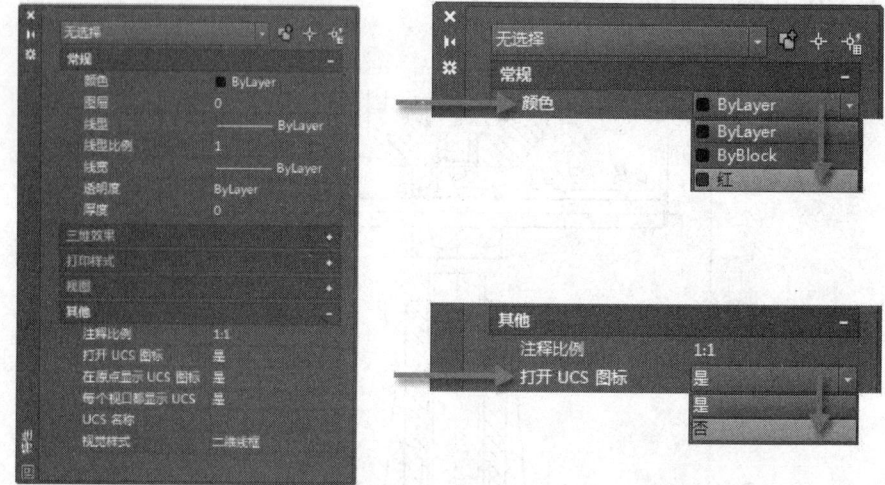

图 2-45 "特性"

2. 验证和更改对象特性

可以使用"特性"选项板来验证并更改选定对象的特性设置。如果单击图形中的对象来选择它,可能会在"特性"选项板中看到如图 2-46 所示的内容。

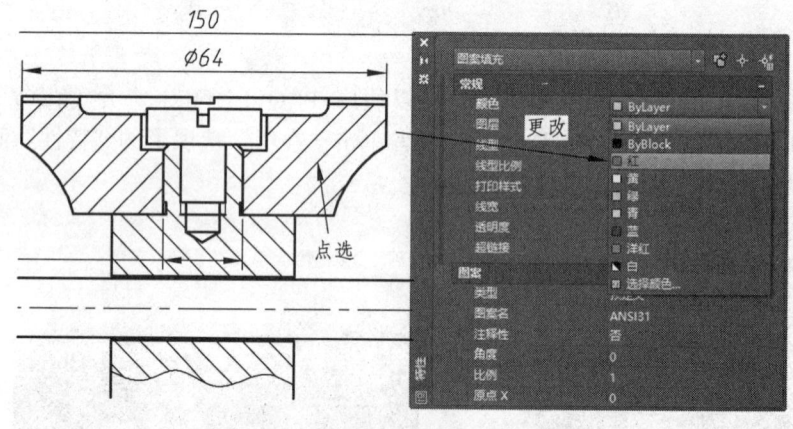

图 2-46 显示选定对象的当前特性

注意:将在选项板中显示选定对象的当前特性。可以通过单击并更改设置来更改任意特性。

设置为"ByLayer"的特性将从图层继承其设置。在上一个示例中,在图层上创建的对象为绿色,因为这是该图层上对象的默认颜色,点击下拉菜单可以修改为红色。

如果选择多个对象,则只在"特性"选项板中列出其常用特性。如果更改其中一个特性,将通过单个操作更改所有选定对象。在"修改"主题中介绍了关于选择对象的更多详细信息。

注意:若要清除当前选择,可以按 Esc 键。

3. 快速访问特性设置

"特性"选项板占用大量空间。若要快速访问最常用的特性,可以使用"特性"面板。如图 2-47 所示,在此示例中,列出的特性全部由当前图层决定。

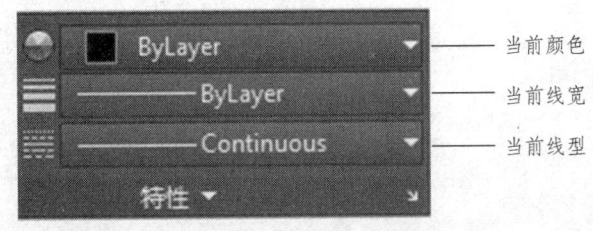

图 2-47 "特性"面板

"特性"面板与"特性"选项板的工作方式一样。在选择对象时,当前特性设置将替换为指定给选定对象的特性,并且可以使用此面板轻松更改一个或多个选定对象的特性。

4. 匹配对象特性

若要将选定对象的特性快速复制到其他对象,可以使用"特性匹配"工具(见图 2-48),或在命令窗口中输入"MATCHPROP"或"MA",选择源对象,然后选择要修改的所有对象。

图 2-48 "特性匹配"工具

5. 线 型

从"特性"面板中指定虚线和其他不连续的线型,必须先加载线型,然后才可以指定它。

在"线型"下拉列表中,单击"其他",如图 2-49 所示。

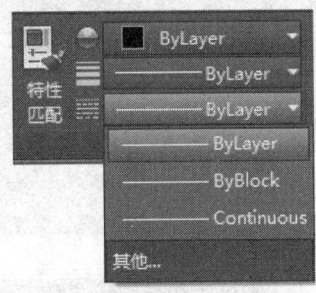

图 2-49 "线型"下拉列表

此操作将显示"线型管理器"对话框,如图 2-50 所示。
按顺序执行以下步骤:
(1)单击"加载",选择要使用的一个或多个线型。注意:虚线(不连续)线型具有多个预设大小。

（2）单击"显示/隐藏详细信息"以显示其他设置。

（3）为所有线型指定不同的"全局比例因子"，值越大，划线和空格越长。单击"确定"按钮。

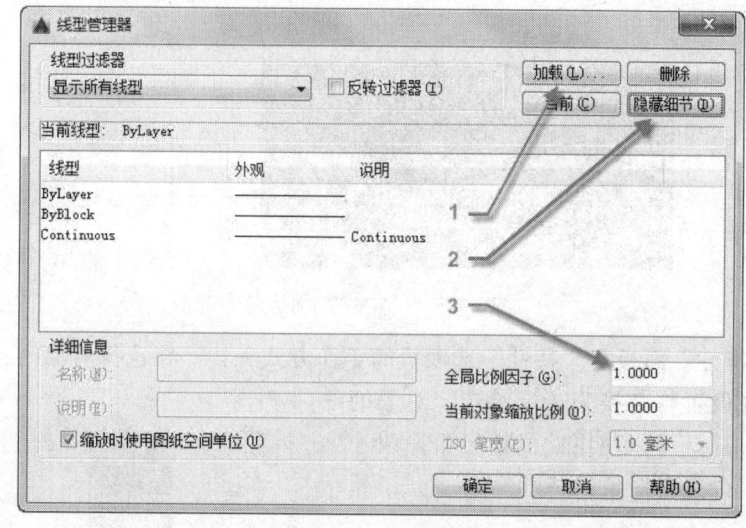

图 2-50　"线型管理器"对话框

加载了计划使用的线型后，可以选择任何对象，并从"特性"面板或"特性"选项板指定线型。另外，可以在图层特性管理器中为任何图层指定默认线型。

6. 线　宽

"线宽"特性提供显示选定对象的不同厚度的方式，如图 2-51 所示。不管视图的比例如何，这些直线的厚度都保持不变。在布局中，将始终显示线宽并以实际打印。也可以从"特性"面板指定线宽。

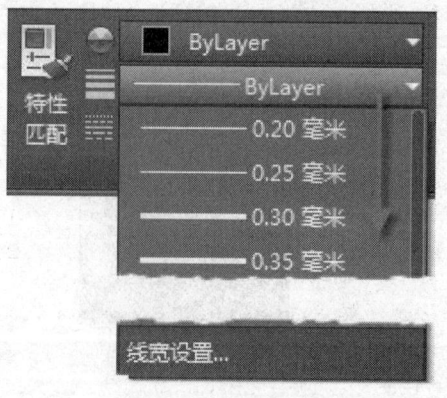

图 2-51　线宽

可以保留设置为"ByLayer"的线宽，也可以指定替代图层的线宽的值。在某些情况下，线宽预览看起来相同，因为它们以近似的像素宽度显示在监视器上。但是，它们将以正确的厚度进行打印。

提示：通常，在工作时，最好关闭线宽。粗线宽可能会在使用对象捕捉时，遮挡附近的对象。可能希望在打印前打开它们，以便进行检查。

要控制线宽的显示，可以单击线宽列表底部的"线宽设置"按钮。在"线宽设置"对话框中，选择要显示还是隐藏线宽，如图 2-52 所示。

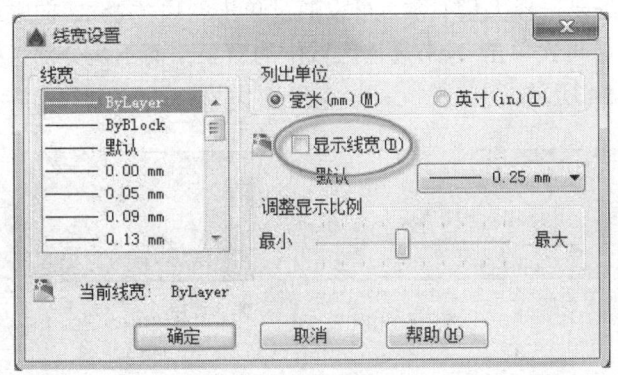

图 2-52 显示/隐藏线宽

无论显示设置如何，线宽将始终以正确的比例打印。

八、修改

可以对图形中的对象执行编辑操作，如删除、移动和修剪。

这些最常用的工具位于"常用"选项卡上的"修改"面板中，如图 2-53 所示。请花费几分钟时间浏览它们。

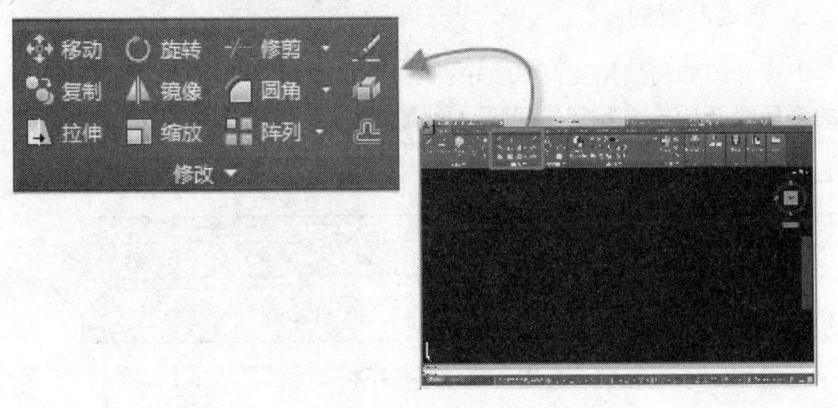

图 2-53 "修改"面板

1. 删 除

要删除某个对象，可以使用删除（ERASE）命令。可以在命令窗口中输入"E"或单击"删除"工具，当看到光标更改为方形拾取框时，单击每个要删除的对象，然后按 Enter 键或空格键。

注意： 在输入任意命令之前，可以选择多个对象，然后按 Delete 键。有经验的用户也会经常使用此方法。

2. 选择多个对象

有时，需要选择大量对象。可以通过单击空白位置 1，向左或向右移动光标，然后再次单击 2 来选择区域中的对象，而不是分别选择每个对象，如图 2-54 所示。

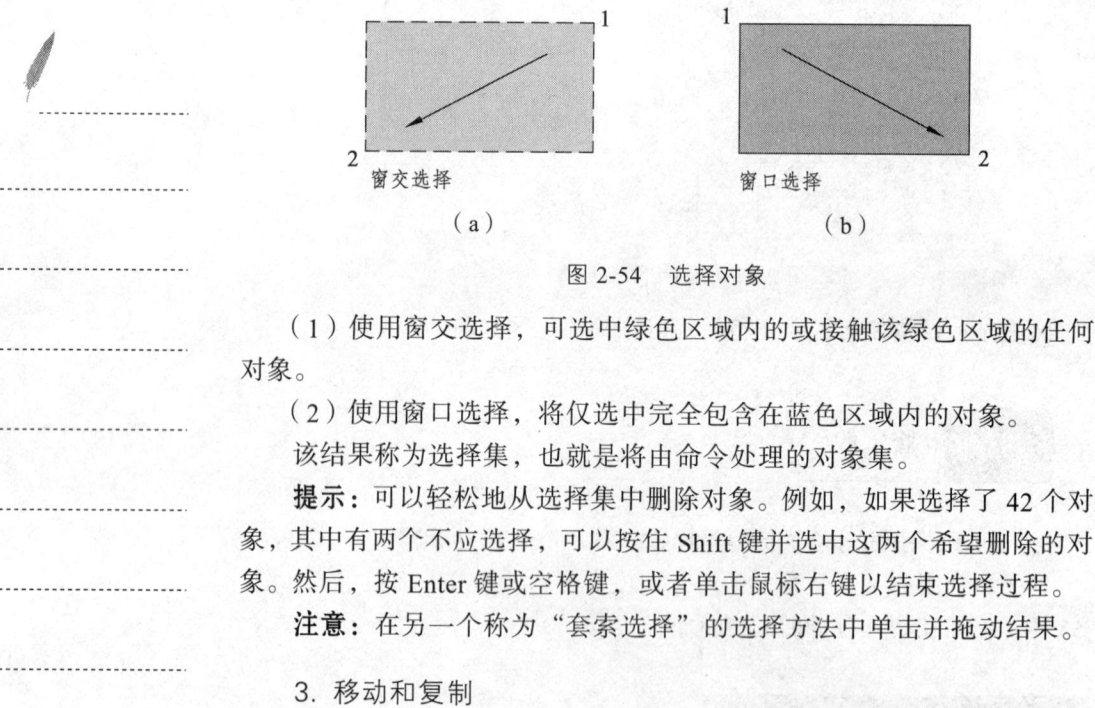

图 2-54 选择对象

（1）使用窗交选择，可选中绿色区域内的或接触该绿色区域的任何对象。

（2）使用窗口选择，将仅选中完全包含在蓝色区域内的对象。

该结果称为选择集，也就是将由命令处理的对象集。

提示： 可以轻松地从选择集中删除对象。例如，如果选择了 42 个对象，其中有两个不应选择，可以按住 Shift 键并选中这两个希望删除的对象。然后，按 Enter 键或空格键，或者单击鼠标右键以结束选择过程。

注意： 在另一个称为"套索选择"的选择方法中单击并拖动结果。

3. 移动和复制

下面介绍如何使用复制（COPY）命令来布置零件排料。从表示其形状的多段线开始，需要制作间隔 1/8" 的副本，如图 2-55 所示。

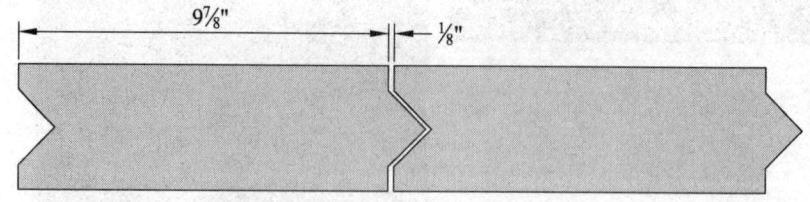

图 2-55 零件排料

可以通过单击"复制"工具或在命令窗口中输入"CP"来启动命令。在此处，可以在两种方法之间进行选择，具体取决于哪种方法更为方便。下面介绍常用的两种方法。

（1）距离法。

第二个零件需要位于初始零件的右侧，总距离为 9-7/8" + 1/8" = 10"。因此，可以选择零件，按 Enter 键或空格键来结束选择，然后单击绘图区域 1 中的任意位置（此点不必位于零件上）。

接下来，可以将光标移动到右侧，依靠极轴追踪角度将方向保存为水平，然后输入距离 10。再次按 Enter 键或空格键结束该命令，如图 2-56 所示。

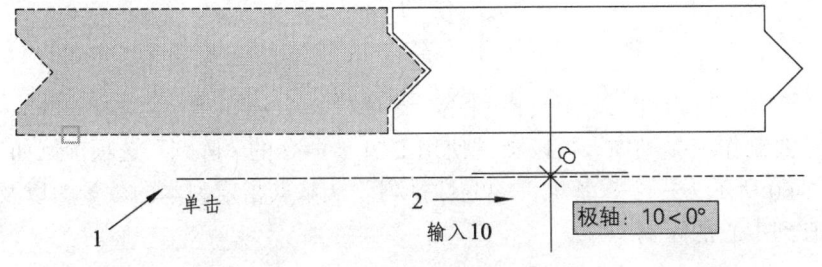

图 2-56 距离法

指定的距离和起始点 1 的方向将应用到选定的零件。

（2）两点法。

两点法需要执行两个步骤，当不希望将编号添加在一起时，通常会使用这种方法。以前，需要启动复制（COPY）命令并选择零件，但此次还需要单击两个端点，如图 2-57 所示。这两个点还可定义距离和方向。

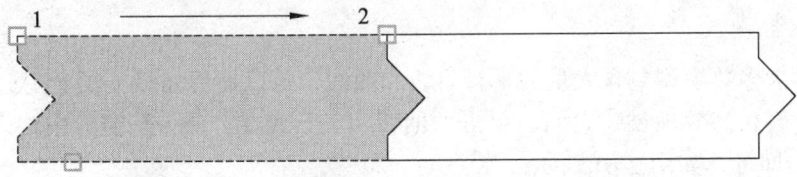

图 2-57 两点法

接下来，若要在零件之间添加 1/8"的间距，可以单击"移动"工具或在"命令"窗口中输入"M"。移动（MOVE）命令类似于复制（COPY）命令。选择新复制的零件，然后按 Enter 键或空格键。像以前一样，单击绘图区域中的任意位置，然后将光标移动到右侧，输入距离 1/8 或 0.125。

提示： 定义距离和方向的这两个点无须位于要复制的对象上。可以使用在模型中的任意位置指定的两个点。

创建多个副本：

可以将两点法用作重复的序列。假设要以相同的水平距离创建圆的更多副本。启动 COPY 命令，然后选择圆，如图 2-58 所示。

图 2-58 选择圆

然后，使用"圆心"对象捕捉，单击圆 1 的圆心，再单击圆 2 的圆心，以此类推，如图 2-59 所示。

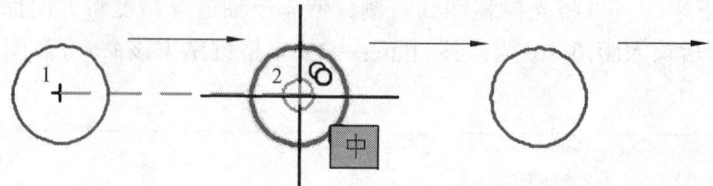

图 2-59　选择圆心

要制作大量副本，可以尝试使用 COPY 命令的"阵列"选项。例如，图 2-60 所示为一个深基坑桩的线性排列。从基点指定副本的数量，以及中心到中心的距离。

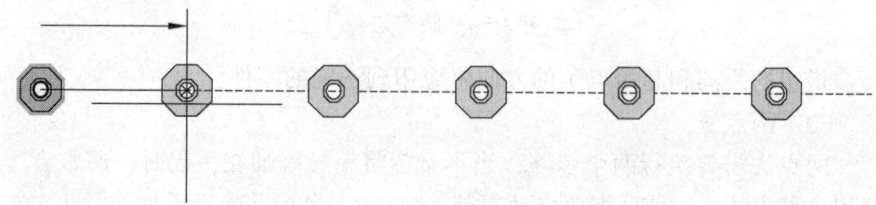

图 2-60　线性排列

4. 偏　移

大多数模型包含大量的平行直线和曲线，可以使用偏移（OFFSET）命令轻松高效地创建它们。单击"偏移"工具或在"命令"窗口中输入"O"即可，如图 2-61 所示。

图 2-61　"偏移"工具

选择对象 1，指定偏移距离，然后单击以指示想要哪一侧的原始对象的结果 2。图 2-62 所示为偏移多段线的示例。

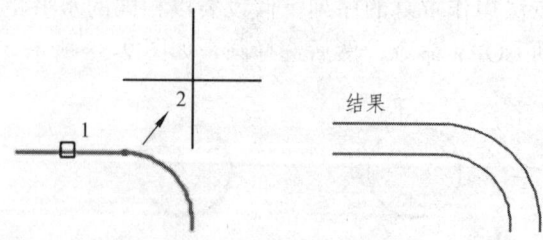

图 2-62　偏移多段线

提示：快速创建同心圆的方法是偏移它们。

5. 修剪和延伸

一种常用技巧是将偏移（OFFSET）命令与修剪（TRIM）和延伸（EXTEND）命令结合使用。在命令窗口中，可以输入"TRIM"（或"TR"）或输入"EXTEND"（或"EX"）。修剪和延伸（见图2-63）是CAD中最常用的操作之一。

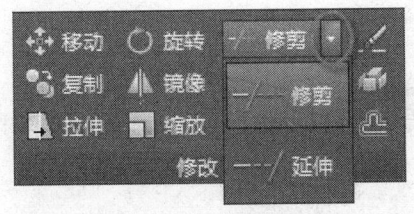

图 2-63 修剪或延伸

在图2-64中，想要延伸此零件的直线，可以启动"延伸"命令，选择边界，然后按Enter键或空格键。

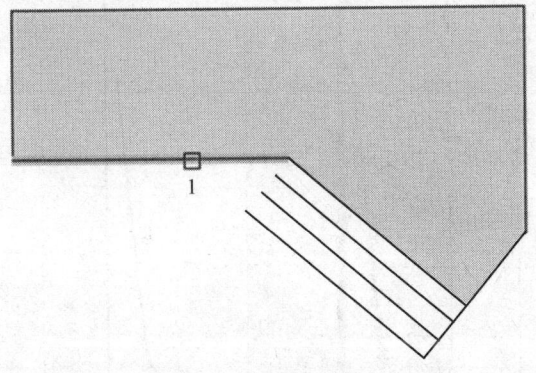

图 2-64 选择边界

提示：更快捷的方法是立即按Enter键或空格键，而不选择任何边界对象。其结果是所有对象都可以用作可能的边界。

接下来，选择要延伸的对象（靠近要延伸的端点），然后按Enter键或空格键以结束命令，如图2-65所示。

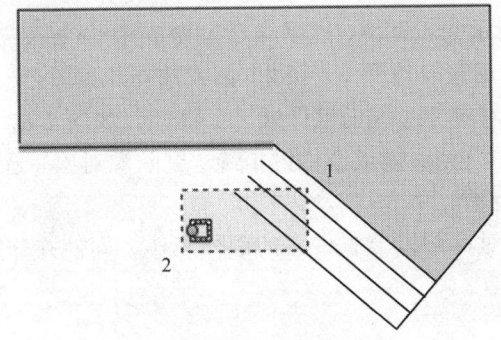

图 2-65 选择要延伸的对象

结果是直线将延伸到边界，如图2-66所示。

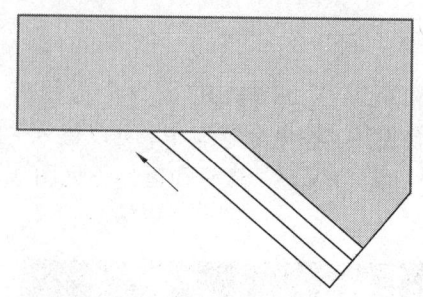

图 2-66 延伸结果

TRIM 命令遵循相同的步骤,除了在选择要修剪的对象时,选择的是要剪掉的部分。

6. 镜　像

图 2-67 取自千斤顶装配图,这里已经绘制了一半的图形。

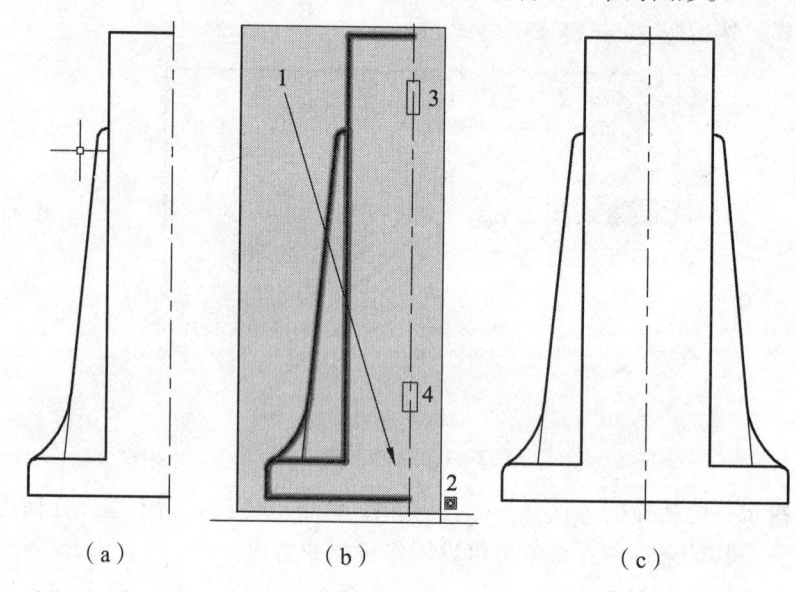

（a）　　　　　　（b）　　　　　　（c）

图 2-67　千斤顶

借助左右模型之间的对称,可以节省大量工作。

在图 2-67 所示的示例中,可以启动 MIRROR 命令(或在命令窗口中输入"MI"),使用窗口选择(1 和 2)模式选择几何图形,按 Enter 或空格键,然后指定对应中心线的镜像线(3 和 4),如图 2-67（b）所示。

最后,通过按 Enter 键或空格键拒绝"删除源对象"选项,得到结果如图 2-67（c）所示。

提示：寻找对称可以节省许多的额外工作,即使并非完全对称也可以采用这种方法。

7. 拉　伸

拉伸命令可以拉伸大多数几何对象,包括可以拉长和缩短模型的某些部分。例如，一个垫圈的设计，如图 2-68 所示。

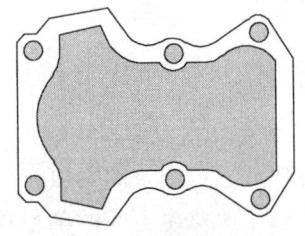

图 2-68　垫圈

使用拉伸（STRETCH）命令（或在命令窗口中输入"S"）并使用窗交选择模式选择对象，如图 2-69（a）所示。选择需要拉伸的部分，将仅拉伸因窗交选择而相交的几何图形。然后，单击绘图区域中的任意位置 3，将光标移动到右侧，并输入"50"作为距离（此距离可能表示毫米或英尺），如图 2-69（b）所示。

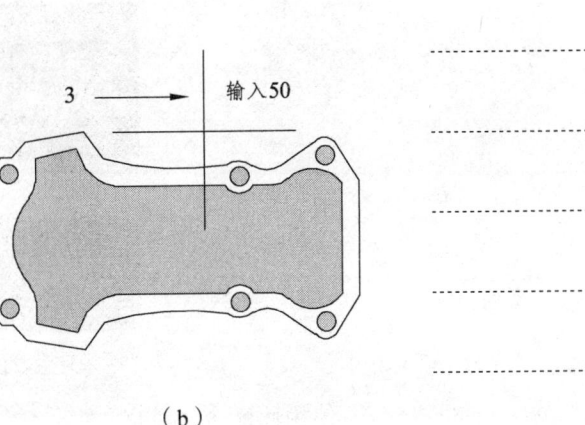

（a）　　　　　　　　　　　（b）

图 2-69　拉伸图形

要按指定的量缩短模型，可以改为将光标移动到左侧。

8. 圆　角

圆角（FILLET）命令（在命令窗口中输入"F"）可以通过创建与两个选定对象相切的圆弧来创建圆角，如图 2-70 所示。**注意**：将参照选择对象的位置创建圆角。

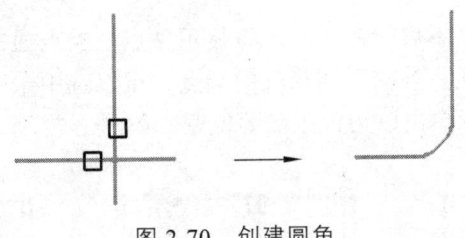

图 2-70　创建圆角

可以使用大多数类型的几何对象（包括直线、圆弧和多段线线段）创建圆角。

提示：如果指定 0（零）作为圆角的半径（想象一个圆收缩到半径为 0），会将选定的对象修剪或延伸为锐角。

9. 分　解

分解（EXPLODE）命令（在命令窗口中输入"X"）会将复合对象分解为其零部件，可以分解诸如多段线、图案填充和块（符号）等对象。

分解复合对象后，可以修改每个生成的单个对象。

10. 编辑多段线

若要修改多段线，可以从多个有用的选项中进行选择。编辑多段线（PEDIT）命令（在命令窗口中输入"PE"）位于"修改"面板的下拉列表中，如图 2-71 所示。

图 2-71　编辑多段线

使用此命令，可以：

（1）将两个多段线合并为单个多段线（如果它们共用一个公共端点）。

（2）将直线和圆弧转换为多段线，只需输入"PEDIT"并选择直线或圆弧即可。

（3）更改多段线的宽度。

提示：在某些情况下，修改多段线的最简单方法是：分解它并进行修改，然后使用 PEDIT 命令的"合并"选项将这些对象转换回多段线。

11. 夹　点

当选择对象而不启动命令时，将显示夹点。夹点通常便于进行少量编辑。例如，直线意外捕捉到错误的端点，可以选中未对齐的直线，单击某个夹点，然后单击以指定正确的位置，如图 2-72 所示。

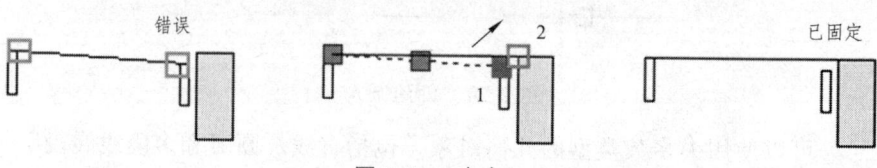

图 2-72　夹点

默认情况下，单击夹点时，将遵循"命令"窗口中的指示自动进入"STRETCH"模式。若要了解使用夹点编辑对象的其他方法，可以按 Enter 键或空格键来循环浏览其他几种编辑模式。用户可以使用夹点来执行大多数编辑操作。

在设计中，将符号和详图插入到图形将用到块功能。在 CAD 中，块是合并到单个命名对象的对象集合。

1. 插入块

通常，每个块都是单个图形文件，可能保存在具有类似图形文件的文件夹中。当需要将块插入到当前图形文件中时，可以使用插入块（INSERT）命令（或在命令窗口中输入"I"），如图 2-73 所示。

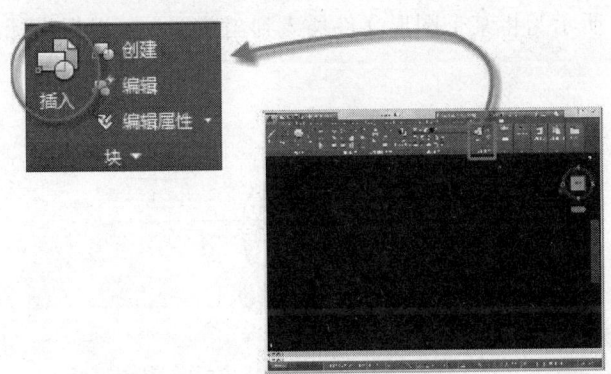

图 2-73　"插入"

在第一次将图形作为块插入时，需要单击"浏览"以找到图形文件，如图 2-74 所示。确保将块放到容易查找的文件夹内。

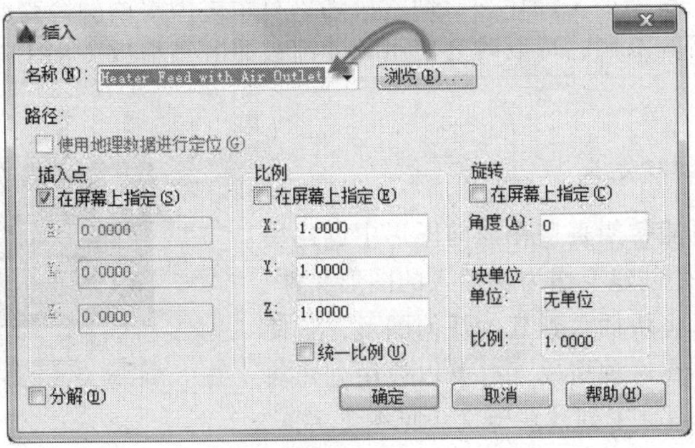

图 2-74　"浏览"

图形插入后，将在当前图形中存储块定义。此后，可以从"名称"下拉列表中选择它，无须再单击"浏览"按钮。

提示："插入"对话框中的默认设置通常是可接受的。选择块名后，单击"确定"，然后在图形中指定其位置，以后可以旋转它（必要时）。

注意，插入块时，它将在指示的点处附着到光标。此位置称为插入点。默认情况下，插入点是原始图形的原点（0，0）。

插入该块后，可以选择该块，此时将显示夹点。可以使用此夹点轻松地移动并旋转此块，如图 2-75 所示。

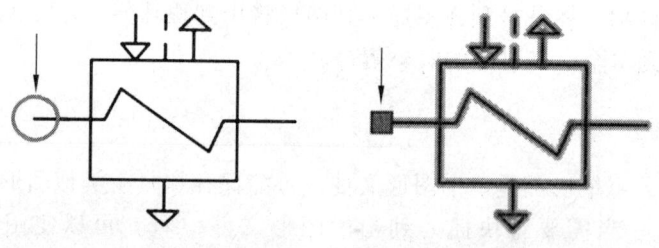

图 2-75 块的夹点

图 2-76 所示为将某个图形文件插入到当前图形，以提供标准的局部视图。

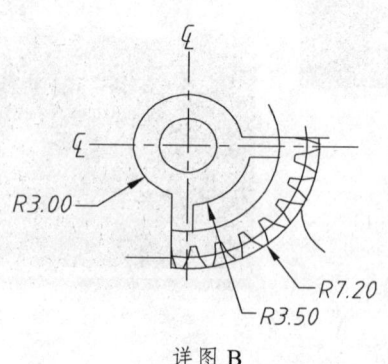

图 2-76 局部视图

注意：将图形文件作为块插入可提供对指定图形的静态参照。对于将自动更新的参照，可以改为使用"外部参照"选项板（XREF 命令）附着图形。

2. 创建块定义

用户可能希望直接在当前图形中创建块定义，而不是创建要作为块插入的图形文件。如果不打算将块插入到其他任何图形，宜使用此方法。在这种情况下，可以使用创建块（BLOCK）命令来创建块定义（见图 2-77）。

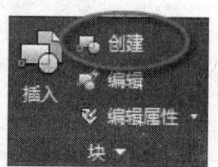

图 2-77 创建块

例如，这种方法可用来创建卫生洁具设计的模块。

（1）创建块的对象。
（2）启动 BLOCK 命令。
（3）输入块的名称，在本例中为 Quad-Cube。
（4）选择为块创建的对象（单击 1 和 2）。
（5）指定块插入点。

可以将步骤（3）、（4）和（5）的信息以任意顺序输入到"块定义"对话框，如图 2-78 所示。

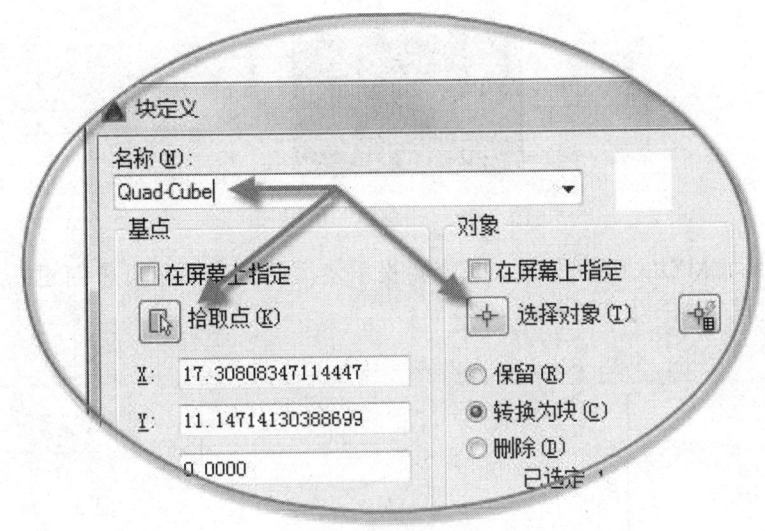

图 2-78 "块定义"

创建块定义后，可以根据需要插入、复制和旋转块。

如果需要进行更改，可以使用 EXPLODE 命令将块分解回其部件对象，随后可以进行分解和修改。

在本示例中，可以从分解的块中的对象创建新的块定义。

注意：可以创建包含存储和显示信息的一个或多个属性的块定义。可以使用的命令为 ATTDEF。通常，属性包括各种数据，如零件数量、名称、成本和日期。可以将块属性信息输出为表格或外部文件。

建议：

有几种用于保存和检索块定义的方案。

（1）可以为每个要使用的块创建单个图形文件。可以将这些图形文件保存在文件夹中，其中每个文件夹将包含一系列相关的图形文件。

（2）可以将标题栏和常用符号的块定义包括在图形样板文件中，以使其在启动新图形时立即可用。

（3）可以创建多个图形文件，有时称之为块库图形。每个图形包含一系列相关的块定义。当将块库图形插入到当前图形中时，即可使用在该图形中定义的所有块。

十、文字说明和标签

下面介绍如何创建说明、标签、编号和标注,以及按名称保存和恢复样式设置。

可以使用多行文字(MTEXT)命令(或在命令窗口中输入"MT")来创建通用说明。在"注释"面板中提供了多行文字工具,如图 2-79 所示。

图 2-79 "注释"面板

启动 MTEXT 命令后,系统会提示使用两次对角单击来创建一个"文本框",如图 2-80 所示。

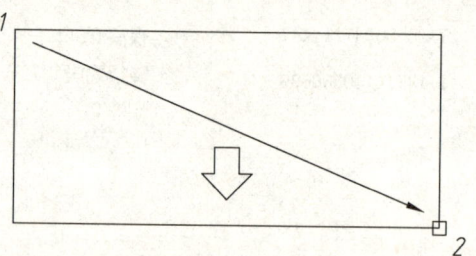

图 2-80 文本框

文本框的精确尺寸不是很重要。指定文本框之后,将显示"在位编辑器",可以轻松更改说明的长度和宽度(在键入文本之前、键入文本期间或键入文本之后),如图 2-81 所示。

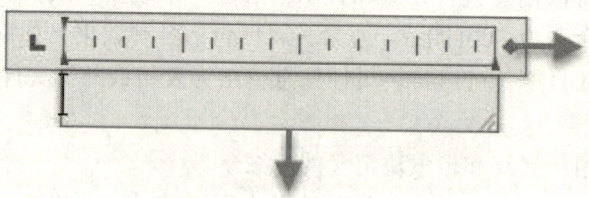

图 2-81 在位编辑器

在位编辑器中提供了所有常用控件,包括制表符、缩进和列。**注意**:当启动 MTEXT 命令时,功能区会临时更改,显示很多选项,如文字样式、列、拼写检查等。

(1)若要在完成输入文字后退出文字编辑器,可以单击其外的任意位置。

(2)若要编辑说明,只需双击它来打开文字编辑器。

提示:可以使用"特性"选项板控制用于一个或多个选定多行文字

对象的文字样式。例如，选择 5 个使用不同样式的说明后，单击"样式"列，然后从列表中选择样式，如图 2-82 所示。

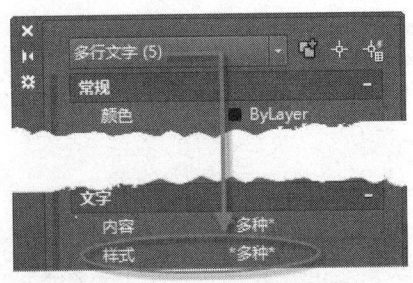

图 2-82　文字样式

1. 创建文字样式

与其他几个注释功能一样，多行文字也提供大量设置。使用文字样式（STYLE）命令可以将这些设置另存为"文字样式"，通过单击"注释"面板上的下拉箭头可以访问已保存的文字样式。当前的文字样式显示在下拉列表的顶部。

若要创建新的文字样式，可以单击"文字样式"控件，如图 2-83 所示。

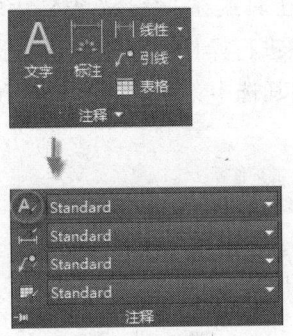

图 2-83　创建新的文字样式

创建新的文字样式时，首先为它提供一个名称，然后选择字体和字体样式。单击按钮的顺序如图 2-84 所示。

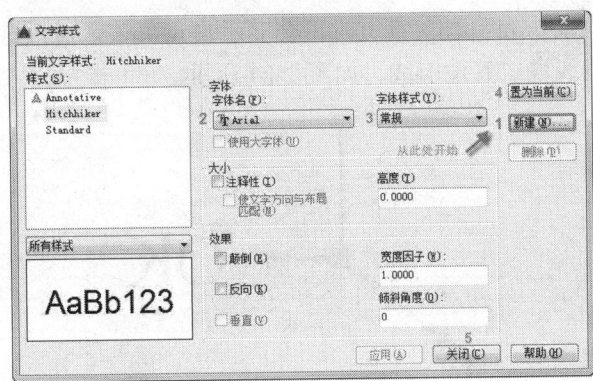

图 2-84　文字样式

提示： 将任何新的或已更改的文字样式保存在图形样板文件中，通过这种方法使它们可用于所有新图形，可为节省大量时间。

2. 多重引线

多重引线对象用于创建具有引线的文字，如常规标签、参照标签、索引和标注，如图 2-85 所示。

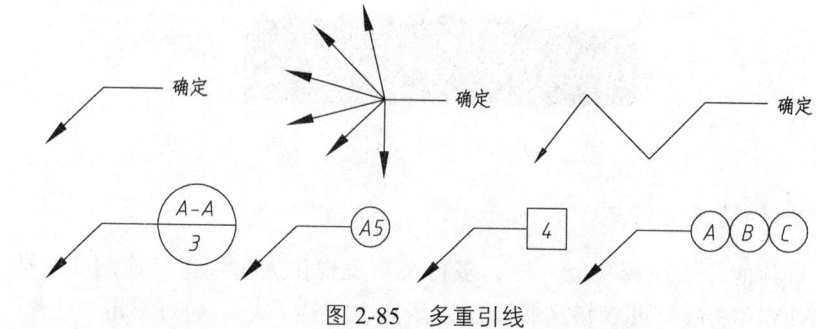

图 2-85 多重引线

3. 创建多重引线

要创建多重引线，应使用多重引线（MLEADER）命令，在"注释"面板中单击"多重引线"工具或在"命令"窗口中输入"MLD"。按照"命令"窗口中的提示和选项进行操作。可随意进行试验。

创建多重引线后，将其选中，然后通过单击和移动其夹点来修改它，如图 2-86 所示。

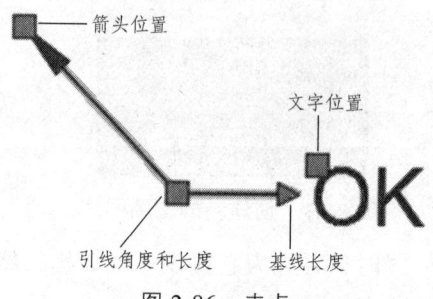

图 2-86 夹点

当悬停在箭头和引线夹点上时，会显示夹点菜单。通过这些菜单，可以添加引线线段或其他引线，如图 2-87 所示。

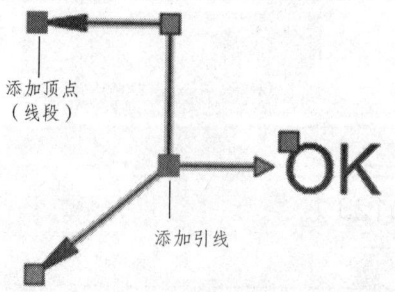

图 2-87 添加引线线段或其他引线

可以通过双击它来编辑多重引线中的文字。

4. 创建多重引线样式

可以从展开的"注释"面板的下拉列表中创建自己的多重引线样式或通过在"命令"窗口中输入"MLEADERSTYLE"进行创建，如图 2-88 所示。

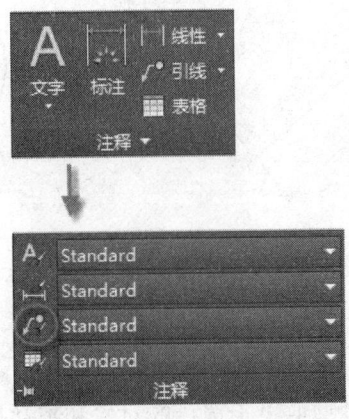

图 2-88　创建多重引线样式

例如，若要创建"详细信息标注"样式，启动 MLEADERSTYLE 命令。在"多重引线样式管理器"中，单击"新建"，然后为新多重引线样式选择描述性的名称。单击"内容"选项卡，选择"块"，然后单击"详细信息标注"，如图 2-89 所示。

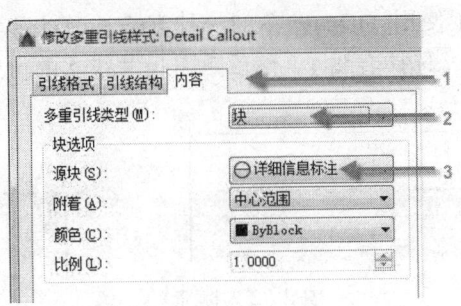

图 2-89　修改多重引线样式

注意：与文字样式一样，创建一个或多个多重引线样式后，将它们保存在图形样板文件中。

标注命令用于创建多种类型的标注，并按名称保存标注设置。

图 2-90 所示为将机械标注样式与英制单位一起使用的几种标注类型的样例。

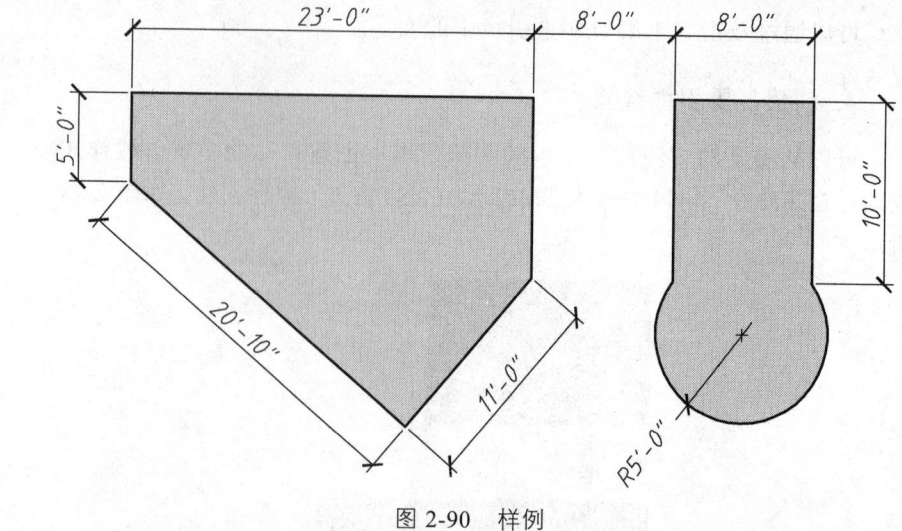

图 2-90 样例

1. 线性标注

可以使用标注（DIM）命令创建水平、垂直、对齐和半径标注，如图 2-91 所示。标注的类型取决于选择的对象和拖动尺寸线的方向。

图 2-91 "标注"命令

图 2-92 演示了使用 DIM 命令的一种方法。一旦启动该命令，应按 Enter 键或空格键，选择直线 1，然后单击尺寸线 2 的位置。

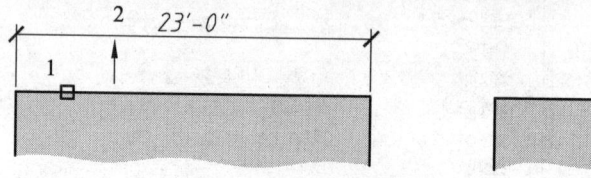

图 2-92 标注

对于图 2-93 所示的 8'-0"标注，可以使用其他方法。启动 DIM 命令，单击两个端点（1 和 2），然后单击两条尺寸线 3 的位置。若要使尺寸线排成一行，需将点 3 捕捉到之前创建的尺寸线的端点。

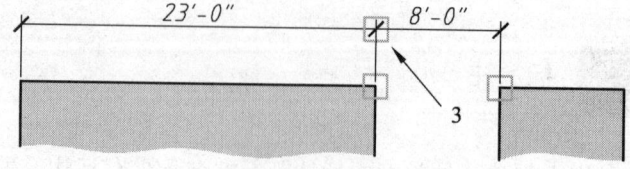

图 2-93 标注

提示：如果点 1 和 2 不在同一水平线上，应按住 Shift 键以强制使尺寸线变为水平线。此外，如果要标注的机械或零件位于某个角度上，则应输入"DIMROTATED"或"DIM"命令，通过以非水平或垂直的角度拖动尺寸线来创建标注，如图 2-94 所示。

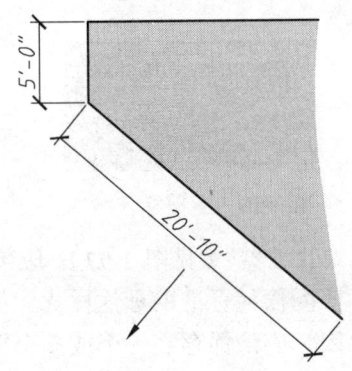

图 2-94　标注

提示：因为容易意外捕捉到错误的部件或标注对象的一部分，所以应确保放大到足够大以避免混淆。

2. 修改标注

对于标注的简单调整，使用夹点是最快的方法。

在此样例中，选择标注以显示其夹点。接下来，单击标注文字上的夹点并将其拖动到新位置，或者单击尺寸线端点上的一个夹点，然后拖动尺寸线，如图 2-95 所示。

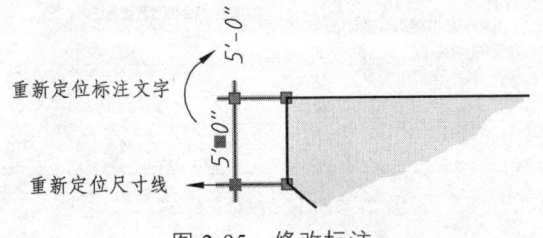

图 2-95　修改标注

提示：如果修改比此操作更复杂，则可以先删除然后重新创建标注可能会更快。

3. 标注样式

标注样式有助于建立和执行绘图标准。可以使用标注样式（DIMSTYLE）命令设定许多标注变量，以控制标注外观和行为的几乎每个微妙差异。所有这些设置都存储在每个标注样式中。

将默认标注样式命名为标准（英制）或 ISO-25（公制）。系统将它指定给所有标注，直到将另一个样式设定为当前标注样式。

当前标注样式的名称（在本例中为"漫游"）将显示在"注释"面板的下拉列表中，如图 2-96 所示。

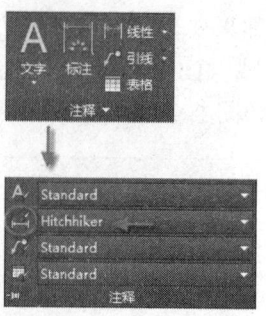

图 2-96　当前标注样式

若要打开"标注样式管理器"(见图 2-97),应单击图 2-96 所示的按钮。用户可以创建几乎匹配任何标准的标注样式,但需要花费时间来完全指定它们。出于此原因,应该保存在一个或多个图形样板文件中创建的任何标注样式。

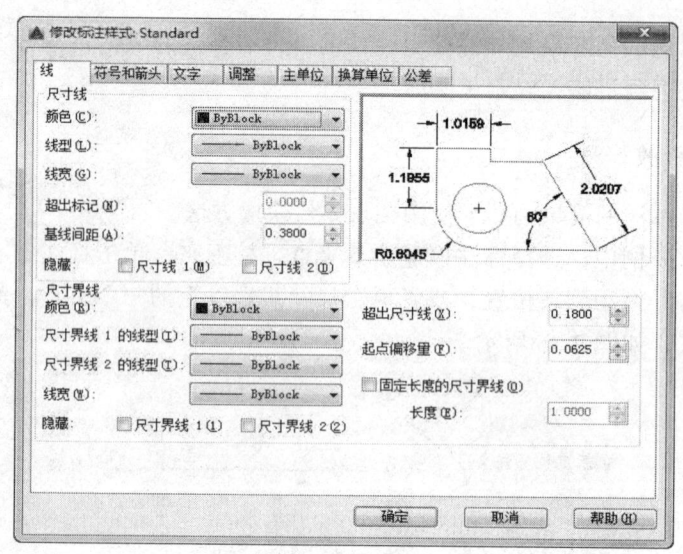

图 2-97　修改标注样式

建议:
(1)当保存标注样式时,应选择一个描述性的名称。
(2)如果适用,应就现有的标注样式标准和图形样板文件与国标进行核对。

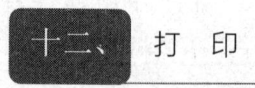

十二、打　印

打印命令用于将图形布局输出到打印机、绘图仪或文件,以及保存和恢复每个布局的打印机设置。

最初,从打印机打印(Print)文字并从绘图仪打印(Plot)图形。现在,可以使用其中的任意方式来执行这两种操作。因此,本书还像其他任何人所做的一样，互换使用这两个打印术语（Print 和 Plot）。

用于输出图形的命令为 PLOT，可以从"快速访问"工具栏对其进行访问，如图 2-98 所示。

图 2-98　打印命令

若要在"打印"对话框中显示所有选项，单击"更多选项"按钮，如图 2-99 所示。

图 2-99　更多选项

如图 2-100 所示，有很多可供使用的设置和选项。

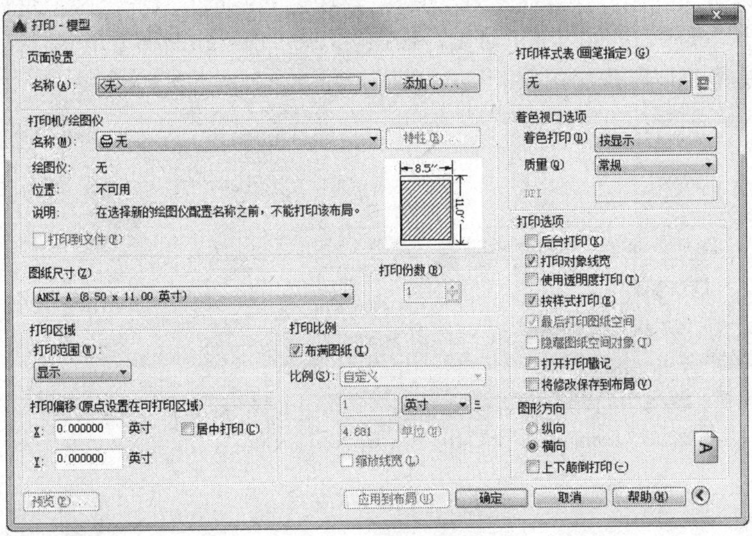

图 2-100　"打印-模型"

为方便起见，可以按名称保存和恢复这些设置的集合，它们称为页面设置。使用页面设置可以存储不同的打印机所需的设置，如以灰度打印、从图形创建 PDF 文件等。

1. 创建页面设置

若要打开"页面设置管理器"（见图 2-101），可以在"模型"选项卡或布局选项卡上单击鼠标右键，然后选择"页面设置管理器"，该命令为"PAGESETUP"。

图形中的每个布局选项卡都可以具有关联的页面设置。当使用多个输出设备或格式时，或者如果在同一图形中有多个不同图纸尺寸的布局时，这会很方便。

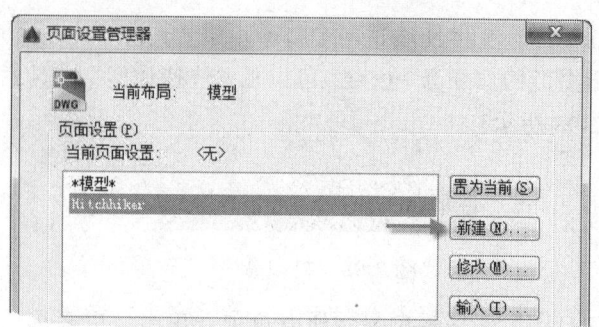

图 2-101 "页面设置管理器"

若要创建新的页面设置，可以单击"新建"并输入新页面设置的名称。接下来显示的"页面设置"对话框类似于"打印"对话框。选择要保存的全部选项和设置。

当准备就绪可以打印时，只需在"打印"对话框中指定页面设置的名称，即可恢复所有打印设置。在图 2-102 中，将"打印"对话框设置为使用"漫游"页面设置，这里将输出 DWF（Design Web Format）文件，而不是将其打印到绘图仪。

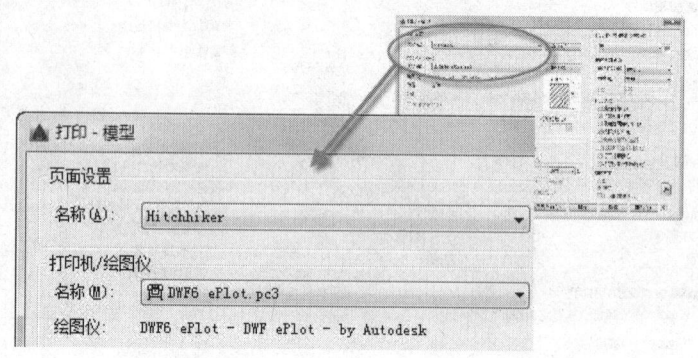

图 2-102 页面设置

提示： 可以在图形样板文件中保存页面设置，也可以从其他图形文件输入它们。

2. 输出为 PDF 文件

图 2-103 所示为如何创建用于创建 PDF 文件的页面设置。

在"打印机/绘图仪"下拉列表中，选择"AutoCAD PDF（General Documentation）.pc3"。

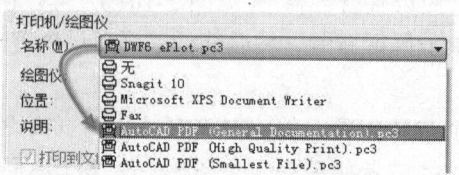

图 2-103 输出为 PDF 文件

接下来，选择要使用的尺寸和比例选项：

（1）图纸尺寸。方向（纵向或横向）已内置于下拉列表的选项中。

（2）打印区域。可以使用这些选项剪裁要打印的区域，但通常会打印所有区域。

（3）打印偏移。此设置会基于打印机、绘图仪或其他输出而进行更改。尝试将打印居中或调整原点，需要注意的是，打印机和绘图仪在边的周围具有内置的页边距。

（4）打印比例。从下拉列表中选择打印比例。比例（如¼" = 1'-0"）表示用于打印到"模型"选项卡中的比例。在布局选项卡上，通常以1∶1比例进行打印。

打印样式表提供有关处理颜色的信息。在监视器上看上去正常的颜色可能不适合 PDF 文件或不适合打印。例如，可能要创建彩色图形，但却创建单色输出。图 2-104 所示为如何指定单色输出的信息。

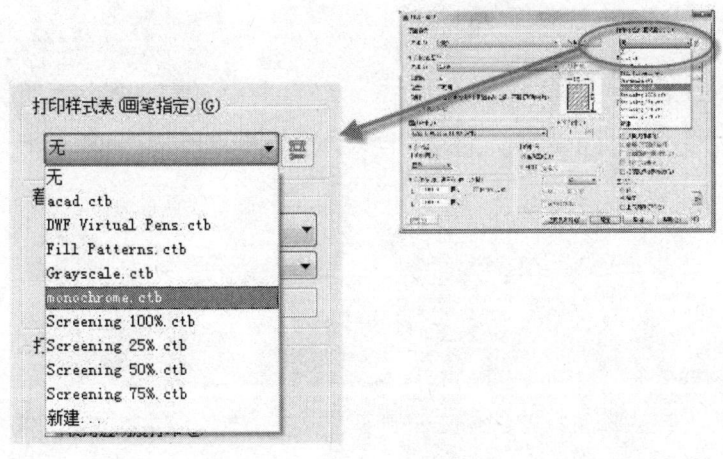

图 2-104　单色输出

提示：始终使用"预览"选项（见图 2-105）仔细检查设置。

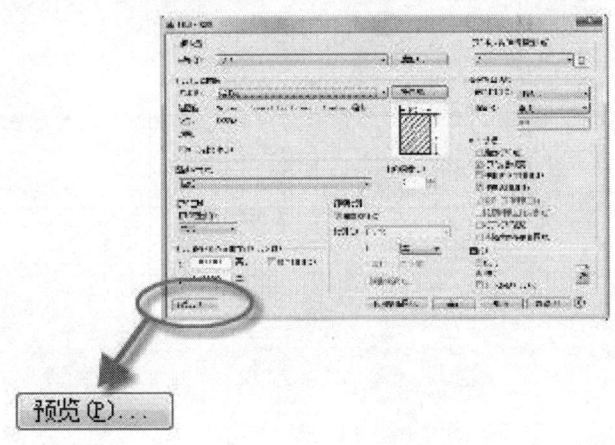

图 2-105　预览

常用快捷命令

生成的"预览"窗口包含具有多个控件(包括"打印"和"退出")的工具栏,如图 2-106 所示。

图 2-106　工具栏

在对打印设置满意之后,应将其保存为具有描述性名称(如"PDF-单色")的页面设置。然后,无论何时要输出为 PDF 文件,需要做的所有操作只是单击"打印",选择"PDF-单色"页面设置,然后单击"确定"。

建议:

(1)如果要共享图形的静态图像,可以从图形文件输出 PDF 文件。

(2)如果要包括图形中的其他数据,应改为使用 DWF(Design Web Format)文件。

项目三

绘制平面图形

学习目标

(1) 了解绘图的基础知识和基本操作方法、坐标系统、点的坐标表示法以及绘图环境和系统参数的设置。
(2) 了解二维绘图命令、命令的输入方式、对象捕捉和实体的选择方法。
(3) 了解精确定位的工具。
(4) 了解对象编辑,学习图形的编辑命令。

重 点

- 掌握对象捕捉和对象追踪,了解坐标在 AutoCAD 中的作用,能够绘制简单的图形。

难 点

- 掌握编辑命令的操作,使用捕捉、栅格、正交定位图形,使用对象捕捉、极轴、对象追踪辅助绘图。

一、坐标系的使用

在 CAD 中使用的是世界坐标，X 轴为水平方向，Y 轴为垂直方向，Z 轴为垂直于 X 轴和 Y 轴的方向，这些都是固定不变的，因此称为世界坐标。

世界坐标分为绝对坐标和相对坐标。

1. 绝对坐标（针对原点）

绝对直角坐标：点到 X，Y 方向（有正、负之分）的距离。输入方法为："x，y"的值（输入时要在英文状态下）。

绝对极坐标：点到坐标原点之间的距离是极半径，该连线与 X 轴正向之间的夹角度数为极角度数，正值为逆时针，负值为顺时针。输入方法为："极半径<极角度数"（输入时一定要在英文状态下）。

2. 相对坐标（针对上一点来说，把上一点看作原点）

相对直角坐标：是指该点与上一输入点之间的坐标差（有正、负之分）。输入方法为："@x，y"（输入时一定要在英文状态下）。

相对极坐标：是指该点与上一输入点之间的距离，该连线与 X 轴正向之间的夹角度数为极角度数，相对符号为"@"，正值为逆时针，负值为顺时针。输入方法为"@x<y"（输入时一定要在英文状态下）。

二、鼠标作用

左键作用为：
（1）选择物体；
（2）确定图形第一点的位置。
滚轴作用为：
（1）滚动滚轴放大或缩小图形（界面在放大或缩小）；
（2）双击可全屏显示所有图形；
（3）如按住滚轴可平移界面。
右键作用为：
（1）确定；
（2）重复上一次操作（重复上一次操作的快捷键也可以使用空格和回车）。

三、选择物体的方法

（1）直接点击。

（2）正选：左上角向右下角拖动（全部包含其中）。

（3）反选：右下角向左上角拖动（碰触到物体的一部分就行）。

在 CAD 中创建的单位是 mm，对 CAD 创建的单位进行修改可以格式菜单下选择单位命令，如图 3-1 所示。

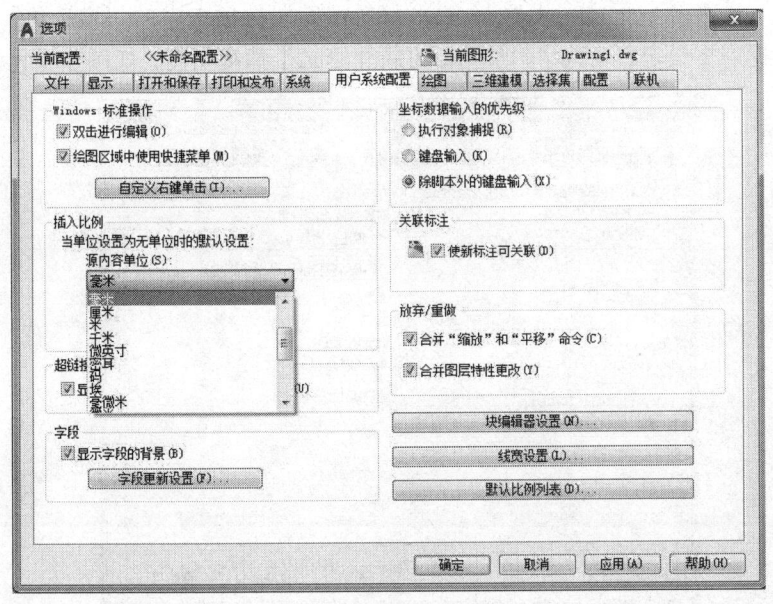

图 3-1　修改单位

捕捉（F9）和栅格（F7）：必须配合使用。捕捉用于确定鼠标指针每次在 X、Y 方向移动的距离。栅格仅用于辅助定位，打开时屏幕上将布满栅格小点。

注：右击捕捉或栅格按钮，单击"设置"，将弹出"草图设置"对话框，在"捕捉和栅格"选项卡可以设置捕捉间距和栅格间距，如图 3-2 所示。

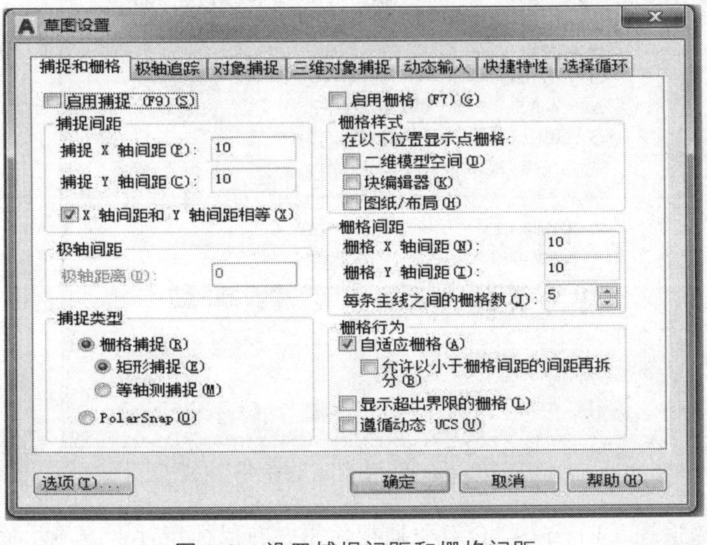

图 3-2　设置捕捉间距和栅格间距

正交（F8）：用于控制绘制直线的种类，打开此命令只可以绘制垂直和水平直线。

极轴（F10）：可以捕捉并显示直线的角度和长度，有利于做一些有角度的直线。

右击极轴，单击"设置"，在"极轴追踪"选项卡中的"增量角"可以根据需要设定，勾选"附加角"可新建第二个捕捉角度，如图3-3所示。

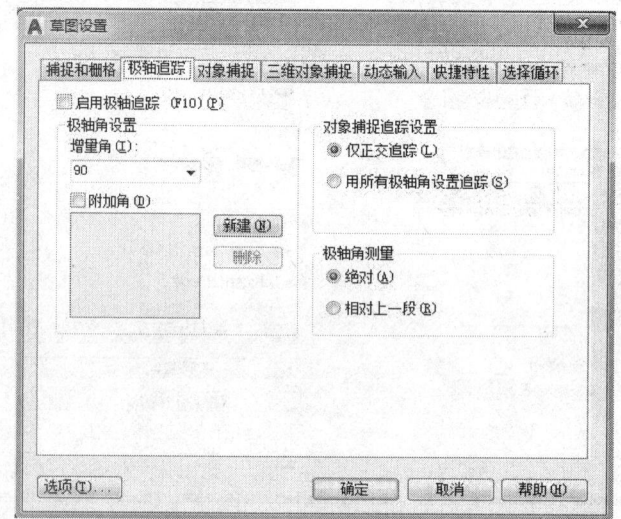

图 3-3　极轴追踪

对象捕捉（F3）：在绘制图形时可随时捕捉已绘图形上的关键点。

右击，单击"设置"，在"对象捕捉"选项卡中勾选捕捉点的类型，如图3-4所示。

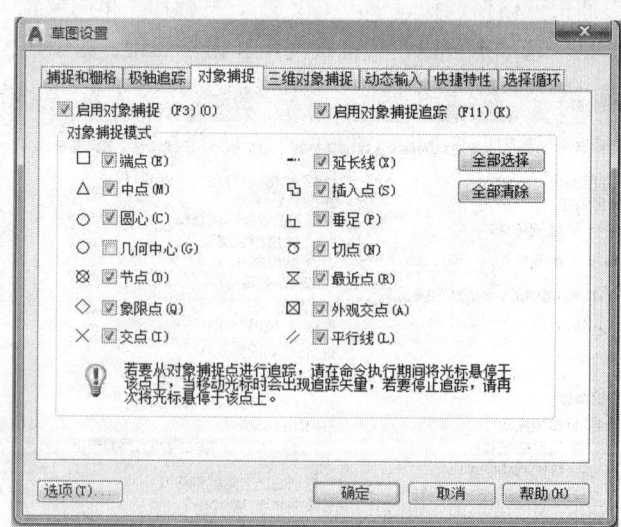

如图 3-4　对象捕捉

对象追踪（F11）：配合对象捕捉使用，在鼠标指针下方显示捕捉点的提示（长度，角度）。

线宽：线宽显示之间的切换。
模型：在模型空间与图纸空间之间进行切换。

 使用极轴
追踪绘制图形

【实例讲解】使用极轴追踪绘制图形（见图 3-5）。
练习说明：
（1）图 3-5 主要用于练习多边形的绘制；
（2）在绘制中间的矩形时将会用到 45°极轴追踪。

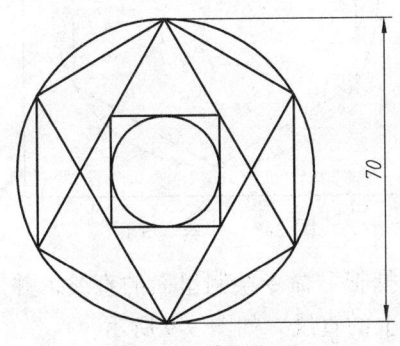

图 3-5　绘制图形

操作提示：
（1）先对"极轴追踪"进行设置，鼠标右击状态栏上的"极轴"，点击"设置"按钮，如图 3-6 所示。

图 3-6　设置

（2）在"极轴追踪"对话框中勾选"启用极轴追踪（F10）"选项，将"增量角"改为"45"（改成"45"的意思是，凡是 45°的倍数都能追踪得到）如图 3-7 所示。

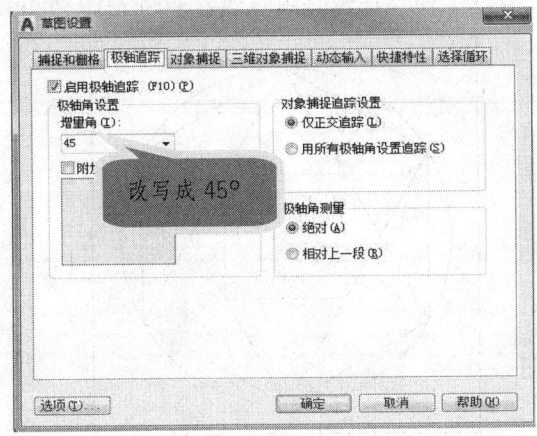

图 3-7　增量角

（3）先画一个直径为 70 的圆，再画一个内接于圆的正六边形，如图 3-8 所示。

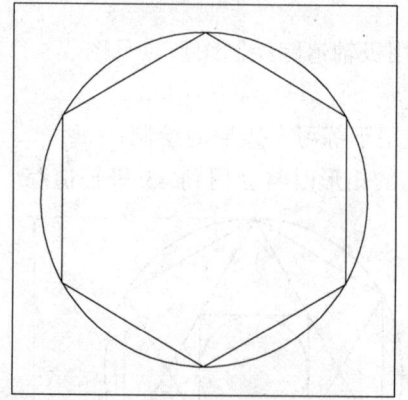

图 3-8 步骤（3）

（4）使用"对象捕捉"命令绘制里面的直线，并用"极轴追踪"方式绘制一条连接于线上的直线，如图 3-9 所示。

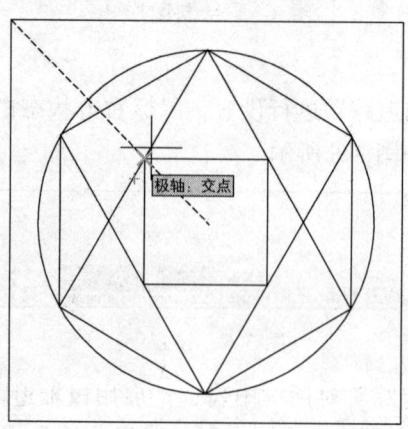

图 3-9 步骤（4）

（5）使用"直线"命令连接其余直线，如图 3-10 所示。

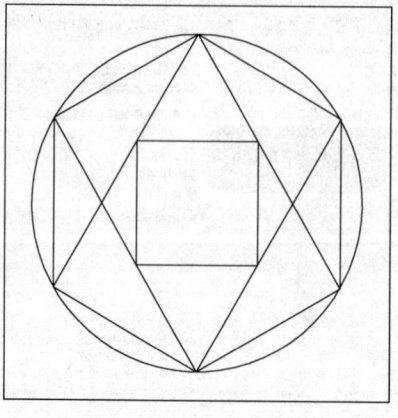

图 3-10 步骤（5）

（6）捕捉大圆的圆心，在矩形里面绘制一个小圆，并添加尺寸标注，如图 3-11 所示。

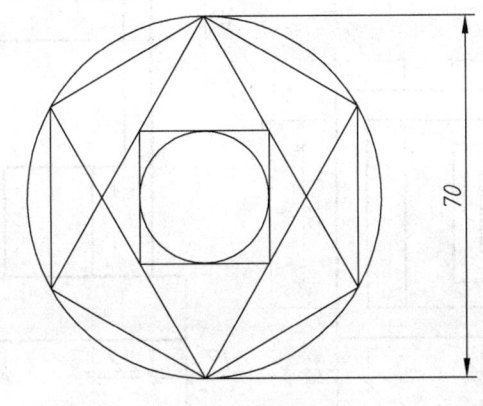

图 3-11　步骤（6）

注意：
（1）此图多为对称图形，可使用镜像命令生成；
（2）图形中三角形里面的几条线段用边界修剪命令完成。

四、绘图命令——直线、构造线、射线

1. 直线命令（L）

绘制方式：
（1）直接在绘图工具栏上点击直线按钮 ╱ ；
（2）在绘图菜单下单击直线命令；
（3）直接在命令行中输入快捷命令"L"（在命令行内输入命令，回车或空格或鼠标右键确定即可）。

直线输入的方法：
（1）从命令行内输入直线命令的快捷键"L"，确定；
（2）用鼠标左键在屏幕中点击直线的一个端点，拖动鼠标，确定直线方向；
（3）输入直线长度，确认，依照同样的方法继续画线直至图形完毕，再按"确认"键结束直线命令。

取消命令方法为：按 ESC 键或右击。

使用放弃（U）命令，回车，将取消最近的一点的绘制。

三点或三点以上，若想让第一点和最后一点闭合并结束直线的绘制时，可在命令栏中输入"C"回车。

练习： 使用直线命令绘制图形（见图 3-12）。

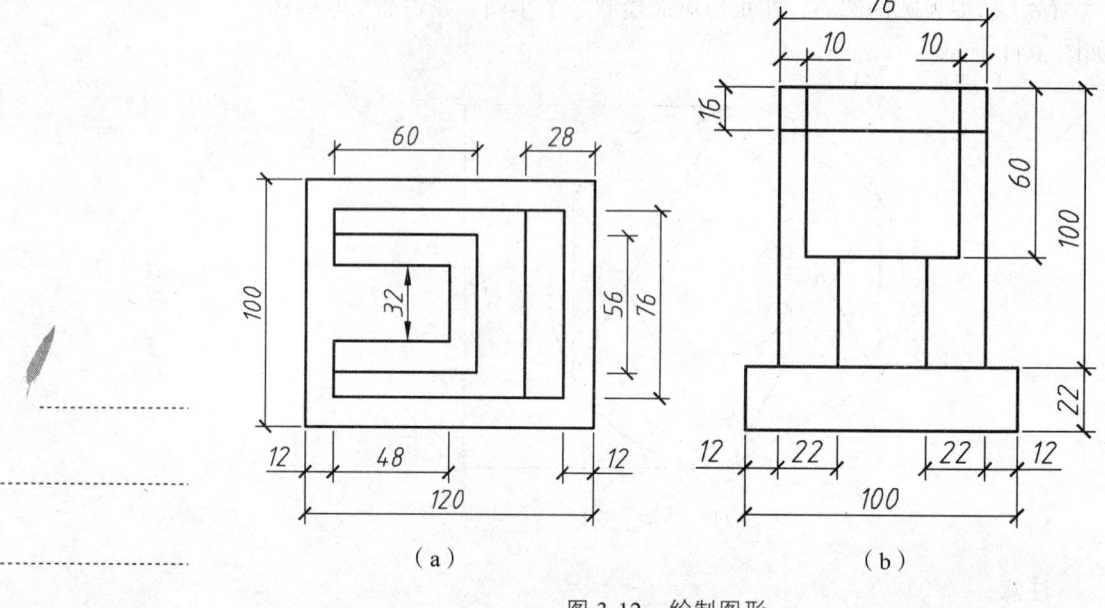

图 3-12 绘制图形

2. 构造线命令（XL）

构造线命令一般作为辅助线使用，创建的线是无限长的。

绘制方式：

（1）直接在绘图工具栏上点击构造线按钮 ✐ ；

（2）在绘图菜单下单击构造线命令；

（3）直接在命令行中输入快捷命令"XL"，如图 3-13 所示。

命令：xl XLINE 指定点或 [水平(H)/垂直(V)/角度(A)/二等分(B)/偏移(O)]：

图 3-13 构造线命令行

在构造线命令行中：H 为水平构造线，V 为垂直构造线，A 为角度（可设定构造线角度，也可参考其他斜线进行角度复制），B 为二等分（等分角度，两直线夹角平分线），O 为偏移（通过 T，可以任意设置距离。）

3. 射线（RAY）

射线为向一个方向延伸的线。射线命令为辅助作图使用。

绘制方式：

（1）在绘图菜单下单击射线命令；

（2）直接在命令中输入快捷命令"RAY"。

练习：掌握绘制直线的几种方法和构造线及射线的功能，并利用所学内容完成简单工程图（见图 3-14）。

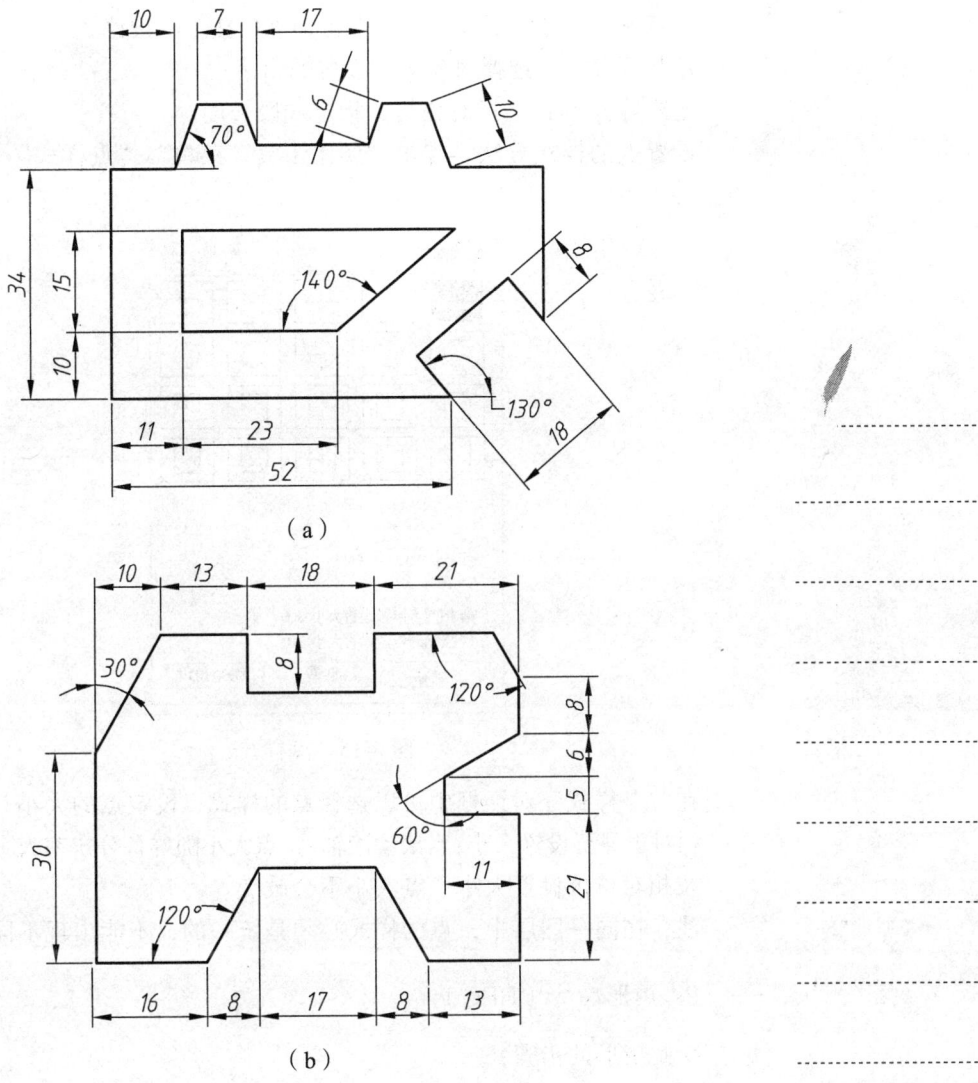

图 3-14 绘制图形

五、绘图命令——点、矩形、正多边形

1. 点命令（PO）

点命令在绘图中起辅助作用。

绘制方式：

（1）直接在绘图工具栏上点击点按纽 ．；

（2）在绘图菜单下单击点命令；

（3）直接在命令行中输入快捷命令"PO"。

"绘图"菜单→"点"：

单点 S：一次只能画一个点。

多点 P：一次可画多个点，左击加点，按 Esc 键停止。

定数等分 D：选择对象后，设置数目。

定距等分 M：选择对象后，指定线段长度。

设置点的样式方法：点击"实用工具"菜单→"点样式"命令，如图 3-15 所示。

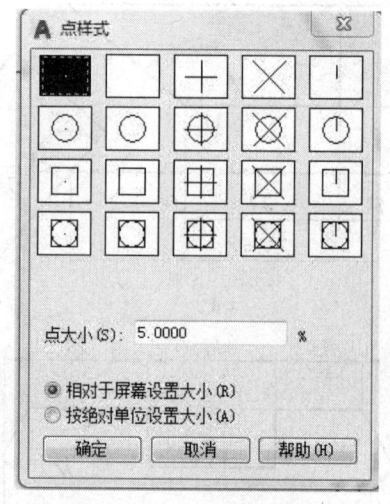

图 3-15　点样式

在"点样式"对话框中可以选择点的样式，设定点的大小。

相对于屏幕设置大小：当滚动滚轴时，点大小随屏幕分辨率大小而改变。

按相对单位设置大小：点大小不会改变。

注：在同一图层中，点的样式必须是统一的，不能出现不同的点。

2. 矩形命令（REC）

绘制矩形的步骤：

在命令行内输入快捷命令"REC"，确定，用鼠标左键在操作窗口中指定第一角点，并拖动鼠标，在命令行内输入"@X, Y"（X 为矩形在水平方向上的距离，Y 指矩形在垂直方向上的距离），确定，绘制矩形如图 3-16 所示。

绘制多边形

绘制矩形

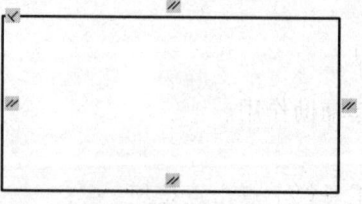

图 3-16　矩形

3. 正多边形命令（POL）

正多边形是由具有 3~1024 条等长边的闭合多段线创建，特点为每

个边都相等。

绘制方式:

(1)直接在绘图工具栏上点击正多边形按钮;

(2)在绘图菜单下单击正多边形命令;

(3)直接在命令行中输入快捷命令"POL"。

绘制正多边形的步骤:

(1)绘制内接正多边形方法:先在命令栏中输入快捷命令"POL",在命令行中输入边数,指定正多边形的中心,输入"I"确定,再输入半径长度,如图3-17所示。

注:"内接于圆"表示绘制的多边形将内接于假想的圆。

(2)绘制外切正多边形方法:先在命令栏中输入快捷命令"POL",在命令行中输入边数,指定正多边形的中心,输入"C"确定,再输入半径长度,如图3-18所示。

注:"外切于圆"表示绘制的多边形将外切于假想的圆。

(3)通过指定一条边绘制正多边形的方法:在命令中输入快捷命令"POL",在命令行中输入边数,输入"E"确定,指定正多边线段的起点,指定正多边线段的端点。

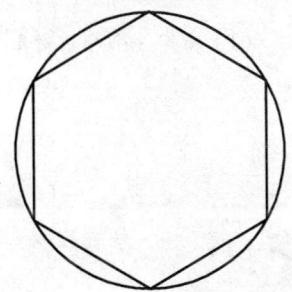
图 3-17 内接正多边形

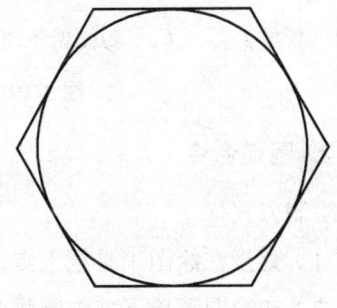
图 3-18 外切正多边形

六、绘图命令——圆、圆弧、椭圆、椭圆弧

内接于圆、外切于圆

1. 圆命令(C)

绘制方式:

(1)直接在绘图工具栏上点击圆按钮;

(2)在绘图菜单下单击圆命令;

(3)直接在命令行中输入快捷命令"C"。

绘制圆的几种形式:

(1)通过指定圆心和半径或直径绘制圆的步骤:在命令行中输入快捷键"C",指定圆心,指定半径或直径。

（2）创建与两个对象相切的圆的步骤：选择 CAD 中"切点"对象捕捉模式，在命令行中输入快捷命令"C"，点击"T"，选择与要绘制的圆相切的第一个对象，选择与要绘制的圆相切的第二个对象，指定圆的半径。

（3）三点（3P）：通过单击第一点、第二点、第三点确定一个圆。

（4）相切、相切、相切（A）：相切三个对象可以画一个圆。

（5）二点（2P）：两点确定一个圆。

在"绘图"菜单中提供了 6 种画圆方法，如图 3-19 所示。

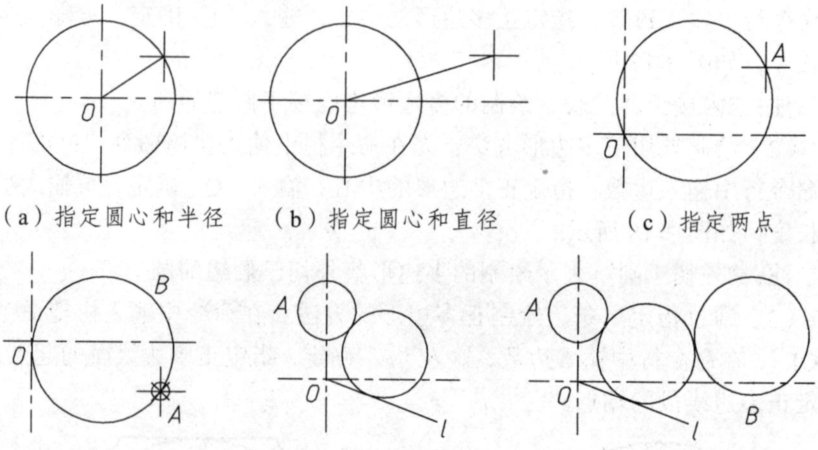

（a）指定圆心和半径　（b）指定圆心和直径　（c）指定两点

（d）指定 3 点　（e）指定两个相切对象和半径　（f）指定 3 个相切对象

图 3-19　6 种画圆方法

2. 圆弧命令（A）

绘制方式

（1）直接在绘图工具栏上点击圆弧按钮 ；

（2）在绘图菜单下单击圆弧命令；

（3）直接在命令行中输入快捷命令"A"。

图 3-20 所示为绘制圆弧。

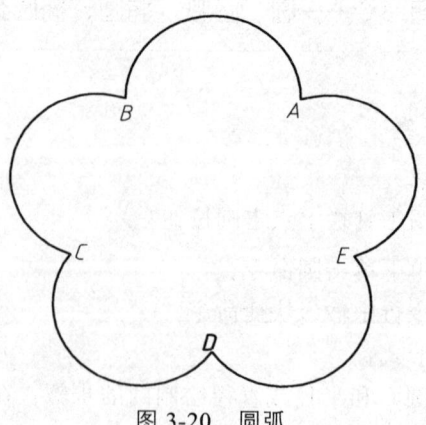

图 3-20　圆弧

绘制弧的几种形式：绘图菜单中提供了 11 种方式。

（1）通过指定三点的绘制圆弧方法：确定弧的起点位置，确定第二点的位置，确定第三点的位置。

（2）通过指定起点、圆心、端点绘制圆弧方法：已知起点、中心点和端点，可以通过首先指定起点或中心点来绘制圆弧，中心点是指圆弧所在圆的圆心。

（3）通过指定起点、圆心、角度绘制圆弧方法：如果存在可以捕捉到的起点和圆心点，并且已知包含角度，使用"起点，圆心，角度"或"圆心，起点，角度"选项。

（4）如果已知两个端点但不能捕捉到圆心，可以使用"使用，端点，角度"法。

（5）通过指定起点、圆心、长度绘制圆弧方法：如果存在可以捕捉到的起点和中心点，并且已知弦长，可使用"起点，圆心，长度"或"圆心，起点，长度"选项（弧的弦长决定包含角度）。

3. 椭圆命令（EL）

绘制方式：

（1）直接在绘图工具栏上点击椭圆按钮 ⬭ ；

（2）在绘图菜单下单击椭圆命令；

（3）直接在命令行中输入快捷命令"EL"。

绘制椭圆两种方法：

（1）中心点：通过指定椭圆中心、一个轴的端点（主轴）以及另一个轴的半轴长度绘制椭圆，如图3-21（a）所示。

（2）轴，端点：通过指定一个轴的两个端点（主轴）和另一个轴的半轴长度绘制椭圆，如图3-21（b）所示。

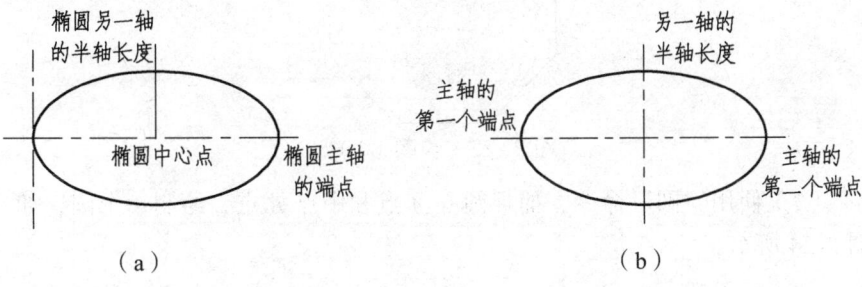

图 3-21　绘制椭圆两种方法

4. 椭圆弧命令

绘制方式：

（1）直接在绘图工具栏上点击椭圆弧按钮 ⬭ ；

（2）在绘图菜单下单击椭圆弧命令。

椭圆弧绘制方法：按照命令行提示绘制，顺时针方向是图形去除的部分，逆时针方向是图形保留的部分。

【**实例讲解**】绘制内切于圆。

练习说明：

（1）图 3-22 所示为一个练习缩放命令的图形；

（2）由于外面圆的半径未知，不能直接绘制，需要使用"多边形"命令辅助绘制。

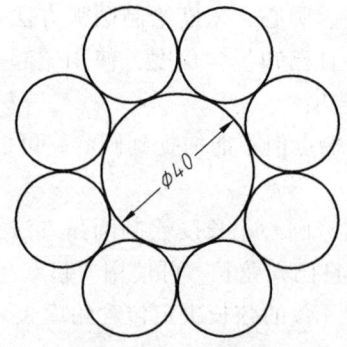

图 3-22 练习图形

操作提示：

（1）使用"多边形"命令，绘制一个外切于圆的八边形，半径尺寸自定义，如图 3-23 所示。

命令：_polygon 输入边的数目 <8>：
指定正多边形的中心点或[边（E）]：
输入选项 [内接于圆（I）/外切于圆（C）] <I>： C
指定圆的半径：

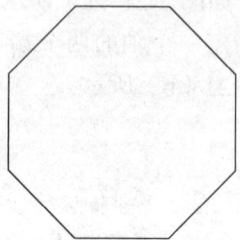

图 3-23 步骤（1）

（2）使用"圆"命令，捕捉圆心 A 点和中点 B 点，绘制一个圆，如图 3-24 所示。

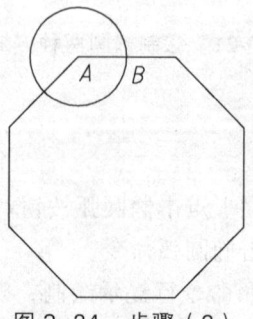

图 3-24 步骤（2）

（3）使用"镜像"命令，镜像出其他圆，如图3-25所示。

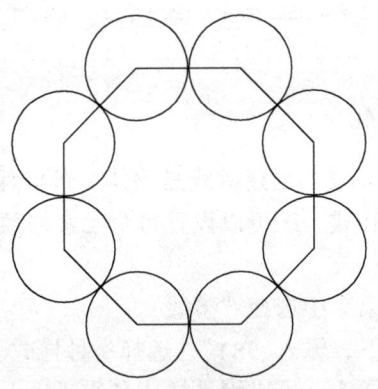

图3-25　步骤（4）

（4）单击"绘图"→"圆"→"相切、相切、相切"命令，捕捉 A 点、B 点、C 点 3 个切点，绘制一个内切圆，如图3-26所示。

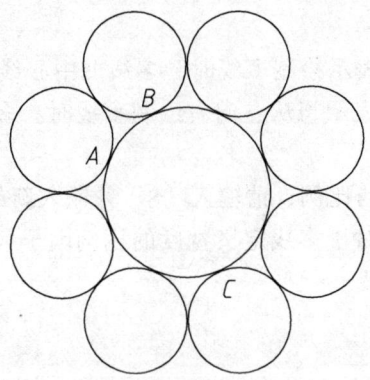

图3-26　步骤（4）

（5）使用"缩放"命令，将圆的直径缩放为40，并添加尺寸标注，如图3-27所示。

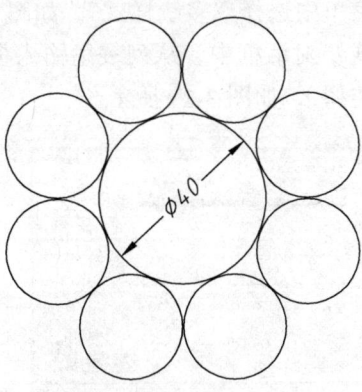

图3-27　步骤（5）

七、绘图命令——多线、多段线、修订云线、样条曲线

1. 多线命令（ML）

多条平行线称为多线，创建的线是整体，可以保存多种样式，或者使用默认的两个元素样式，还可以设置每个元素的颜色、线型。

绘制多线的步骤：

（1）从"绘图"菜单中选择"多线"。

（2）在命令提示下，输入"ST"，选择一种样式。

（3）要列出可用样式，可以输入样式名称或输入"?"。

直接输入已有多线样式名，也可以输入"?"，来显示已有的多线样式。

（4）要对正多线，请输入"J"并选择上对正、零对正或下对正。

上对正：该选项表示当从左向右绘制多线时，多线上位于最顶端的线将随着光标进行移动。

零对正：该选项表示绘制多线时，多线的中心线将随着光标移动。

下对正：该选项表示当从左向右绘制多线时，多线最底端的线将随着光标进行移动。

（5）要修改多线的比例，请输入"S"并输入新的比例。

确定多线宽度相对于多线定义宽度的比例因子，该比例不影响线型的比例，开始绘制多线。

（6）指定起点。

（7）指定第二点。

（8）指定第三点。

（9）指定第四点或输入"C"以闭合多线，或按 Enter 键。

编辑多线样式的步骤：

（1）从"格式"菜单中选择"多线样式"，如图 3-28 所示。

（2）在"多线样式"对话框中，从列表里输入多线名称，单击添加按钮（添加一个多线类型），如图 3-29 所示。

图 3-28　多线样式

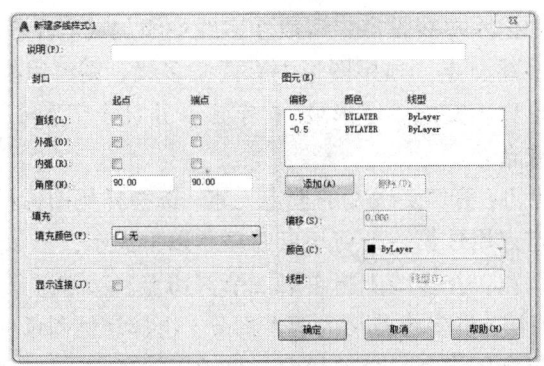

图 3-29 新建多线样式

（3）选择"元素特性"，如 3-30 所示。

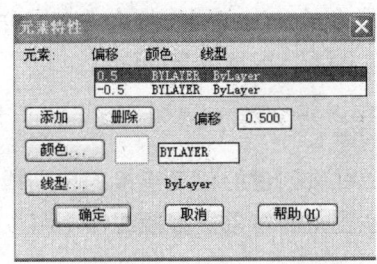

图 3-30 元素特征

（4）在"元素特性"对话框的"元素"下，可以单击添加按钮，在两条线之间添加直线。

（5）在列表中选中不同的线，并改变其颜色、线型。

（6）在"多线样式"对话框中选择"保存"，将对样式的修改保存到 MLN 文件中。

（7）选择"确定"，退出对话框。

编辑多线：点击在"修改"菜单中→"对象"→"多线"，将弹出如图 3-31 所示的对话框。

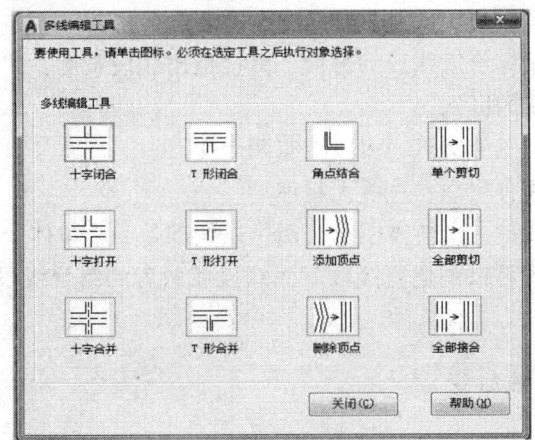

图 3-31 多线编辑工具

（1）添加和删除多线顶点：可以在多线中添加或删除任何顶点。

（2）编辑多线交点：如果图形中有两条多线，则可以控制它们相交的方式。多线可以相交成十字形或 T 字形，并且十字形或 T 字形可以被闭合、打开或合并。

（3）单个剪切：剪切多线上的选定元素。选择样例图像后，AutoCAD 将多线上的选定点用作第一个剪切点并显示以下提示：

选择第二个点：在多线上指定第二个剪切点。

（4）全部剪切：将多线剪切为两个部分。选择样例图像后，AutoCAD 将多线上的选定点用作第一个剪切点并显示以下提示：

选择第二个点：在多线上指定第二个剪切点。

（5）全部接合：将已被剪切的多线线段重新接合起来。选择样例图像后，AutoCAD 将多线上的选定点用作接合的起点并显示以下提示：

选择第二个点：在多线上指定接合的终点。

2. 多段线命令（PL）

多段线是作为单个对象创建的相互连接的序列线段，画出来是一个整体，而直线创建的是独立的对象。多段线命令可以创建直线段、弧线段或两者的组合线段。

绘制方式：

（1）直接在绘图工具栏上点击多段线按钮 ；

（2）在绘图菜单下单击多段线命令；

（3）直接在命令行中输入快捷命令"PL"。

创建步骤：

（1）从命令行内输入快捷命令"PL"确定。

（2）用鼠标左键确定多段线的起点。

（3）根据命令行的提示修改线宽（W）→指定起点宽度→指定端点宽度。

A 圆弧：可以画出弧线。L 直线：可画出直线来。

（4）拖动鼠标给以线段的方向，直接拖出线段长度，然后确定。

多段线与线的区别：

（1）直线有三个交点，多段线有两个交点。

（2）多段线有粗细，直线无粗细。

（3）多段线是一个整体图形，而每条线都是一个单体。

（4）多段线可以创建直线段、弧线段或两者的组合线段。直线不能绘制弧线。

3. 修订云线命令

绘制方式：

（1）直接在绘图工具栏上点击修订云线按钮 ；

（2）在绘图菜单下单击修订云线命令。

创建修订云线的步骤：

（1）在"绘图"菜单中，单击"修订云线"。

（2）根据提示，指定新的最大和最小弧长，或者指定修订云线的起点。

（3）默认的弧长最小值和最大值设置为 0.5000 个单位。弧长的最大值不能超过最小值的三倍。

（4）沿着云线路径移动十字光标。要更改圆弧的大小，可以沿着路径单击拾取点。

（5）可以随时按 Enter 键停止绘制修订云线。

（6）要闭合修订云线，应返回到它的起点。

图 3-32 所示为修订云线。

图 3-32　修订云线

4. 样条曲线命令（SPL）

样条曲线命令用于制作不规则图形，表现在山峰、池塘等。

绘制方法：

（1）直接在绘图工具栏上点击样条曲线按钮 ～；

（2）在绘图菜单下单击样条曲线命令；

（3）直接在命令行中输入快捷命令"SPL"。

创建样条曲线的步骤：

（1）在"绘图"菜单中，单击"样条曲线"，或者输入快捷命令"SPL"。

（2）根据提示，单击第一点，第二点，当要结束命令时按三次空格键/回车/右键或者输入"C"闭合。

（3）拟合公差：实际曲线与所指定点偏离的距离。拟合公差是指样条曲线与输入点之间允许偏移距离的最大值。在绘制样条曲线时，绘出的样条曲线不一定会通过各个输入点，但对于拟和点很多的样条曲线来说，使用拟和公差可以得到一条较为光滑的样条曲线，如图 3-33 所示。

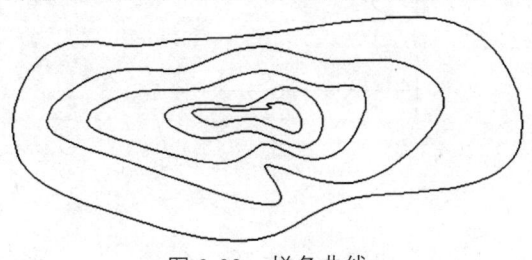

图 3-33　样条曲线

视频

使用多段线命令
绘制图形

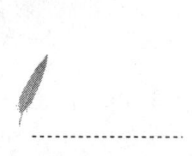

【实例讲解】使用多段线命令绘制图形。
练习说明：
（1）图 3-34 所示为练习多段线命令的图形；
（2）需要用到定数等分命令。

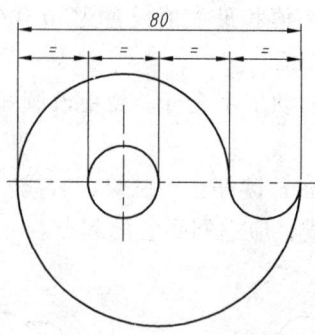

图 3-34　练习图形

操作提示：

（1）先画一条长 80 的直线，然后在这条直线上 4 等分，如图 3-35 所示。

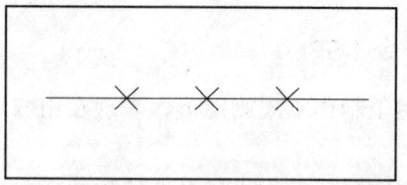

图 3-35　步骤（1）

（2）使用"多段线"命令，指定基点 A，捕捉交点，绘制出圆弧，如图 3-36 所示。

命令：_pline
指定起点：
指定下一个点或[圆弧（A）/半宽（H）/长度（L）/放弃（U）/宽度（W）]：A
指定圆弧的端点或[角度（A）/圆心（CE）/方向（D）/半宽（H）/直线（L）/半径（R）/第二个点（S）/放弃（U）/宽度（W）]：D

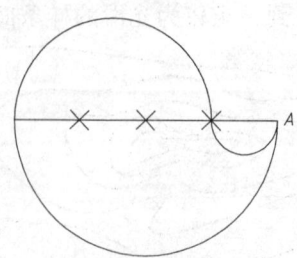

图 3-36　步骤（2）

（3）使用"两点"圆命令绘制里面的圆，如图3-37所示。

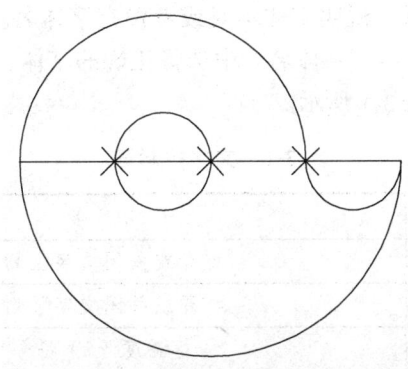

图3-37　步骤（3）

（4）删除辅助线，添加尺寸标注，完成绘制，如图3-38所示。

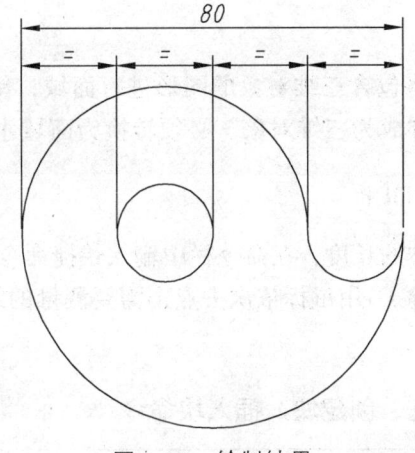

图3-38　绘制结果

八、文字、面域、测量工具

1. 文字命令（T）

多行文字：输入的文字是一个整体。

单行文字：也可以输入多行文字但是输入每行都是一个独立的对象。

绘制方式：

（1）直接在绘图工具栏上点击文字按钮 **A**；

（2）在绘图菜单下单击文字命令；

（3）在命令行中直接输入快捷命令"T"。

绘制文字的步骤：

（1）从命令行中输入文字的快捷命令"T"。

（2）输入文字时，要用鼠标左键画出文字所在的范围。在其对话框中可以设置字体、颜色等。

注：修改文字的快捷命令为"ED",或双击也可以对它进行修改,当文字出现"？"时,说明字体不对或者没有字体名。这时需要在"格式"→"文字样式"→"字体名"中选择正确的字体,有@的不可用。

文字控制符如表 3-1 所示。

表 3-1 文字控制符

控 制 符	功　　能
%%O	打开或关闭文字上划线
%%U	打开或关闭文字下划线
%%D	标注度(°)符号
%%P	标注正负公差(±)符号
%%C	标注直径(ϕ)符号

2. 面域命令

面域命令可以将包含三维对象的图形进行面域,使用线或由独立线构成的图形不能拉伸成为三维对象,必须转换为面域才可位伸。

3. 测量工具（DI）

如果想知道物体的长度,在命令栏中输入快捷命令"DI",确定（回车键、空格键或右键）,用鼠标依次去点击需要测量的线的端点即可。

九、填充、创建块、插入块命令

1. 填充命令（H）

填充命令可以填充封闭或不封闭的图形,起说明/表示作用,是一个辅助工具。

绘制方式：

（1）直接在绘图工具栏上点击填充按钮 ▨ ；

（2）在绘图菜单下单击填充命令；

（3）在命令行中直接输入快捷命令"H"。

填充选定对象的步骤

（1）从命令行中输入"H",在其对话框中选择"选择对象"。

（2）指定要填充的对象,对象不必构成闭合边界,也可以指定任何不应被填充的弧物体。

（3）确定。

下面我们来了解一个填充对话框,如图 3-39 所示。

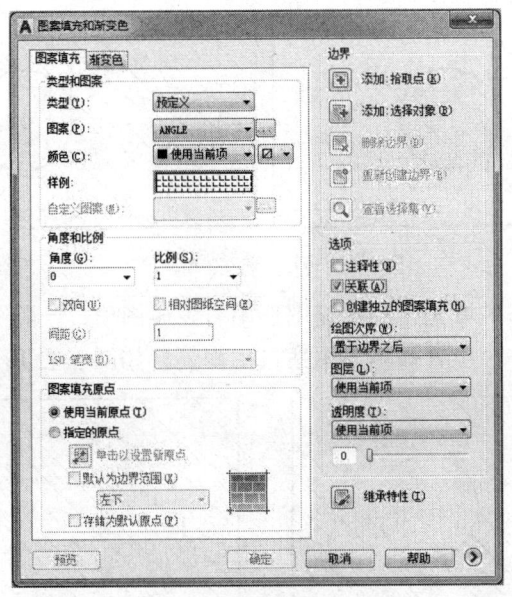

图 3-39 图案填充

在"类型和图案"选项组中,可以设置图案填充的类型和图案,如图 3-40 所示。

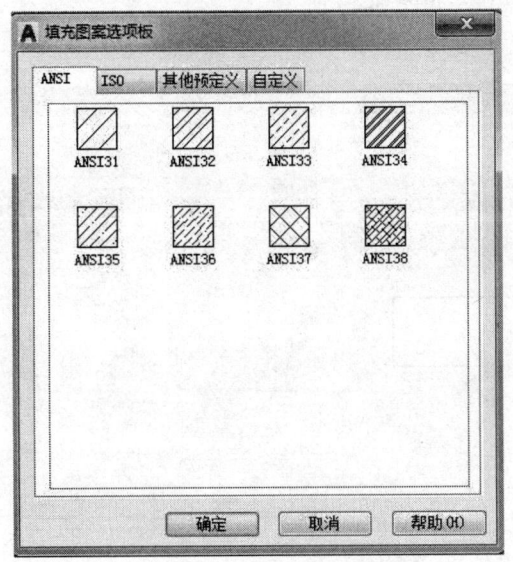

图 3-40 填充图案选项板

拾取点:是指以鼠标左键点击位置为准向四周扩散,遇到线形就停,所有显示虚线的图形是填充的区域,一般填充的是封闭的图形。

选择对象:是指鼠标左键选中的图形为填充区域,一般用于不封闭的图形。

继承特性:图案的类型、角度和比例完全一致地复制到另一填充区域内,如图 3-41 所示。

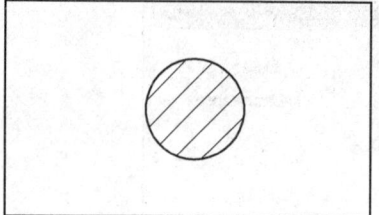 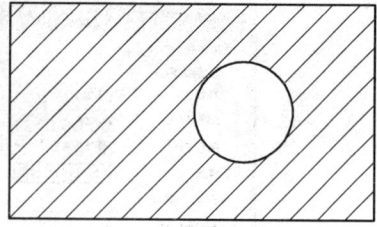

图 3-41 继承特性

关联状态下的填充是指填充图形中有障碍图形,当删除障碍图形时,障碍图形内的空白位置被填充图案自动修复,如图 3-42 所示。

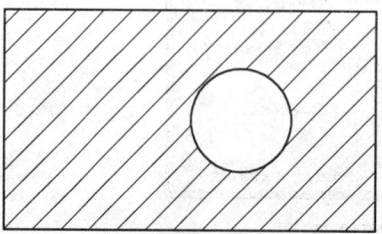 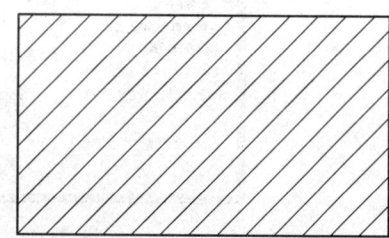

图 3-42 关联

在"角度和比例"选项组中,可以设置用户定义类型的图案填充的角度和比例等参数,如图 3-43 所示。

注:比例大小要适当,过大、过小都会填充不上。

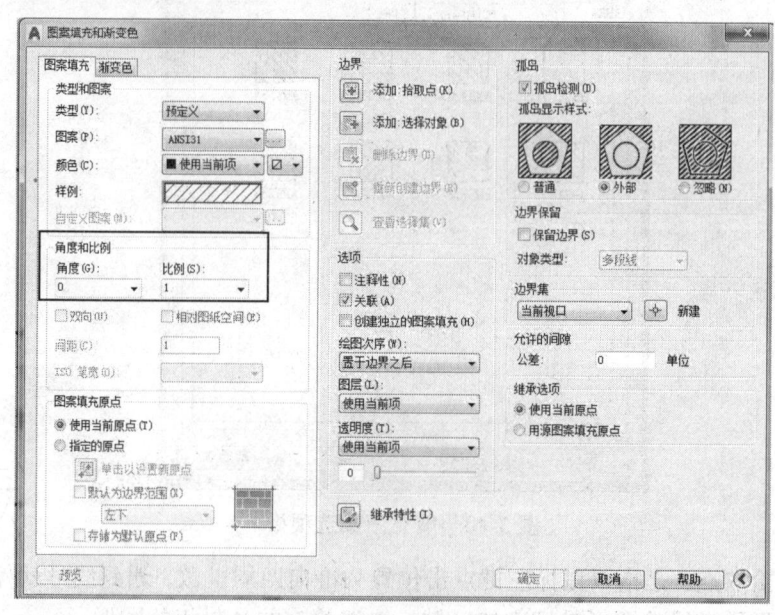

图 3-43 角度和比例

在"渐变色"选项卡的"孤岛显示样式"(见图 3-44)中:

普通:只填充奇数。

外部:只填充图形的外部。

忽略:所有的都填充。

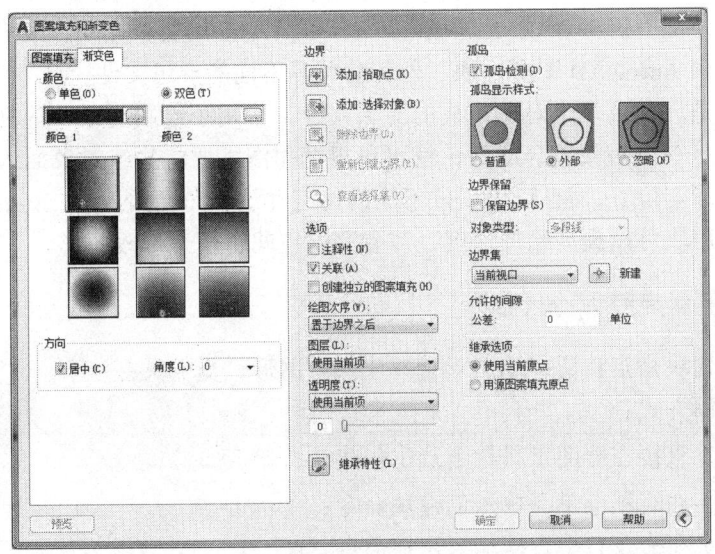

图 3-44 孤岛

在"渐变色"选项卡中,可以选择颜色之间的渐变进行填充,如图 3-45 所示。

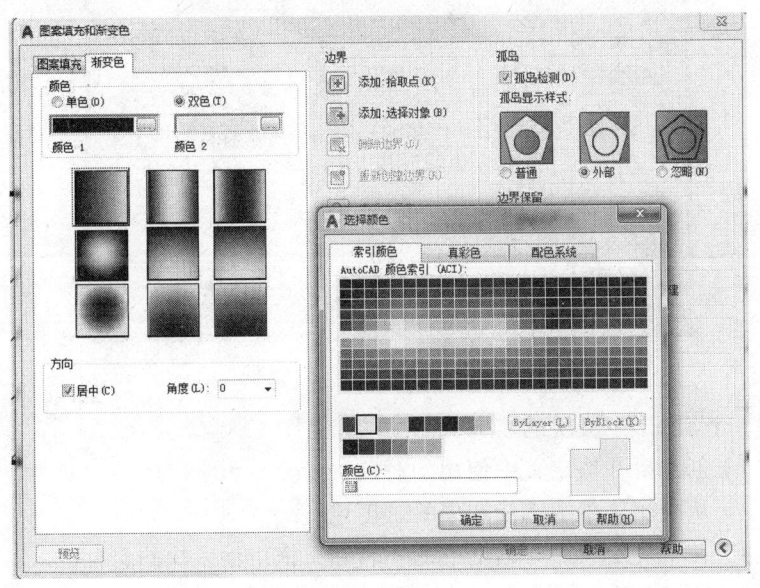

图 3-45 选择颜色

2. 创建块、插入块、写块命令

块也称为图块,是 AutoCAD 图形设计中的一个重要概念。在绘制图形时,如果图形中有大量相同或相似的内容,或者所绘制的图形与已有的图形文件相同,则可以把要重复绘制的图形创建成块,并根据需要为块创建属性,指定块的名称、用途及设计者等信息,在需要时直接插入它们,从而提高绘图效率。

当然,用户也可以把已有的图形文件以参照的形式插入到当前图形中（即外部参照），或是通过 AutoCAD 设计中心浏览、查找、预览、使用和管理 AutoCAD 图形、块、外部参照等不同的资源文件。

块是一个或多个对象组成的对象集合，常用于绘制复杂、重复的图形。一旦一组对象组合成块，就可以根据作图需要将这组对象插入到图中任意指定位置，而且还可以按不同的比例和旋转角度插入。在 AutoCAD 中，使用块可以提高绘图速度，节省存储空间，便于修改图形。

1）创建块命令（B）

创建块是指将所有单图形合并成一个图形，交点只有一个。

绘制方式：

（1）直接在绘图工具栏上点击创建块按钮 ；

（2）在绘图菜单下单击创建块命令；

（3）在命令行中直接输入快捷命令"B"。

图 3-46 所示为"块定义"对话框。

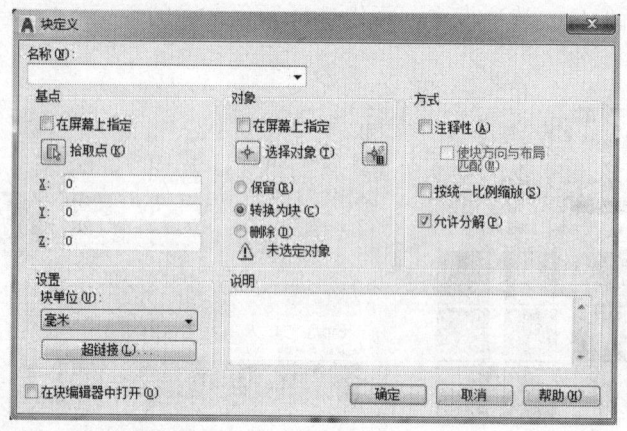

图 3-46　"块定义"对话框

将当前图形定义块的步骤：

（1）创建要在块定义中使用的对象。

（2）从绘图菜单中选择块中的"创建"。

（3）在"块定义"对话框中的"名称"框中输入块的名称。

（4）在"对象"下选择"转换为块"，如果需要在图形中保留用于创建块定义的原对象，应确保未选中"删除"选项，如果选择了该选项，将从图形中删除原对象。

（5）选择"选择对象"，确定。

"块定义"对话框中各主要选项的功能：

（1）"名称"文本框：用于输入块的名称，最多可使用 255 个字符。

（2）"基点"选项区域：用于设置块的插入基点位置。

（3）"对象"选项区域：用于设置组成块的对象。

（4）"预览图标"选项区域：用于设置是否根据块的定义保存预览图

标。如果保存了预览图标，通过设计中心将能够预览该图标。

（5）"拖放单位"下拉列表框：用于设置从设计中心拖动块时的缩放单位。

（6）"说明"文本框：用于输入当前块的说明部分。

2）插入块命令（I）

插入块命令可以在图形中插入块或其他图形，在插入的同时还可以改变所插入块或图形的比例与旋转角度。

绘制方式：

（1）直接在绘图工具栏上点击插入块按钮 ；

（2）在命令行中直接输入快捷命令"I"。

"插入"对话框（见图3-47）中各主要选项的功能：

（1）"名称"下拉列表框：用于选择块或图形的名称，用户也可以单击其后的"浏览"按钮，打开"选择图形文件"对话框，选择要插入的块和外部图形。

（2）"插入点"选项区域：用于设置块的插入点位置。

（3）"缩放比例"选项区域：用于设置块的插入比例。可不等比例缩放图形，在X、Y、Z三个方向进行缩放。

（4）"旋转"选项区域：用于设置块插入时的旋转角度。

（5）"分解"复选框：选中该复选框，可以将插入的块分解成组成块的各基本对象。

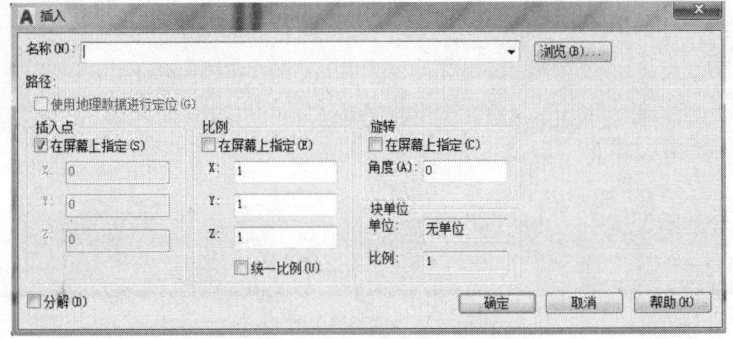

图 3-47 "插入"对话框

3）写块命令（W）

写块命令可以将块以文件的形式存档。

"写块"对话框（见图3-48）中各选项含义：

（1）"源"选项区域：设置组成块的对象来源。

"块"单选按钮：可以将使用创建块命令创建的块写入档。

"整个图形"：可以把全部图形写入档。

"对象"：可以指定需要写入档的块对象。

（2）"目标"选项区域：设置块的保存名称、位置。

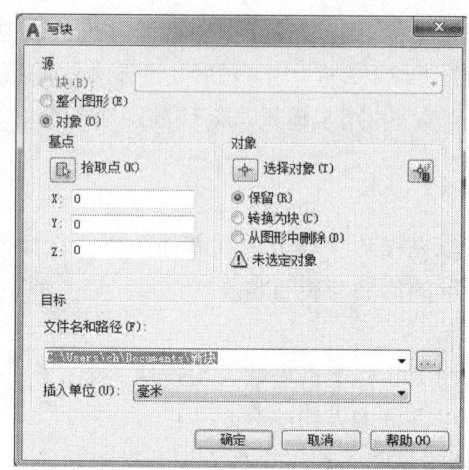

图 3-48 "写块"对话框

3. 设计中心（Ctrl+2）

AutoCAD 设计中心（AutoCAD Design Center，简称 ADC）为用户提供了一个直观且高效的工具，它与 Windows 资源管理器类似。选择"工具""设计中心"命令，或在"标准"工具栏中单击"设计中心"按钮，可以打开"设计中心"窗口，如图 3-49 所示。

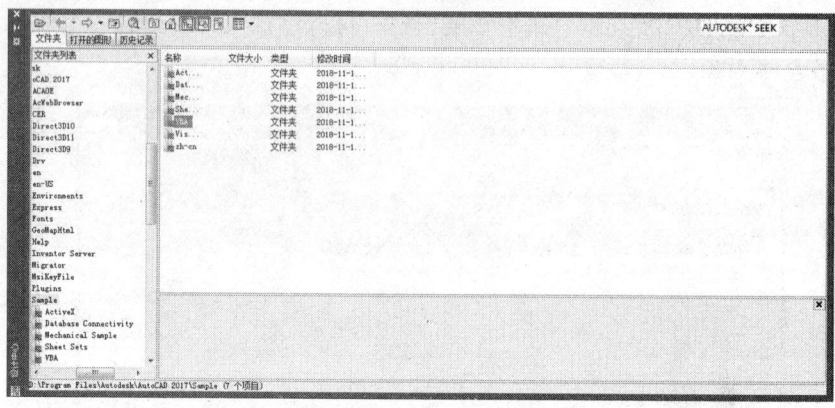

图 3-49 "设计中心"窗口

"文件夹"选项卡：显示所有文件的名称。左栏显示文件夹名称及所在位置，右栏显示图形。

"打开的图形"选项卡：显示当前所选图形的此属性。

"历史记录"选项卡：记录最近打开的文件。

在 AutoCAD 2017 中，使用 AutoCAD 设计中心可以完成以下工作：

（1）创建对频繁访问的图形、文件夹和 Web 站点的快捷方式。

（2）根据不同的查询条件在本地计算机和网络上查找图形文件，找到后可以将它们直接加载到绘图区或设计中心。

（3）浏览不同的图形文件，包括当前打开的图形和 Web 站点上的图形库。

（4）查看块、图层和其他图形文件的定义并将这些图形定义插入到当前图形文件中。通过控制显示方式来控制设计中心控制板的显示效果，还可以在控制板中显示与图形文件相关的描述信息和预览图像。

使用 AutoCAD 设计中心，可以方便地在当前图形中插入块、引用光栅图像及外部参照，在图形之间复制块、图层、线型、文字样式、标注样式以及用户定义的内容等。

视频
绘制拨叉零件图

综合练习一

练习说明：

（1）图 3-50 所示的零件图主要由圆弧与直线相接组成，可以使用相切、倒圆角等命令完成。

（2）根据尺寸绘制图形。

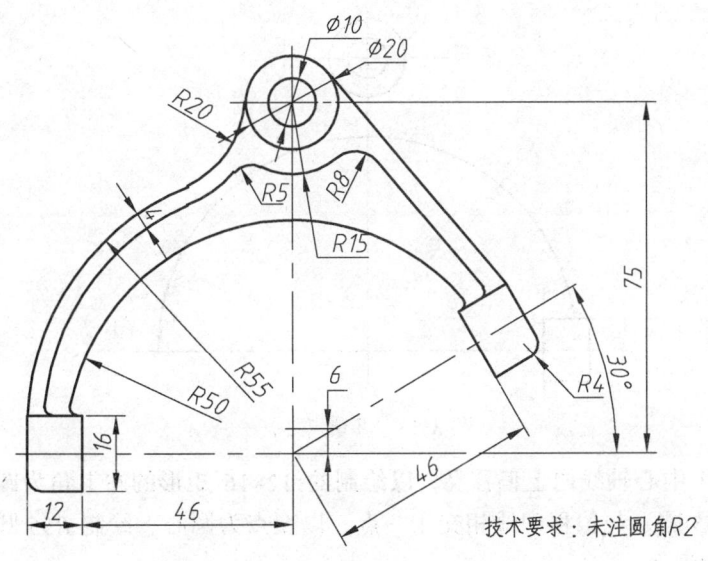

图 3-50　拨叉零件图

操作提示：

（1）打开 CAD 软件，设置图层，在图层中设置粗实线、细实线、点画线和虚线，如图 3-51 所示。

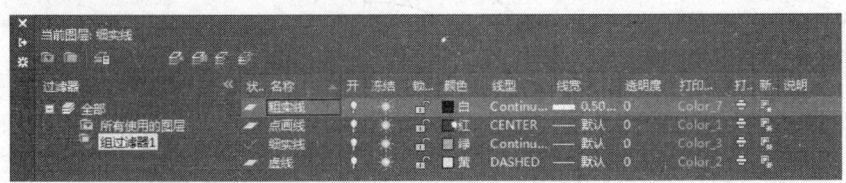

图 3-51　设置图层

（2）用点画线绘制中心轴线，中线交点为圆心，绘制 R55 圆弧，偏移中心轴线向上 75，在交点处绘制直径为 10 和 20 的两个圆，如图 3-52 所示。

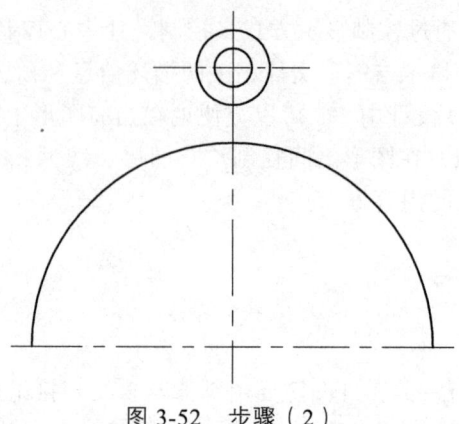

图 3-52 步骤（2）

（3）偏移中心轴线左移 46，绘制 12×16 矩形，如图 3-53 所示。

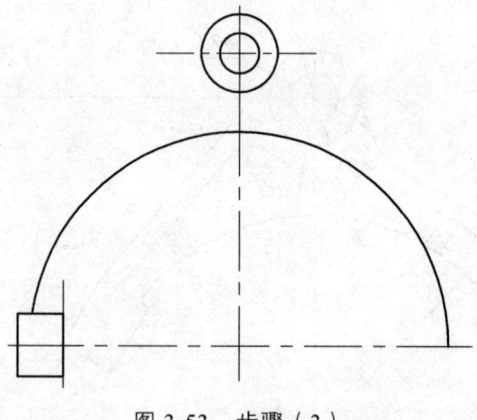

图 3-53 步骤（3）

（4）中心轴线向上偏移 6，以绘制的 12×16 矩形的左上角为圆心，绘制 R55 圆，与偏移中线相交于一点，以交点为圆心，绘制 R55 圆，如图 3-54 所示。

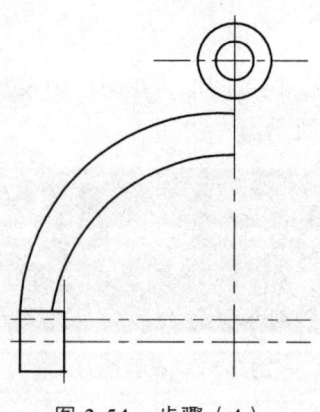

图 3-54 步骤（4）

（5）R55 圆弧与 φ20 圆倒圆角 R20，再偏移 4，至此，左边图形绘制完成，如图 3-55 所示。

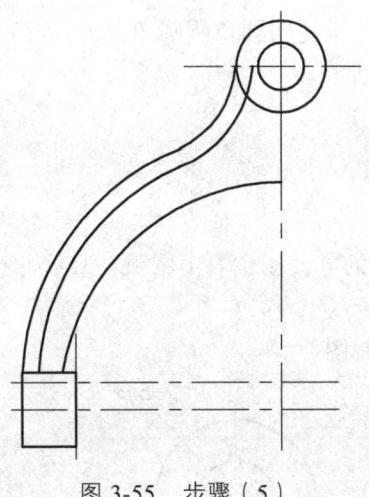

图 3-55 步骤（5）

（6）以中心轴线交点为圆心旋转中线 75°，镜像矩形与圆弧，如图 3-56 所示。

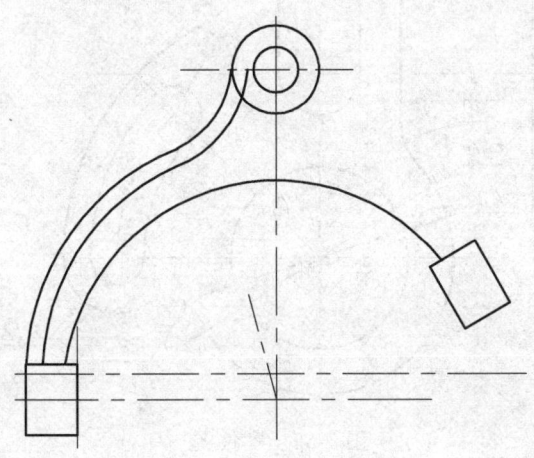

图 3-56 步骤（6）

（7）连接 $\phi 20$ 圆与矩形右上角点，再偏移 4，得到中间线，再以上圆圆心绘制 $R15$ 圆弧相切 $R8$ 与 $R5$，绘制完成，如图 3-57 所示。

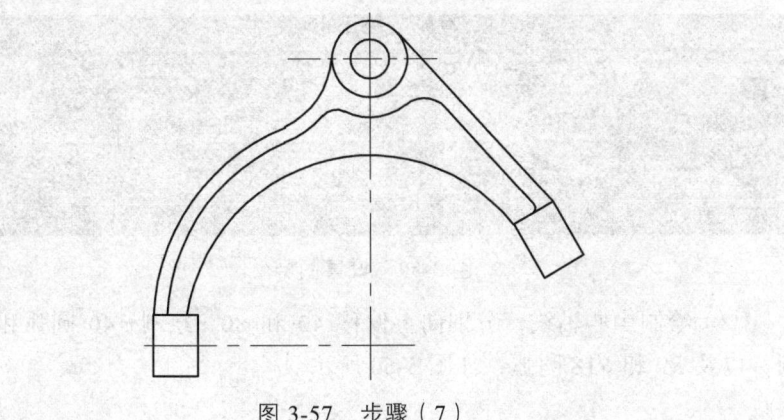

图 3-57 步骤（7）

（8）按技术要求，未注明圆角倒圆角 $R2$，按相应尺寸，完成标注，该图形就绘制完成。

综合练习二

练习说明：

（1）图 3-58 所示的零件图主要由圆弧与直线相接组成，可以使用相切等命令完成。

（2）根据尺寸绘制图形。

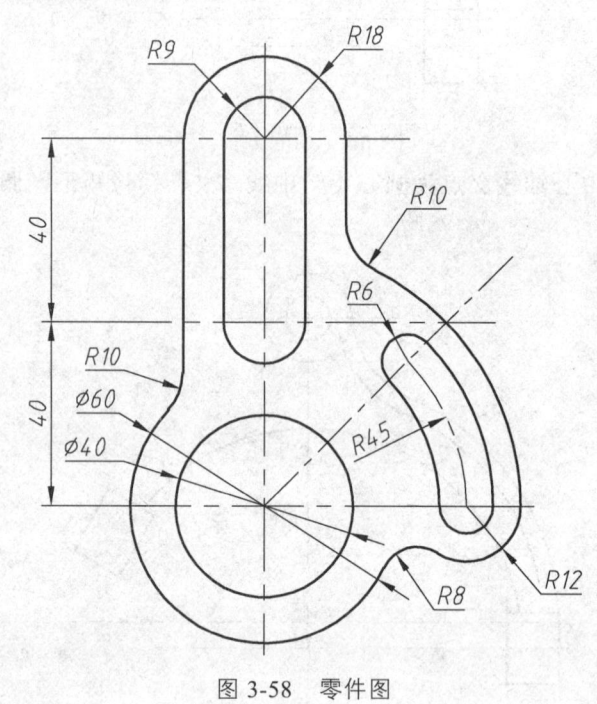

图 3-58 零件图

操作提示：

（1）打开 CAD 软件，设置图层，在图层中设置粗实线、细实线、点画线和虚线，如图 3-59 所示。

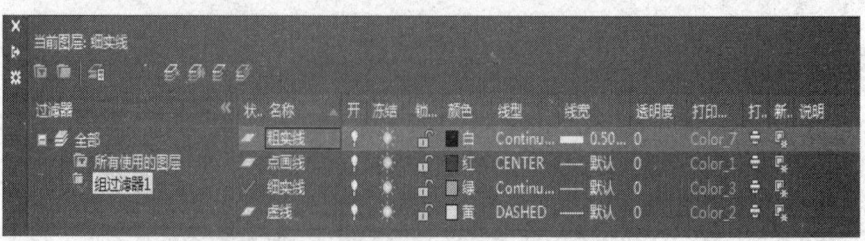

图 3-59 设置图层

（2）绘制中心轴线，分别向上偏移 40 和 80，绘制 $\phi 40$ 圆弧和 $\phi 60$ 圆，以及 $R9$ 和 $R18$ 圆弧，如图 3-60 所示。

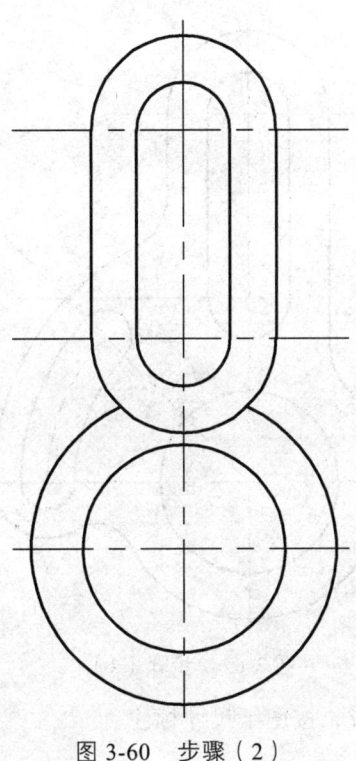

图 3-60 步骤（2）

（3）左边倒圆角 R12，绘制 R45 圆弧，旋转中心轴线 45°交于圆弧 R45，如图 3-61 所示。

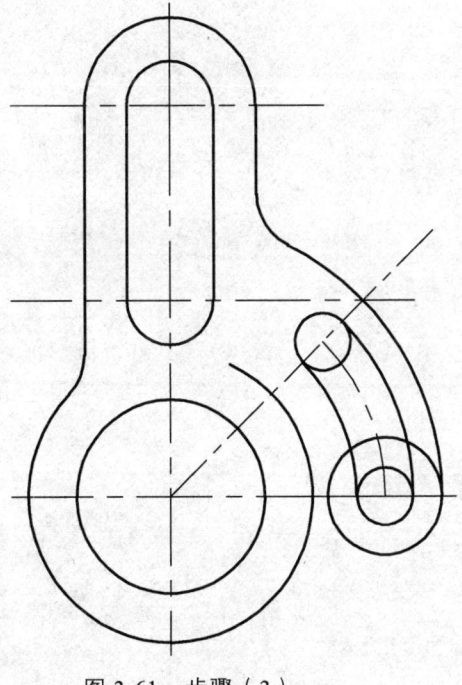

图 3-61 步骤（3）

（4）将多余线条修剪，画出其余倒圆角线，如图 3-62 所示。

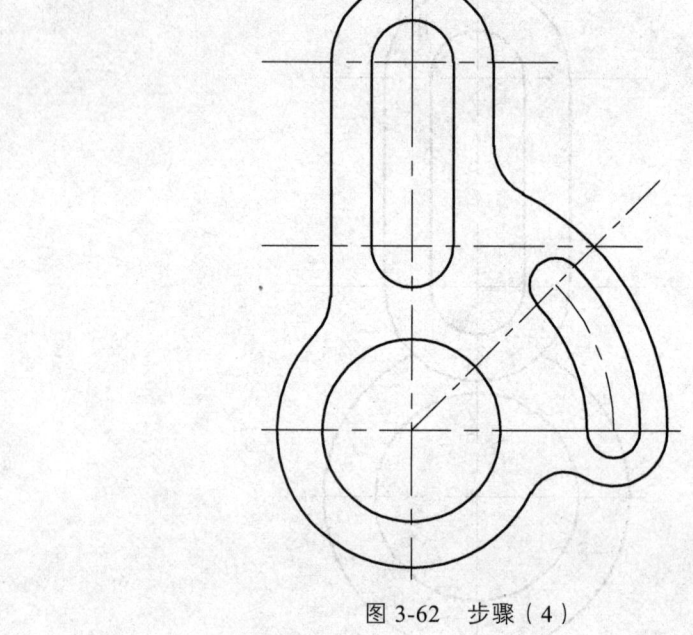

图 3-62 步骤（4）

（5）图形绘制完成，按图纸尺寸标注。

项目四

绘制三视图

学习目标

(1) 熟悉绘图的基础知识和基本操作方法、坐标系统、点的坐标表示法以及绘图环境和系统参数的设置。
(2) 了解图层的创建和设置方法、管理图层及控制图形显示的方法。
(3) 能够建立文字样式、尺寸样式等基本样式。

重 点

- 建立绘图工作环境,设置图层、文字样式和尺寸样式。

难 点

- 掌握绘制三视图的方法、尺寸的标注。

视频：
图层的设置

一、绘制轴承座（一）

——学习图层设置、对象追踪、尺寸标注和打断于点命令

本任务将以绘制如图 4-1 所示的轴承座为例，说明图层设置、对象追踪、尺寸标注和打断于点的使用方法。

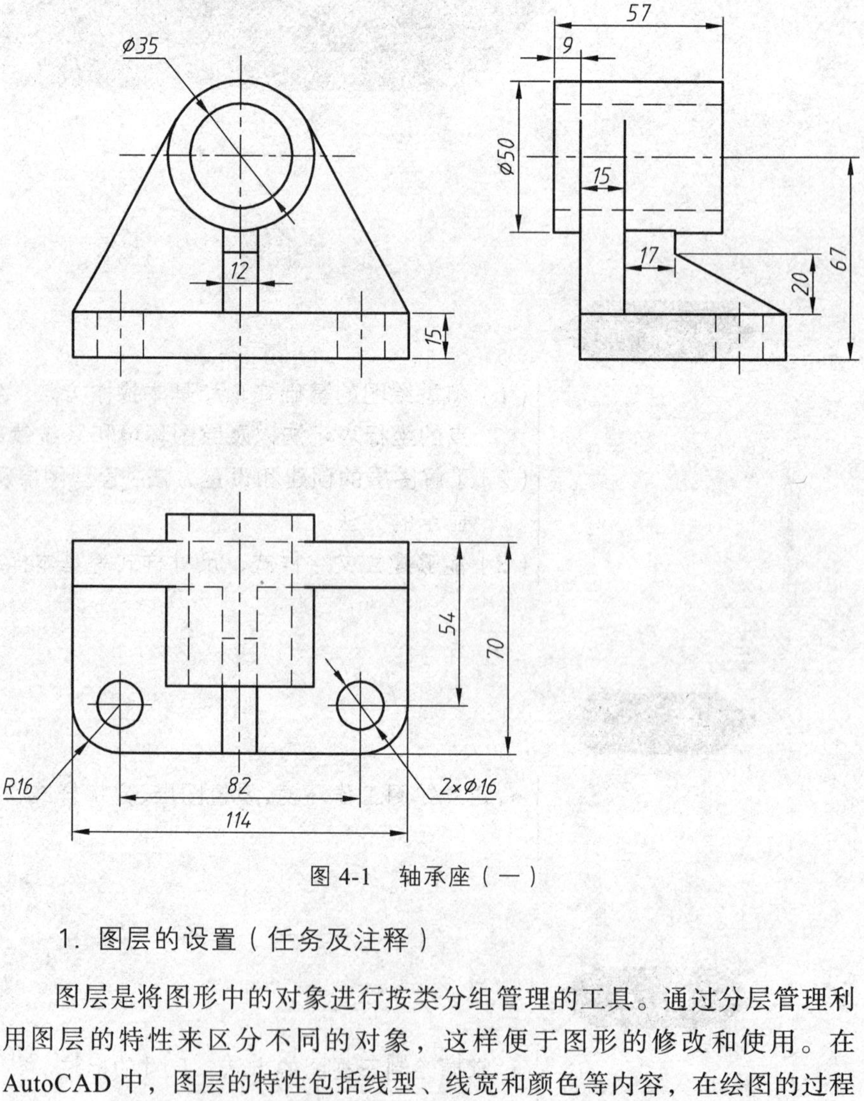

图 4-1 轴承座（一）

1. 图层的设置（任务及注释）

图层是将图形中的对象进行按类分组管理的工具。通过分层管理利用图层的特性来区分不同的对象，这样便于图形的修改和使用。在 AutoCAD 中，图层的特性包括线型、线宽和颜色等内容，在绘图的过程中，这些内容主要通过图层来控制。通常在绘制图样之前，应根据国家制图标准用不同线型的宽度来表达零件的结构形状。

图层是 AutoCAD 提供组织图形的强有力工具。我们可以把图层假想成一张没有厚度的透明纸，各图层之间完全对齐，叠加在一起。用户可以给每一图层指定所用的线型、颜色和线宽等，并将具有相同线型和颜色的对象放在同一层里，这样就构成了一幅完整的图形。AutoCAD 提供了大量的图层管理功能（打开/关闭、冻结/解冻、加锁/解锁等），这些功能在组织图层时非常方便。

1）创建图层

（1）输入命令。

输入命令可以采用下列方法之一：

工具栏：单击"图层"工具栏"图层特性管理"按钮。
菜单栏：选取"格式"菜单→"图层"命令。
命令行：键盘输入"LAYER"或"LA"。

执行完命令后，系统会弹出"图层特性管理器"对话框，如图 4-2 所示。

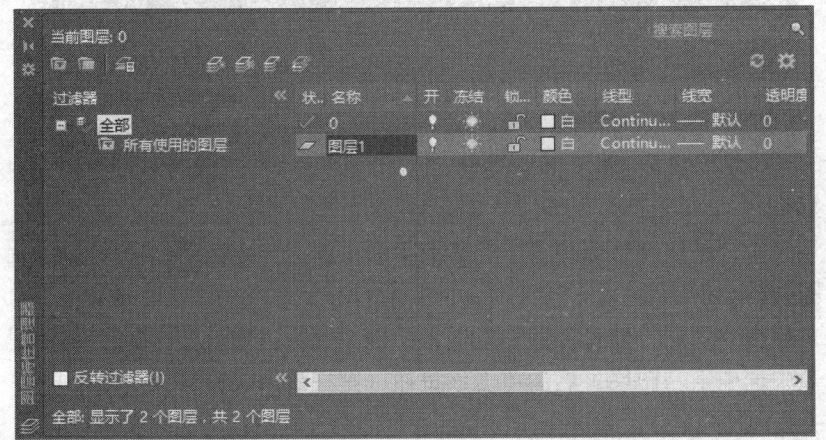

图 4-2 图层特性管理器

（2）操作说明。

单击"图层特性管理器"对话框中的"新建"按钮，可以新建一个图层。默认情况下，创建的图层会依次以"图层 1""图层 2"等进行命名，如图 4-3 所示。

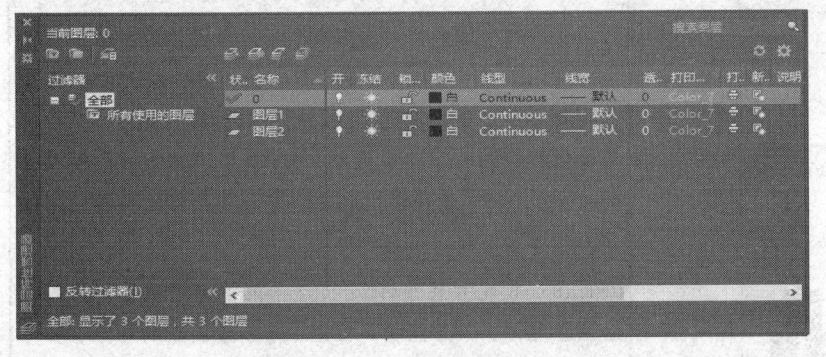

图 4-3 新建图层

重命名的方法：

在名称文本框呈可编辑状态时，直接输入新的名称即可。

右键单击创建的图层,在弹出的快捷菜单中选择"重命名图层"选项,此时名称文本框呈可编辑状态时,直接输入新的名称即可。

此时新建的图层 2 文本框呈可编辑状态时输入名称"轮廓线"。用同样的方法可以再新建图层,分别为图层"中心线""虚线"。图层 1 命名为"尺寸标注线",如图 4-4 所示。

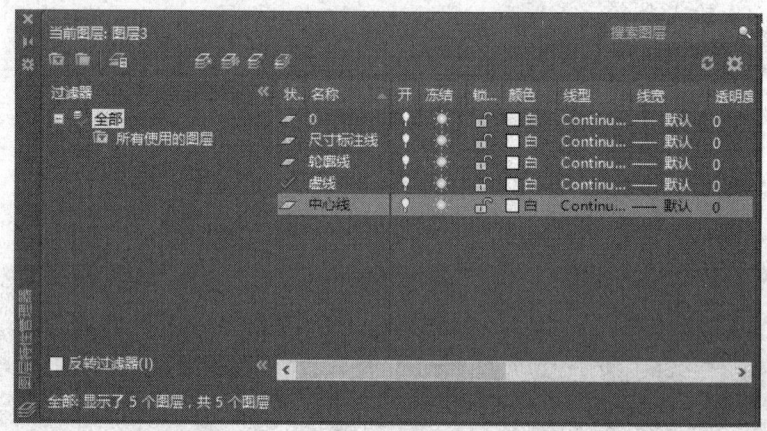

图 4-4　创建图层并命名

单击"图层特性管理器"对话框中的"删除"按钮 ,可以删除选定图层。

单击"图层特性管理器"对话框中的"置为当前"按钮 ,在图层列表中选中某一图层,然后单击该按钮,则把该图层设置为当前图层。

在图层列表中,每一个图层都有一列图标,其图标功能如表 4-1 所示。

表 4-1　图层中图标功能

图标	名称	功能
	打开/关闭	将图层设置为打开或关闭状态。当呈现关闭状态时,该图层上所有的对象将隐藏不显示,只有处于打开状态的图层会在绘图区显示并由打印机打印出来。绘制复杂零件时,可先将不编辑的图层暂时关闭,可降低图形的复杂性
	解冻/冻结	将图层设定为解冻/冻结状态。当图层冻结时,该图层的对象均不会显示在绘图区,也不能由打印机打印,而且不会执行缩放和平移等操作。冻结时,可以加快绘图编辑的速度。对于 (开/关闭)功能只能单纯将图形隐藏,不会加快绘图编辑的执行速度
	解锁/锁定	将图层设定为解锁/锁定状态。被锁定的图层,仍然在绘图区显示,但不能编辑修改,只能绘制新的图形,可防止重要图形被修改
	打印/不打印	设定图层是否可以打印

(3) 备注。

AutoCAD 中规定以下 4 类图层不能删除：

① "0" 层和 "Defpoints" 图层。

② 当前层。要删除当前层，可以先改变当前层到其他图层。

③ 插入外部参照图层。要删除该层，必须先删除外部参照。

④ 包含了可见图形对象的图层。要删除该层，必须先删除该图层中所有图形对象。

2）设置图层颜色

在 AutoCAD 2017 中，用户可以通过设置图层的各类属性（如颜色、线型和线宽等），以满足在绘制图形时的制图需求。

在实际绘图中，为了区分不同的图层，可将不同的图层设置成不同的颜色。每一个图层可以设置一种颜色。

新建图层后，要改变图层的颜色，可以在"图层特性管理器"选项板中单击该图层的"颜色"对应图标，系统弹出"选择颜色"对话框，如图 4-5 所示。

根据需要选择相应的颜色，单击"确定"按钮，完成设置图层颜色。

颜色在图形中具有非常重要的作用，可用来表示不同的组件、功能和区域。图层的颜色实际上是图层中图形对象的颜色。每个图层都拥有自己的颜色，对不同的图层可以设置相同的颜色，也可以设置不同的颜色，当绘制复杂图形时就能够很容易区分图形的各部分。

单击"中心线"层对应的"颜色"项，打开"选择颜色"对话框，如图 4-5 所示，选择黄色为该层颜色，单击"确定"按钮，返回"图层特性管理器"对话框。

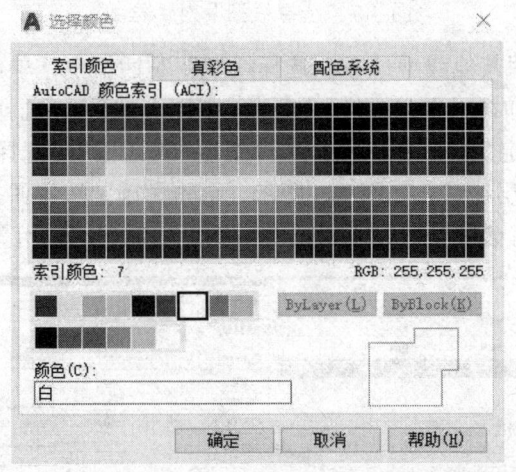

图 4-5 "选择颜色"对话框

用同样的方法设置"轮廓线"为白色，"尺寸标注线"为"青色"，虚线为"绿色"，如图 4-6 所示。

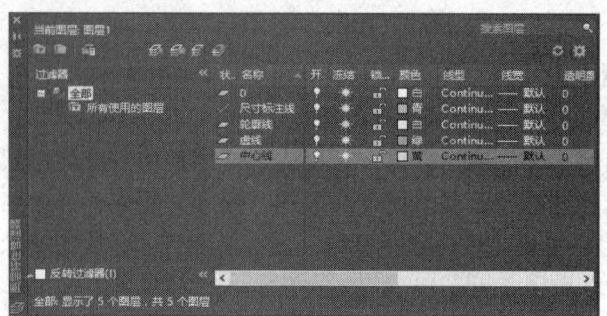

图 4-6　图层颜色的设置

3）设置图层线型

线型是图形基本元素中线条的组成和显示方式，如中心线和虚线等。

（1）加载线型。单击图层对应的"线型"项，打开"选择线型"对话框，在默认状态下，系统已加载线型"Continuous"，单击"中心线"层对应的"线型"项，打开"选择线型"对话框，如图 4-7 所示。

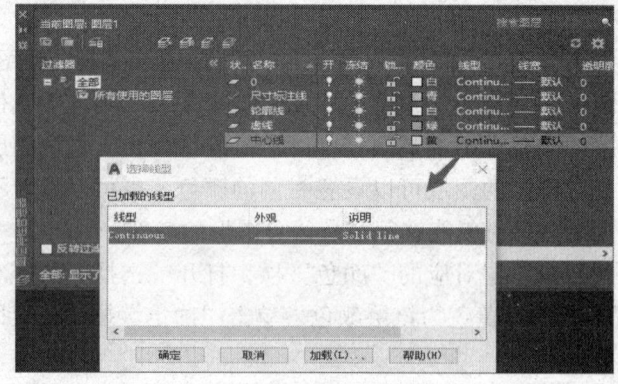

图 4-7　"选择线型"对话框

如果要使用其他线型，在"选择线型"对话框中，单击"加载"按钮，系统打开"加载或重载线型"对话框，如图 4-8 所示。选择"CENTER2"线型，单击"确定"按钮退出。在"选择线型"对话框中，选择"CENTER2"（中心线）为该层线型，如图 4-9 所示，单击"确定"按钮，返回"图层特性管理器"对话框，即完成图层中新线型的加载与应用。

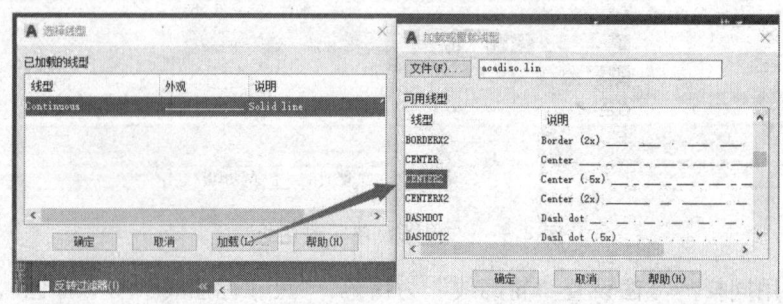

图 4-8　"加载或重载线型"对话框

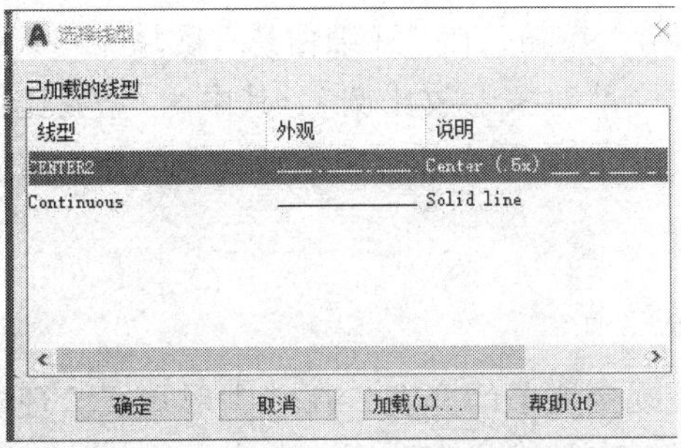

图 4-9 选择"CENTER2"为该层线型

利用同样的方法设置"虚线"层的"线型"项。单击"虚线"层对应的"线型"项,在"选择线型"对话框中,单击"加载"按钮,系统打开"加载或重载线型"对话框,选择"DASHED2"线型,单击"确定"按钮退出。在"选择线型"对话框中,选择"DASHED2"(虚线)为该层线型,单击"确定"按钮,返回"图层特性管理器"对话框。

"轮廓线"层和"尺寸标注线"层默认为 Continuous(连续线),不做修改,如图 4-10 所示。

图 4-10 图层线型的设置

(2)设置线型比例。

选取"格式菜单"中"线型"命令,系统弹出"线型管理器"对话框,可设置图形中的线型比例,如图 4-11 所示。

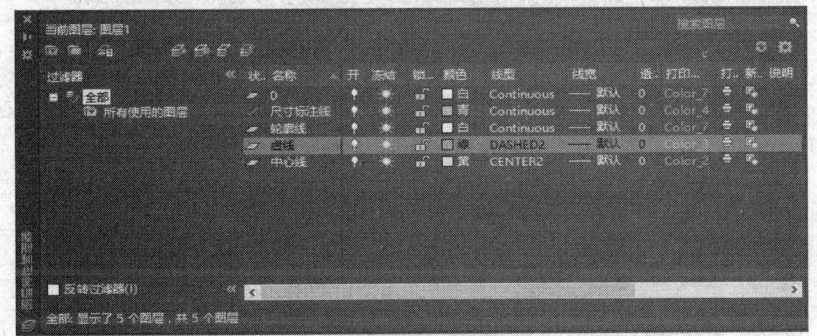

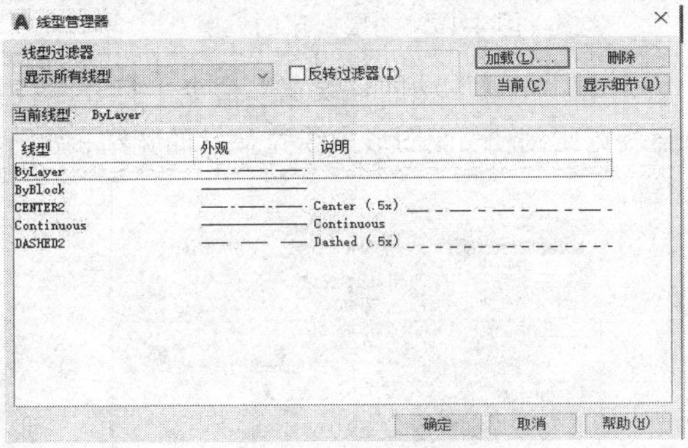

图 4-11 线型管理器

单击"显示细节"按钮,在"详细信息"区域中可以设置线型的"全局比例因子"和"当前对象缩放比例"。其中,"全局比例因子"用于设置图形中所有线型的比例,"当前对象缩放比例"用于设置当前选中线型的比例。

4)设置图层线宽

线宽设置就是改变线条的宽度,在"图形特征管理器"对话框中,单击"中心线"层对应的"线宽"项,打开"选择线型"对话框,如图4-12所示。这里选择"0.15 mm"作为线宽,单击"确定"按钮退出。

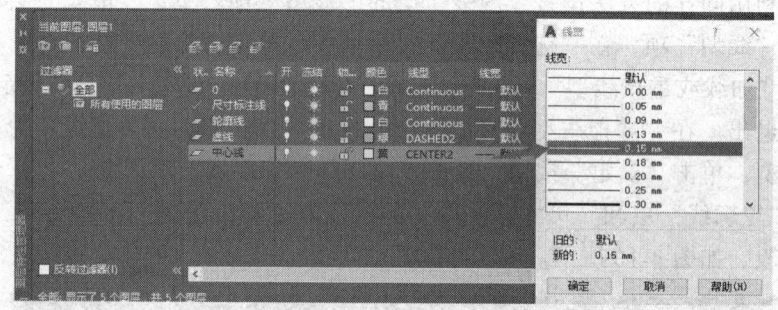

图4-12 "线宽"对话框

利用同样的方法设置"轮廓线"为"0.35 mm","尺寸标注线"为"0.15 mm",虚线为"0.15 mm",如图4-13所示。

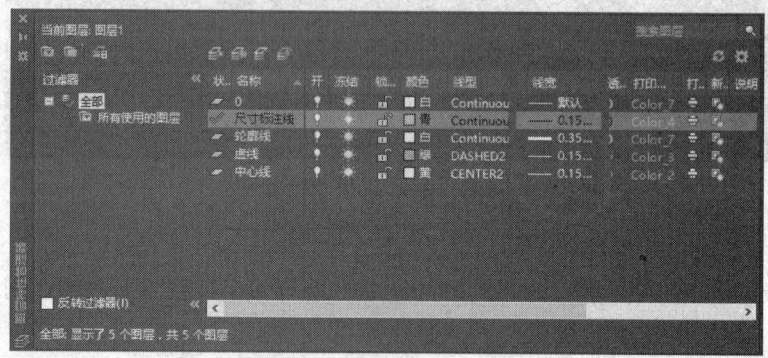

图4-13 图层线宽的设置

选择菜单栏中的"格式"中的"线宽"命令。打开"线宽设置"对话框,通过调整线宽比例,改变图形中线宽显示的宽窄,如图4-14所示。

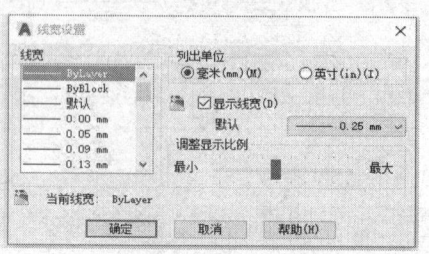

图4-14 线宽设置

选择"中心线"层,单击"置为当前"按钮 (或双击该图层),将其设置为当前层,然后关闭"图层性管理器"对话框。

2. 对象追踪

对象追踪包括"极轴追踪"和"对象捕捉追踪"两种方式。"极轴追踪"可以在设定的角度上精确移动光标和捕捉任意点;"对象捕捉追踪"是对象捕捉与极轴追踪的综合,可以通过制定对象点及制定的角度线的延长线上的任意点来进行捕捉。

1)极轴追踪

以绘制图 4-15 中的斜线为例来说明。

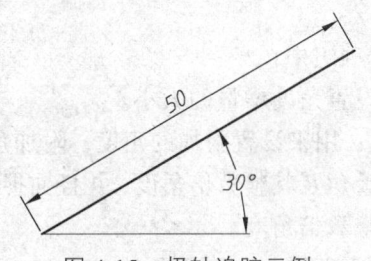

图 4-15 极轴追踪示例

(1)输入命令。

输入命令可以采用下列方法之一:

① 连续按功能键 F10,可以在开/关状态切换。

② 状态栏。单击状态栏上的"极轴追踪"按钮。

(2)操作格式。

执行上面的命令之一后,在图标上单击鼠标右键,选择"设置"选项,系统弹出"草图设置"对话框,如图 4-16 所示。

在对话框中,"增量角"输入"30"。

"极轴角测量"选项组中选中"绝对"。

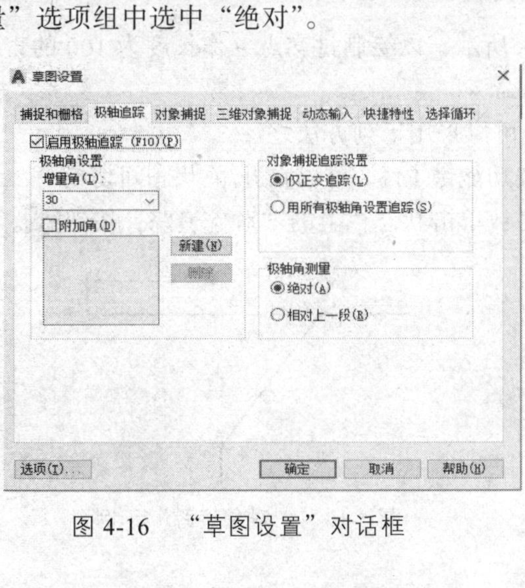

图 4-16 "草图设置"对话框

单击"确定"按钮,完成设置。利用直线命令绘制,此时系统自动捕捉 30° 增量角的方向,输入"50",确定直线的长度,完成绘制,如图 4-17 所示。

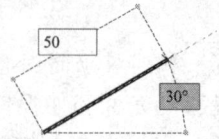

图 4-17 利用"极轴追踪"绘制直线

(3)说明。

在"草图设置"对话框的"极轴追踪"中,各选项的功能如下:

"启用极轴追踪(F10)"复选框:此复选框用于控制极轴追踪方式的打开与关闭。

"极轴角设置"选项组中:

"增量角":用于设置角度增量的大小。

"附加角"复选框:用来设置附加的角度。附加角与增量角不同,在极轴追踪中会捕捉增量角及其整数倍角度,并且捕捉附加角设定的角度,但不能捕捉附加角的整数倍角度。

"新建"按钮:用于新增一个附加角。

"删除"按钮:用于删除一个选定的附加角。

"对象捕捉追踪设置"选项组中:

"仅正交追踪":用于在对象捕捉追踪时采用正交方式。

"用所有极轴角设置追踪":用于在对象捕捉追踪时采用所有极轴角。

"极轴角测量"选项组中:

"绝对":用于设置极轴角为当前坐标系统绝对角度。

"相对上一段":用于设置极轴角为前一个绘制对象的相对角度。

2)对象捕捉追踪

如图 4-18 所示,以绘制过交点 a 作长度为 100 的直线为例说明。

(1)输入命令。

输入命令可以采用下列方法之一:

① 连续按功能键 F11,可以在开/关状态间切换。

② 状态栏:单击状态栏上的"对象追踪"按钮。

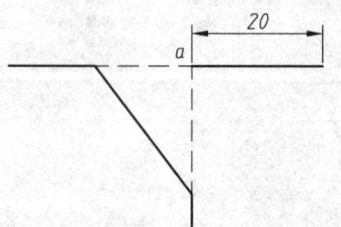

图 4-18 "对象追踪"示例

（2）操作格式。

执行上面的命令之一后，单击"直线"命令，捕捉斜线上方端点向右移动，再捕捉斜线下方端点向上移动。其虚线为对象捕捉追踪线，如图 4-19 所示，确定交点，绘制直线。

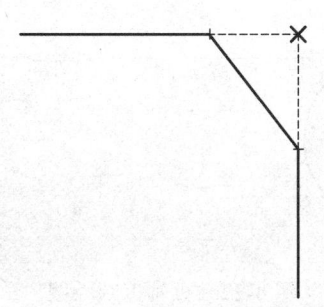

图 4-19 利用"对象捕捉追踪"确定交点

3. 绘制圆筒部分

1）绘制中心线

绘图中状态栏上的"对象捕捉" 、"显示线宽"  按钮均处于打开状态。再按 F10 键开启极轴追踪功能。

注："显示线宽"可以将绘图中按图层设置，显示线宽。

单击绘图工具栏上的"直线"按钮 ，绘制中心线，如图 4-20 所示。

注：三个视图一起画。

图 4-20 绘制中心线

2）绘制 φ50 的圆柱

（1）单击"图层"工具栏中图层下拉列表的下三角按钮，选中"轮廓线"层，将"轮廓线"层设置为当前图层，如图 4-21 所示。

图 4-21 图层下拉列表

视频：
轴承座（一）
的绘制 part1

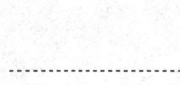

（2）单击"绘图"工具栏上的"圆"按钮 ◯，绘制圆柱的三视图，如图 4-22 所示。

注： 三个视图一起画，注意利用极轴追踪功能和尺寸，保证长对正、高平齐、宽相等，如图 4-23 所示。

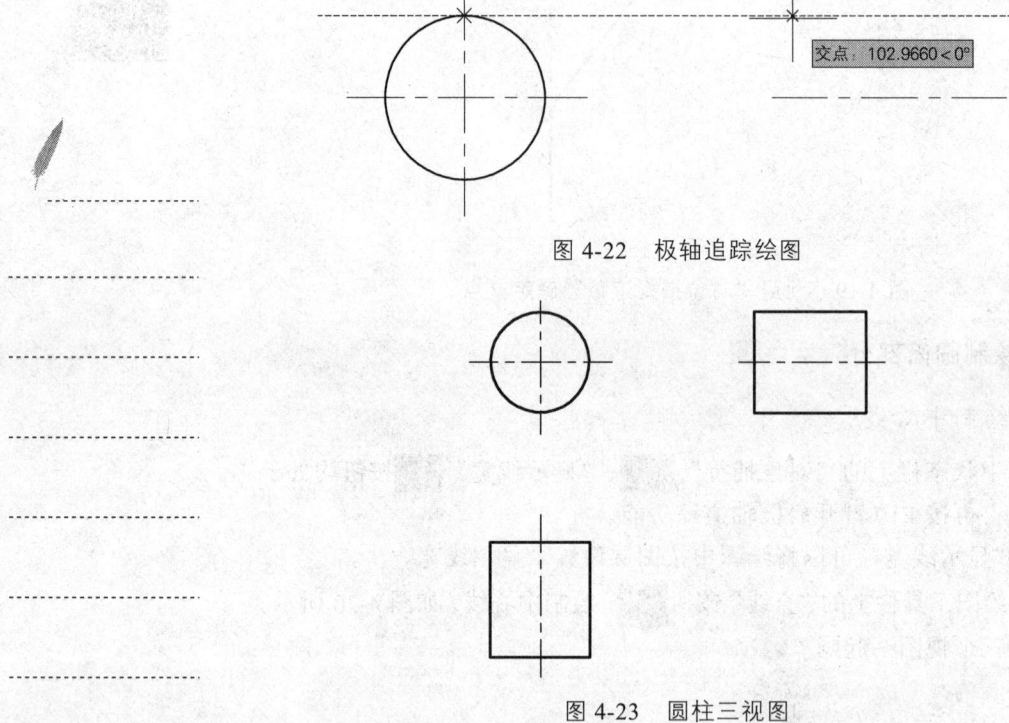

图 4-22　极轴追踪绘图

图 4-23　圆柱三视图

若中心线露出轮廓线长短图不合适，可利用夹点编辑功能，将中心线拉长或拉短，如图 4-24 所示。

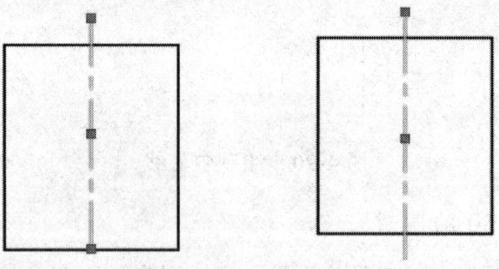

图 4-24　中心线调整

3）绘制 $\phi 35$ 的内孔

（1）先在主视图画 $\phi 35$ 的圆。

（2）单击"图层"工具栏中图层下拉列表的下三角按钮，选中"虚线"层，将"虚线"层设置为当前图层。利用极轴追踪绘制完成俯视图和左视图，如图 4-25 所示。

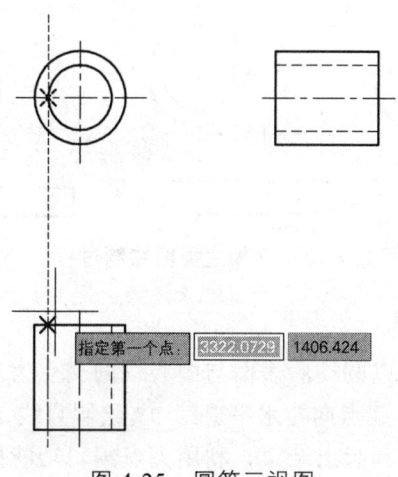

视频：

轴承座（一）的绘制 part2

图 4-25　圆筒三视图

4．绘制底板

1）绘制主视图

采用夹点编辑功能把中心线拉长，如图 4-26 所示。

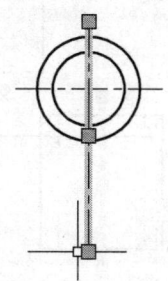

图 4-26　拉长中心线

确认后再切换到"轮廓线"图层，单击"绘图"工具栏上的"直线"按钮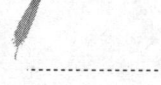，捕捉圆点为出发点向下到 67 的位置，单击，如图 4-27 所示。

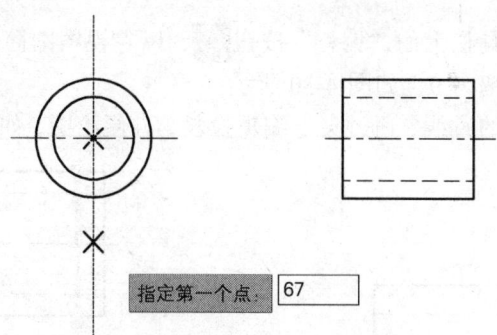

图 4-27　利用极轴追踪捕捉相对位置点

再以该点作为起点极轴追踪向左水平绘制长 57 的直线，向上垂直 15，向右水平 114，向下垂直 15，向左水平到中心线上起点结束，如图 4-28 所示。

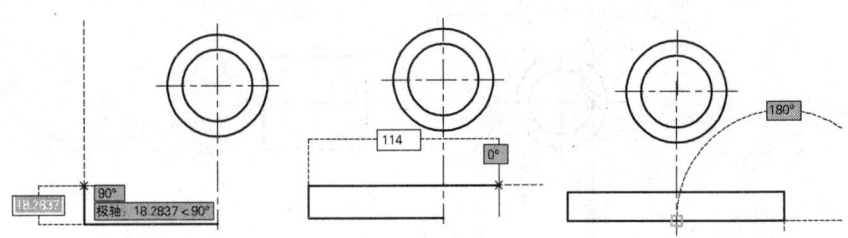

图 4-28　底板主视图绘制过程

2）绘制俯视图

单击直线按钮，以圆柱后表面与中心线的交点为出发点向下垂直捕捉 9 的点。以该点为起点向左水平追踪 57 绘制直线，再向下 70，向右 114，向上 70，向左到起点结束，利用夹点编辑功能拉长中心线，如图 4-29 所示。

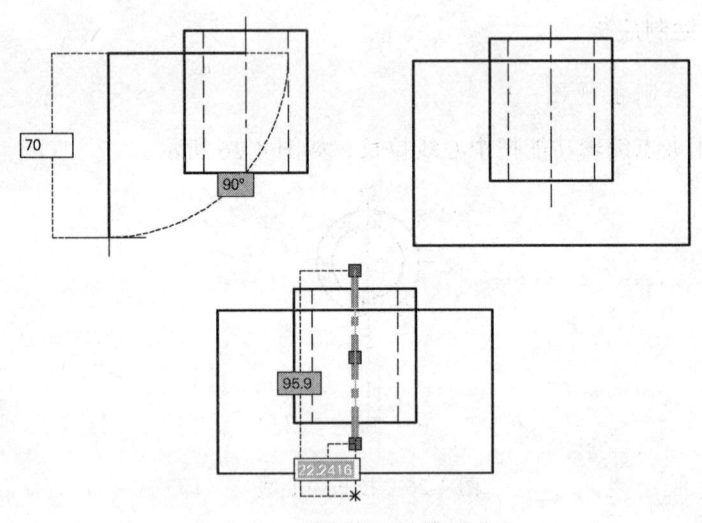

图 4-29　底板俯视图绘制过程

3）绘制左视图

单击修改工具栏上的"偏移"按钮，以左视图圆筒的后表面为基准向右偏移的距离为 9，如图 4-30 所示。

偏移后得到的直线，通过夹点编辑拉长，方便绘图，如图 4-31 所示。

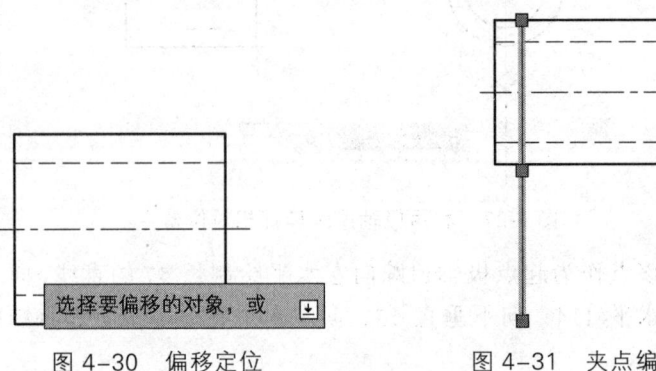

图 4-30　偏移定位　　　　　　图 4-31　夹点编辑拉长

单击直线捕捉主视图底板上表面，向右移动，利用极轴追踪到与刚偏移拉伸的直线相交，如图 4-32 所示。以交点为出发点向右 70 水平绘制直线，向下 15 垂直绘制，最后向左 70 水平绘制与偏移的直线相交，确定。把偏移的直线夹点编辑拉短到正确位置，最终完成左视图，如图 4-33 所示。

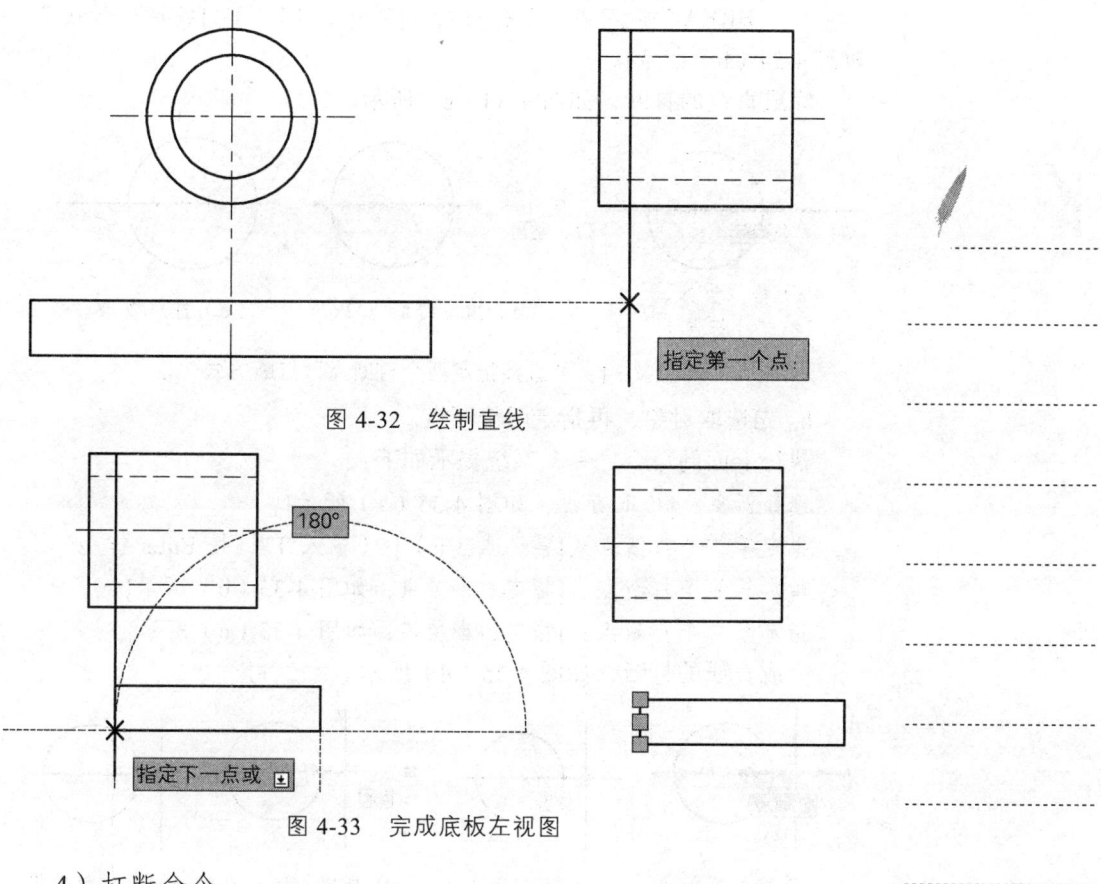

图 4-32　绘制直线

图 4-33　完成底板左视图

4）打断命令

该命令可以删除对象上的某一部分或把对象分成两部分。在 AutoCAD 中，有"打断"和"打断于点"两种。

（1）"打断"命令。

打断是指在线条上创建两个点，从而将线条打断。

① a 输入命令。

输入命令可以采用下列方法之一：

a. 工具栏：单击"修改"工具栏"打断"按钮 ![图标]。

b. 菜单栏：选取"修改"菜单→"打断"命令。

c. 命令行：键盘输入"BREAK"或"BR"。

② 操作格式。

"打断"命令有两种方式，一种是直接指定两断点，另一种是先选取对象，再指定两个断点。

a. 直接指定两个断点。

执行上面的命令之一，系统提示如下：

▤▾ BREAK 选择对象：[拾取直线，指定打断点 1，如图 3-34（a）所示]。

注：点下去的那个点就将默认成为第一个打断点。

▤ BREAK 指定第二个打断点或[第一点（F）]：[指定打断点 2，如图 4-34（b）所示]。

完成直线的打断，如图 4-34（c）所示。

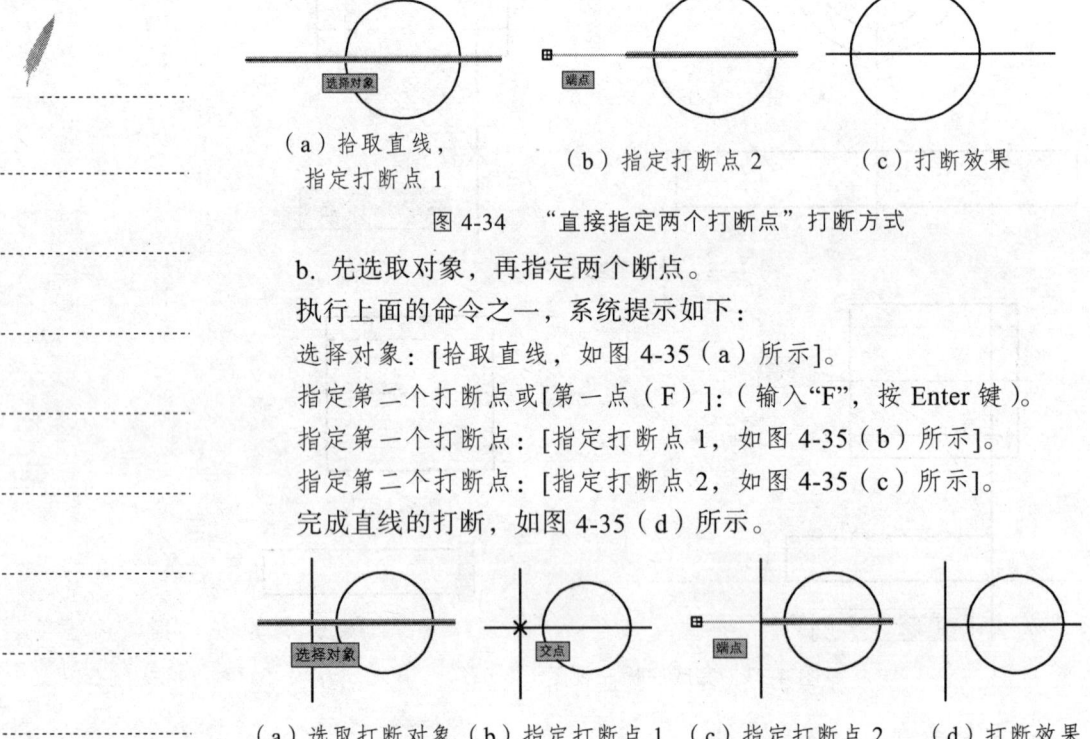

（a）拾取直线，
指定打断点 1
（b）指定打断点 2
（c）打断效果

图 4-34 "直接指定两个打断点"打断方式

b. 先选取对象，再指定两个断点。

执行上面的命令之一，系统提示如下：

选择对象：[拾取直线，如图 4-35（a）所示]。

指定第二个打断点或[第一点（F）]：（输入"F"，按 Enter 键）。

指定第一个打断点：[指定打断点 1，如图 4-35（b）所示]。

指定第二个打断点：[指定打断点 2，如图 4-35（c）所示]。

完成直线的打断，如图 4-35（d）所示。

（a）选取打断对象 （b）指定打断点 1 （c）指定打断点 2 （d）打断效果

图 4-35 "先选取对象，再指定两个断点"打断方式

（2）"打断于点"命令。

"打断于点"命令可以将对象断开分成两部分，需要输入的参数有打断对象和一个打断点。

打断对象之间没有间隙。

① 输入命令。

单击修改下拉菜单，选择打断于点按钮 ▭，按 AutoCAD 提示（打断命令）输入命令。

② 操作格式。

执行上面的命令，系统提示如下：

选择对象：（拾取将要打断的线段，如图 4-36 所示）。

指定第二个打断点或[第一个（F）]：f（指定打断点，单击交点位置，将其打断于此。此时，该点将线段一分为二，如图 4-37 所示）。

采用同样方法打断另一端,如图 4-38 所示。

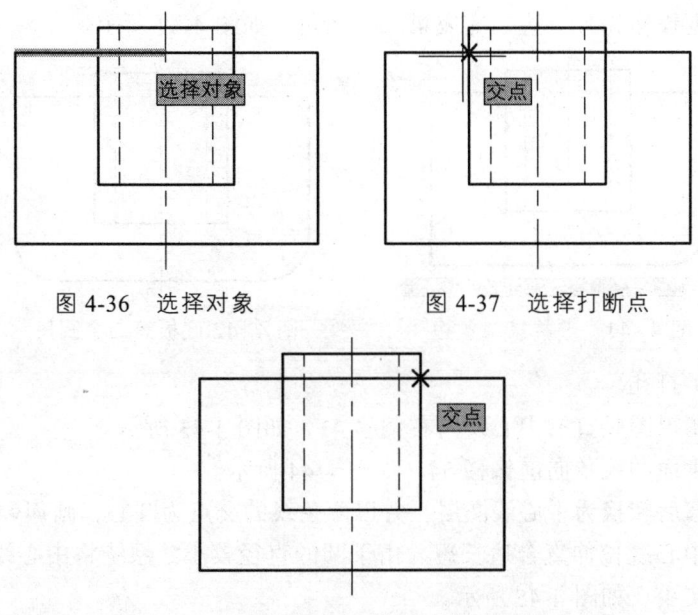

图 4-36 选择对象　　　图 4-37 选择打断点

图 4-38 打断另一端

注:打断于点后,在拾取点处对象被分成两个部分,外观上没有任何变化,此时可利用选择对象的夹点显示来识别是否已打断,如图 4-39 所示。

③将打断后的线段部分转换成"虚线"层,如图 4-40 所示。

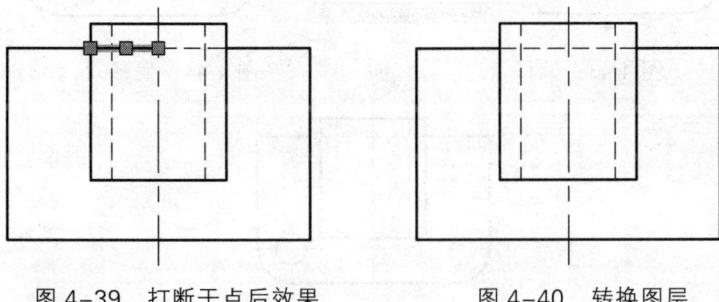

图 4-39 打断于点后效果　　　图 4-40 转换图层

5)完成底板剩余结构绘制

(1)圆角。

单击圆角按钮 。

　　▸FILLET 选择第一个对象或[放弃(U)多段线(P)半径(R)修剪(T)多个(M)]:(输入 R,按回车键)。

　　▸FILLET 指定圆角半径<0.0000>:(输入 16,按回车键)。

　　▸FILLET 选择第一个对象或[放弃(U)多段线(P)半径(R)修剪(T)多个(M)]:(再输入 M,回车,为后面两次圆角做好准备)。

　　▸FILLET 选择第一个对象或[放弃(U)多段线(P)半径(R)修剪(T)多个(M)]:(单击待圆角的第一条边)。

　　▸FILLET 选择第二个对象,或按住 shift 键选择对象以应用角点或[半径（R）]:（单击待圆角的第二条边，如图4-41所示）。

重复操作另外一边，完成第二个圆角，如图4-42所示。

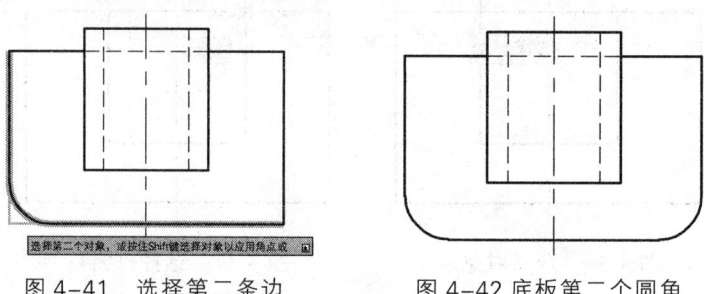

图4-41 选择第二条边　　　图4-42 底板第二个圆角

（2）打孔。

把俯视图竖直的中心线向右偏移41，如图4-43所示。

后表面的线条向前偏移54，如图4-44所示。

偏移后转换为中心线图层，并以两条线的交点为圆心，画$\phi 16$的圆，然后把中心线拉伸直合适长短。由于圆的直径较小，系统将中心线自动缩为细实线，如图4-45所示。

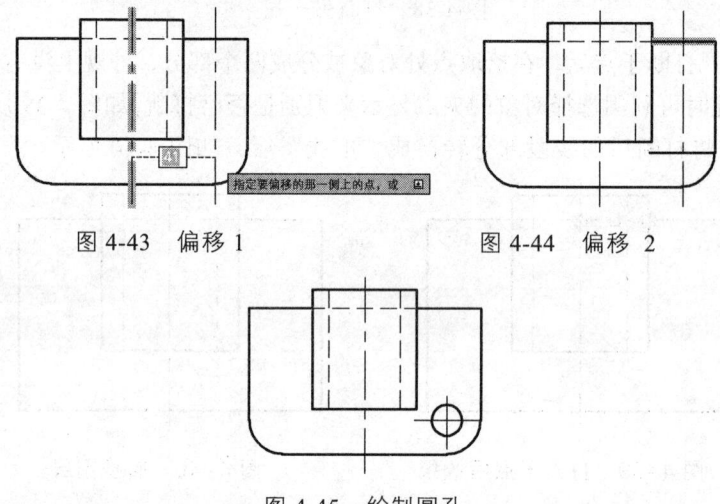

图4-43 偏移1　　　图4-44 偏移2

图4-45 绘制圆孔

单击镜像按钮 ，把绘制好的圆和中心线都选上，如图4-46所示。单击右键确认后，命令行提示选择镜像线第一点，鼠标左键点选中心线端点，如图4-47所示。然后命令行又提示选择镜像线第二点，选择另一端点，如图4-48所示。

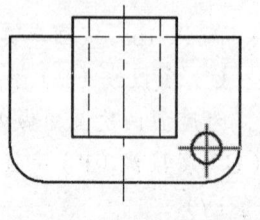 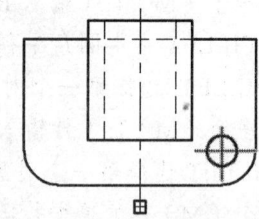

图4-46 选择镜像对象　　　图4-47 选择镜像线第一点

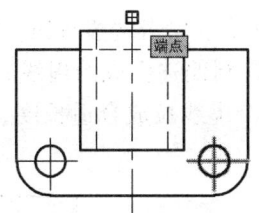

图 4-48　选择镜像线第二点

接下来系统提示如下：

　　MIRROR 要删除源对象吗？[是（Y）否（N）<否>:]（按回车键默认选择"否"，完成镜像操作）。

换到虚线图层，单击直线按钮。用极轴追踪捕捉，长对正画主视图，步骤如图 4-49 所示。

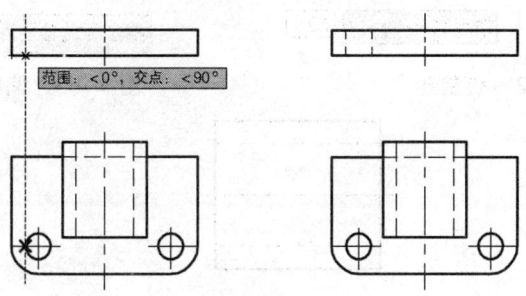

图 4-49　长对正画圆孔主视图

换到中心线图层，添加孔的中心线，如图 4-50 所示。

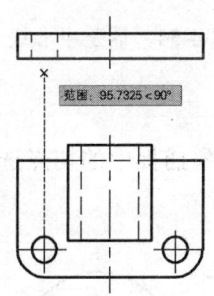

图 4-50　画中心线

镜像完成另一边的孔，如图 4-51 所示。

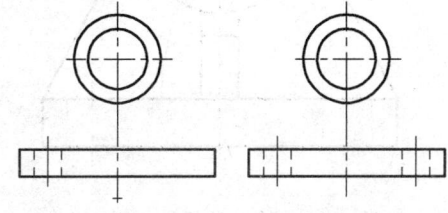

图 4-51　镜像孔

换回虚线图层，单击直线。捕捉左视图底板下表面最右点，向右水平追踪 62 的位置作起点，如图 4-52 所示。

视频：轴承座（一）的绘制 part3

向上作垂线与上表面相交。单击偏移按钮，输入距离 8，选择刚绘制的虚线，向左偏移。再选择刚偏移生成的虚线，继续向左偏移 8，如图 4-53 所示。最后把中间那个虚线拉成合适长度，换成中心线图层，如图 4-54 所示。

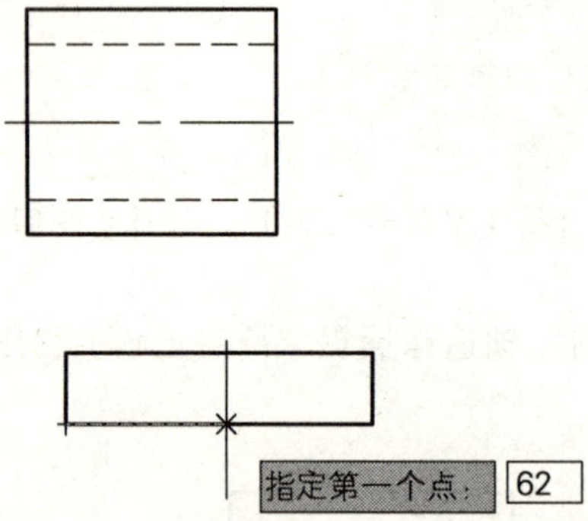

图 4-52　绘制孔

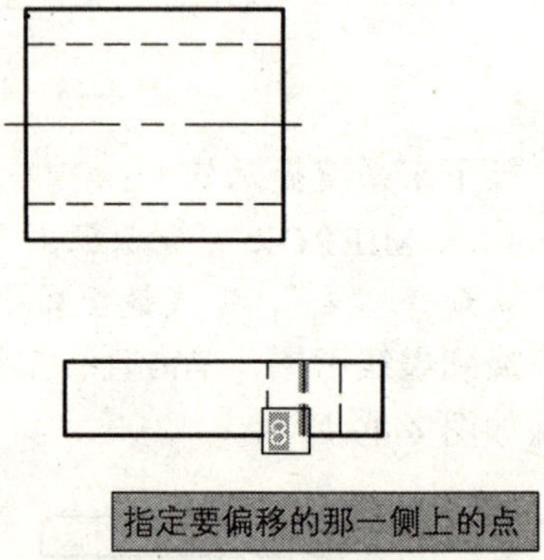

图 4-53　偏移虚线

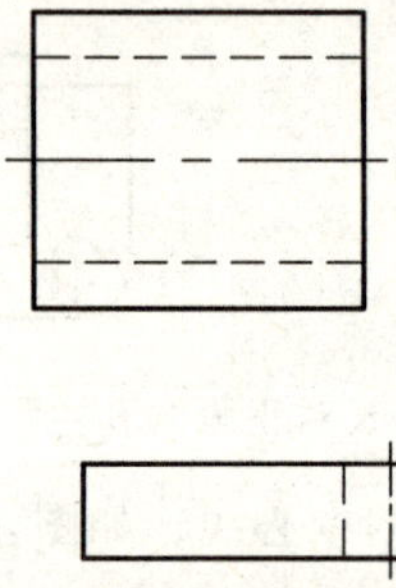

图 4-54　调整中心线

4. 绘制背板

单击直线按钮，开启对象捕捉中的切点选项，先绘制主视图，如图 4-55 所示。

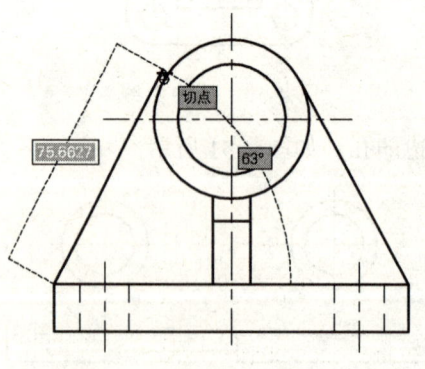

图 4-55　绘制背板主视图

单击直线按钮，利用极轴追踪功能，从主视图切点位置高平齐绘制左视图，如图 4-56 所示。

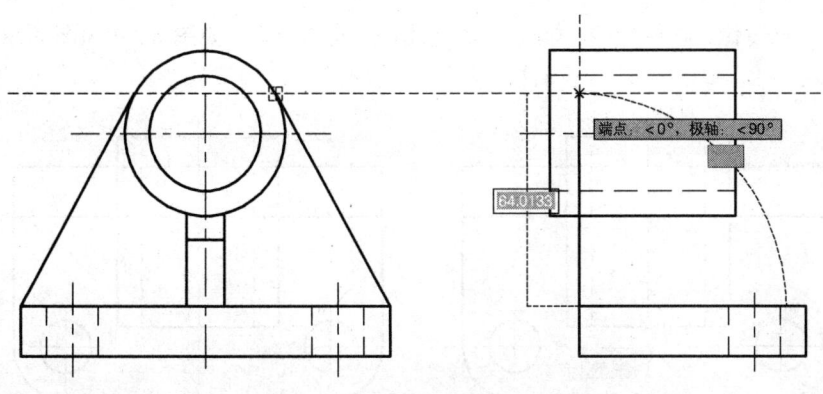

图 4-56 捕捉切点高平齐绘图

向右偏移 15 绘制另外一条线,再用修剪功能,减去多余线条,如图 4-57 所示。

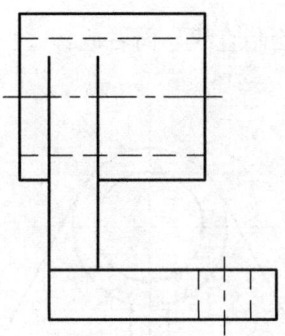

图 4-57 背板左视图

点击直线按钮从主视图切点位置长对正绘图,如图 4-58 所示。

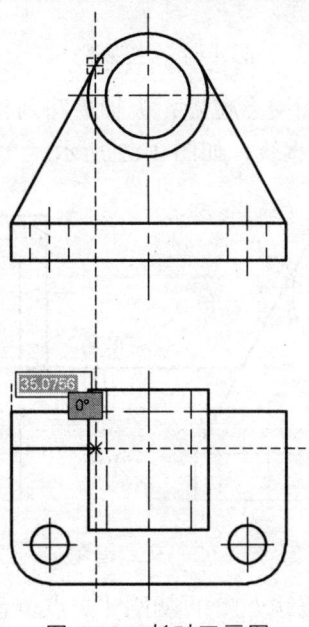

图 4-58 长对正画图

再镜像,添加虚线,修剪多余直线,完成俯视图,如图 4-59 和图 4-60 所示。

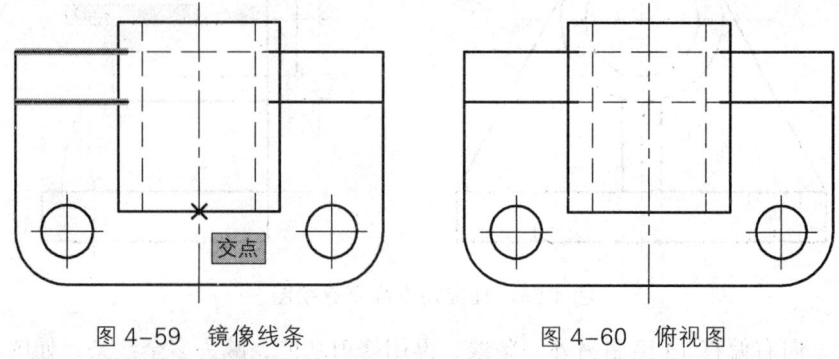

图 4-59　镜像线条　　　　　　图 4-60　俯视图

5. 绘制筋板

向左距离中心线 6 绘制直线,向右偏移 12 完成主视图,如图 4-61 所示。

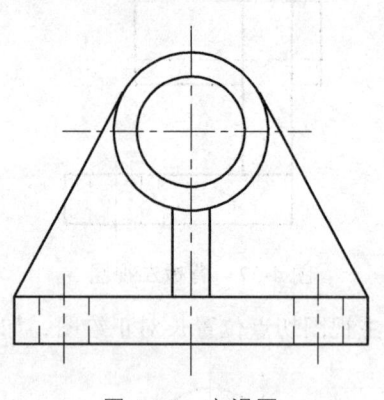

图 4-61　主视图

单击直线,从主视图交点位置,极轴追踪到与左视图背板前表面交点为起点,向右 17 绘制直线,如图 4-62 所示。

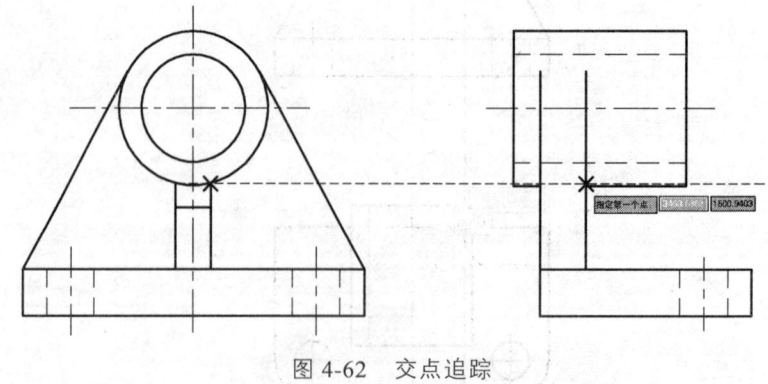

图 4-62　交点追踪

把底板上表面向上偏移 20,再从刚才端点位置向下到偏移直线作垂线相交,然后斜线连结到右下角端点结束,如图 4-63 所示。

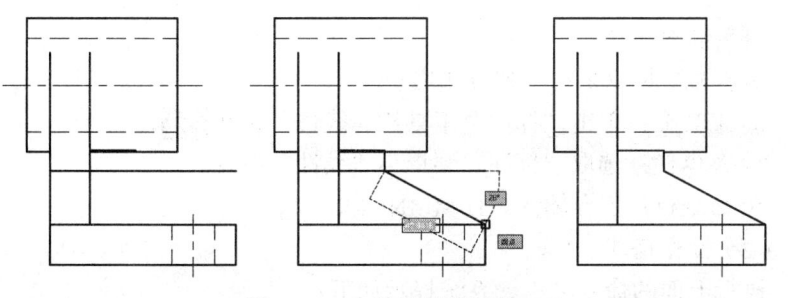

图 4-63 左视图绘制过程

高平齐补画主视图缺少的线条,如图 4-64 所示。

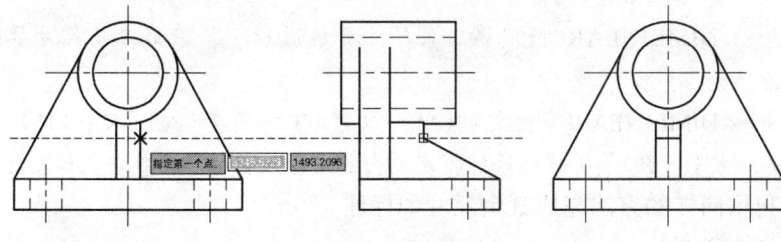

图 4-64 补全主视图

长对正,宽相等,绘制俯视图。被遮住的部分改成虚线,多余的虚线删掉,如图 4-65 所示。

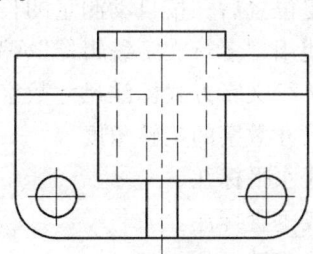

图 4-65 俯视图绘制完成

6. 标注尺寸

先把图层换到尺寸标注线图层。

1)线性标注

以标注俯视图中线性尺寸为例说明,如图 4-66 所示。

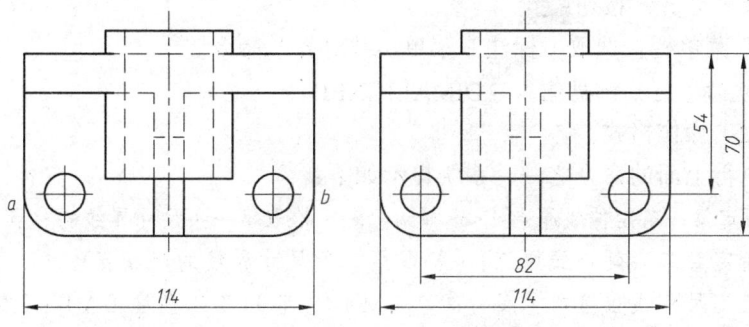

图 4-66 俯视图线性标注示例

（1）输入命令。

输入命令可以采用下列方法之一：

① 工具栏：单击"标注"工具栏"线性"按钮，

② 菜单栏：选取"标注"菜单→"线性"命令。

③ 命令行：键盘输入"DIMLINEAR"。

（2）操作格式。

执行上面的命令之一，系统提示如下：

DIMLINEAR 指定第一个尺寸界线原点或<选择对象>：（拾取第一条尺寸界线的起点 a）。

DIMLINEAR 指定第二条尺寸界线原点（拾取第二条尺寸界线的起点 b）。

DIMLINEAR[多行文字（M）文字（T）角度（A）水平（H）垂直（V）旋转（R）]：（移动鼠标指定适当的尺寸放置位置，单击鼠标左键）。

利用同样的方法完成其余尺寸的标注。

（3）说明。

命令中各选项功能如下：

"指定尺寸线位置"：用于确定尺寸线的位置。可以通过移动光标来指定尺寸线的位置，确定位置后，按自动测量的长度标注尺寸。

"多行文字"：用于使用"多行文字编辑器"编辑尺寸数字。

"文字"：用于使用单行文字方式标注尺寸数字。

"角度"：用于设置尺寸数字的旋转角度。

"水平"：用于尺寸线水平标注。

"垂直"：用于尺寸线垂直标注。

"旋转"：用于尺寸线旋转标注。

2）对齐标注

以标注图 4-67 为例说明对齐标注。

（1）输入命令。

输入命令可以采用下列方法之一：

① 工具栏：单击"标注"工具栏线型标注旁边的三角形，下拉菜单中选择"对齐"按钮。

② 菜单栏：选取"标注"菜单→"对齐"命令。

③ 命令行：键盘输入"DIMALIGNED"。

（2）操作格式。

执行上面的命令之一，系统提示如下：

指定第一条延伸线原点或<选择对象>：（拾取第一条尺寸界线的起点 c）。

指定第二条延伸线原点：（拾取第二条尺寸界线的起点 d）。

指定尺寸线位置或 [多行文字（M）/文字）（T）/角度（A）]：（移动鼠标指定合适的尺寸放置位置，单击鼠标左键）。

3）弧长标注

以标注图 4-68 为例说明弧长标注。

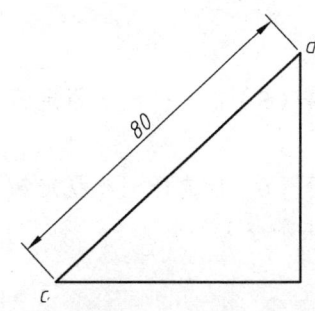
图 4-67 对齐标注示例

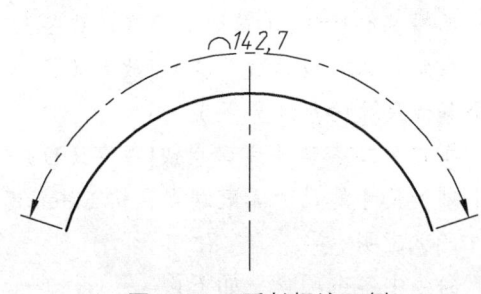
图 4-68 弧长标注示例

（1）输入命令。

输入命令可以采用下列方法之一：

① 工具栏：单击"标注"工具栏线型标注旁边的三角形，下拉菜单中选择"弧长"按钮 。

② 菜单栏：选取"标注"菜单→"弧长"命令。

③ 命令行：键盘输入"DIMARC"。

（2）操作格式。

执行上面的命令之一，系统提示如下：

选择弧线段或多线段弧线段：（拾取圆弧）。

指定弧长标注位置或多行文字（M）/文字（T）/角度（A）部分（P）/引线（L）：（移动鼠标指定尺寸放置位置，单击鼠标左键）。

4）基线标注

该功能可以把已存在的一个线性尺寸的尺寸界限作为基线，来引出多条尺寸线。以图 4-69 为例来说明基线标注。

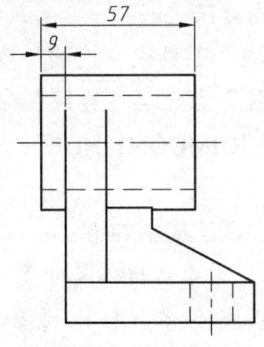
图 4-69 基线标注

（1）输入命令。

输入命令可以采用下列方法之一：

① 具栏：单击"标注"工具栏"基线"按钮。

② 菜单栏：选取"标注"菜单→"基线"命令。

③命令行：键盘输入"DIMBASELINE"。

（2）操作格式。

执行上面的命令之一，系统提示如下：

选择基准标注：（拾取已存在的线性尺寸）。

指定第二条延伸线原点或[放弃（U）/选择（S）]<选择>：（指定第一个基线尺寸的尺寸界限）。

指定第二条延伸线原点或[放弃（U）/选择（S）]<选择>：（指定第二个基线尺寸的尺寸界限端点，按 Enter 键结束命令）。

（3）说明。

命令中各选项含义如下：

"选择"：用于确定另一尺寸界段进行基线标注。

"放弃"：用于取消上一次操作。

5）连续标注

此功能用于在同一尺寸线水平或垂直方向的连续性尺寸。以图 4-70 为例来说明连续标注。

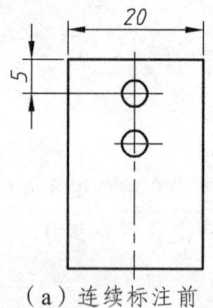
（a）连续标注前

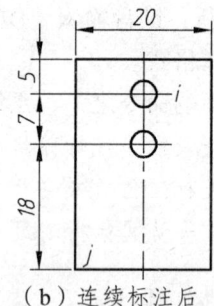
（b）连续标注后

图 4-70　连续标注示例

（1）输入命令。

输入命令可以采用下列方法之一：

①工具栏：单击"标注"工具栏"连续"按钮。

②菜单栏：选取"标注"菜单→"连续"命令。

③命令行：键盘输入"DIMCONTINUE"。

（2）操作格式。

执行上面的命令之一，系统提示如下：

选择基准标注：（拾取已存在的线性尺寸）。

指定第一条延伸线原点或[放弃（U）/选择（S）]<选择>：（指定第一个基线尺寸的尺寸界限圆心 i）。

指定第二条延伸线原点或放弃（U）/选择（S）]<选择>：（指定第二个基线尺才界限端点，按 Eater 键结束命令）。

（3）说明。

标注连续尺寸前，必须存在一个尺寸界限起点。进行连续标注时，系统默认上一个尺寸线终点作为连续标注的起点，提示用户选择第二条延伸线起点，重复指定第二条延伸线起点，则创建出连续标注。命令中各选项含义与基线标注相似。

6）半径标注

以标注图 4-71 为例来说明半径标注。

（1）输入命令。

输入命令可以采用下列方法之一：

①工具栏：单击"标注"工具栏"半径"按钮 。

②菜师栏，选取"标注"菜单→"半径"的令。

③命令行：键盘输入"DIMRADUS"。

（2）操作格式。

执行上面的命令之一，系统提示如下：

选择圆弧成圆:（拾取圆弧）。

指定尺寸的位置或[多行文字（M）/文字（T）角度（A）]:（移动鼠标指定尺寸放置位置，单击鼠标左键）。

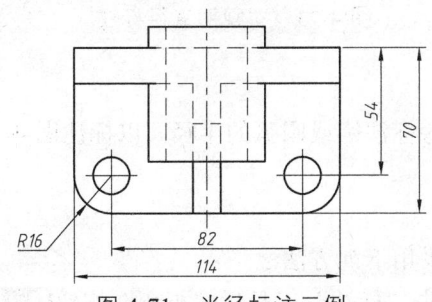

图 4-71 半径标注示例

7）直径标注

以标注图 4-72 为例来说明直径标注。

（1）输入命令。

输入命令可以采用下列方法之一：

①工具栏：单击"标注"工具栏"直径"按钮 。

②菜单栏：选取"标注"菜单→"直径"命令。

③命令行：键盘输入"DIMDIAMETER"。

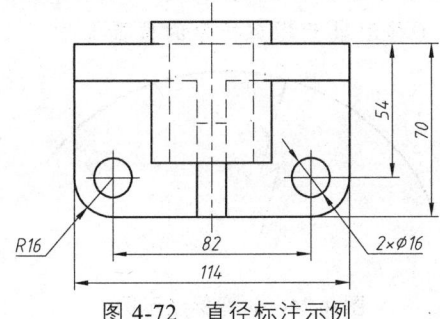

图 4-72 直径标注示例

（2）操作格式。

执行上面的命令之一，系统提示如下：

选择圆弧或圆：（拾取圆）。

指定尺寸的位置或[多行文字（M）/文字（T）/角度（A）]：（单击右键选择多行文字，输入 2×ϕ16，确定，再移动鼠标指定适当的尺寸放置位置，单击鼠标左键）。

依次标出其余直径，如图 4-73 所示。

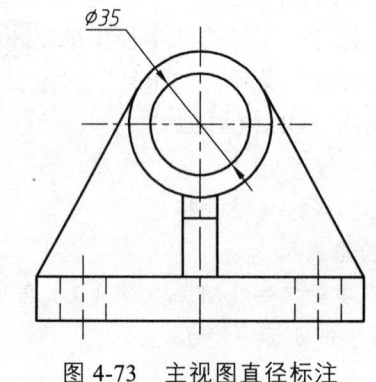

图 4-73　主视图直径标注

8）折弯标注

该功能用于折弯标注圆或圆弧的半径。以标注图 4-74 为例来说明折弯标注。

（1）输入命令。

输入命令可以采用下列方法之一：

①工具栏：单击"标注"工具栏"折弯"按钮 。

②菜单栏，选取"标注"菜单→"折弯"命令。

③命令行：键盘输入"DIMJOGED"。

（2）操作格式。

执行上面的命令之一，系统提示如下：

选择圆弧或圆：（拾取圆弧）。

指定图示中心位置：（指定折弯线起点的位置）。

指定尺寸的位置或多行文字（M）/文字（T）/角度（A）]：（移动鼠标指定尺寸放置位置，单击鼠标左键）。

指定折弯位置：（移动鼠标指定折弯的位置）。

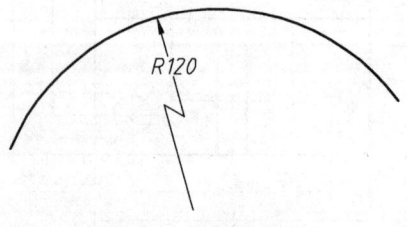

图 4-74　折弯标注示例

9）角度标注

以标注图 4-75 为例来说明角度标注。

（1）输入命令。

输入命令可以采用下列方法之一：

①工具栏：单击"标注"工具栏"角度"按钮。

②菜单栏：选取"标注"菜单→"角度"命令。

③命令行：键盘输入"IMANGULAR"。

（2）操作格式。

执行上面的命令之一，系统提示如下：

选择圆弧、圆、直线或<指定顶点>：（拾取直线 L1）。

选择第二条直线：（拾取直线 L2）。

弧线位置或[多行文字（M）/文字（T）/角度（A）/象限点（Q）]：（移动鼠标指定尺寸放置位置，单击鼠标左键）。

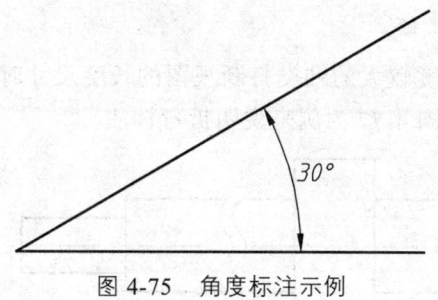

图 4-75　角度标注示例

10）坐标标注

该功能用于标注某点相对于 UCS 坐标系原点的 X 和 Y 坐标。以标注图 4-76 为例来说明坐标标注。

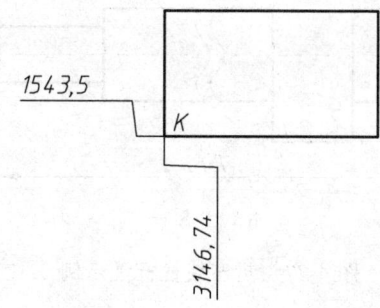

图 4-76　坐标标注示例

（1）输入命令。

输入命令可以采用下列方法之一：

①工具栏：单击"标注"工具栏"坐标"按钮。

②菜单栏，选取"标注"菜单→"坐标"命令。

③命令行：键盘输入"DMORDINATE"。

（2）操作格式。

执行上面的命令之一，系统提示如下：

指定点坐标：（拾取 K 点）。

指定引线端点或[X 基准（X）/Y 基准（Y）/多行文字（M）/文字（T）/角度（A）]：（指定引线端点，单击鼠标左键）。

（3）说明。

命令中各选项含义：

"指定引线端点"：拾取绘图区中的点确定标注文字的位置。

"X 基准"：系统自动测量 X 坐标值并确定引线和标注文字的方向。

"Y 基准"：系统自动测量 Y 坐标值并确定引线和标注文字的方向。

"文字"：可通过输入单行文字的方式输入文字。

"多行文字"：可通过输入多行文字的方式输入文字。

"角度"：可以设置标注文字的方向与 X（Y）轴的夹角，系统默认为 0。

11）折弯线性标注

在标注一些长度较大的轴类打断视图的长度尺寸时，可以使用折弯线性标注。以标注图 4-77 为例来说明折弯标注。

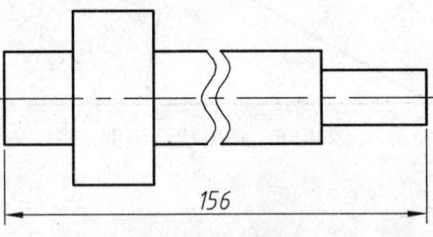

（a）折弯前

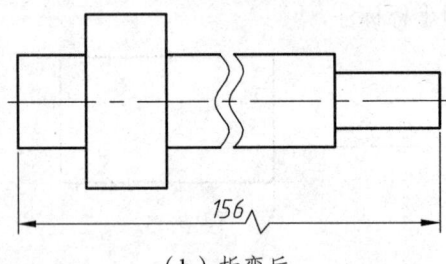

（b）折弯后

图 4-77　折弯线性标注示例

（1）输入命令。

输入命令可以采用下列方法之一：

①工具栏：单击"标注"工具栏"折弯线性"按钮。

②菜单栏：选取"标注"菜单→"折弯线性"命令。

③命令行：键盘输入"DIMJOGLINE"。

（2）操作格式。

执行上面的命令之一，系统提示如下：

需要添加折弯的标注或[删除（R）]：(拾取标注 156)。
指定图示中心位置：(指定折弯线起点的位置)。
指定折弯位置（或按 Enter 键）：(移动鼠标指定折弯的位置)。

按以上标注方法，接着完成轴承座的三视图标注。当尺寸数字被其他线条穿越时，应用打断命令把该线条断开，如图 4-78 所示。

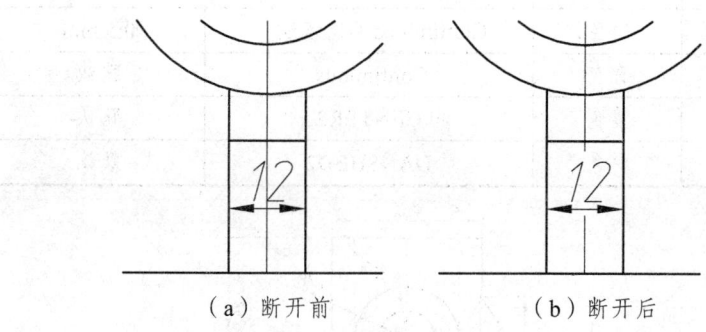

图 4-78　尺寸数字处理

若箭头需调整在外面，用左键单击激活箭头，再单击右键选择翻转箭头即可，如图 4-79 所示。

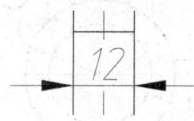

图 4-79　翻转箭头

最后完整标注轴承座三视图，如图 4-80 所示。

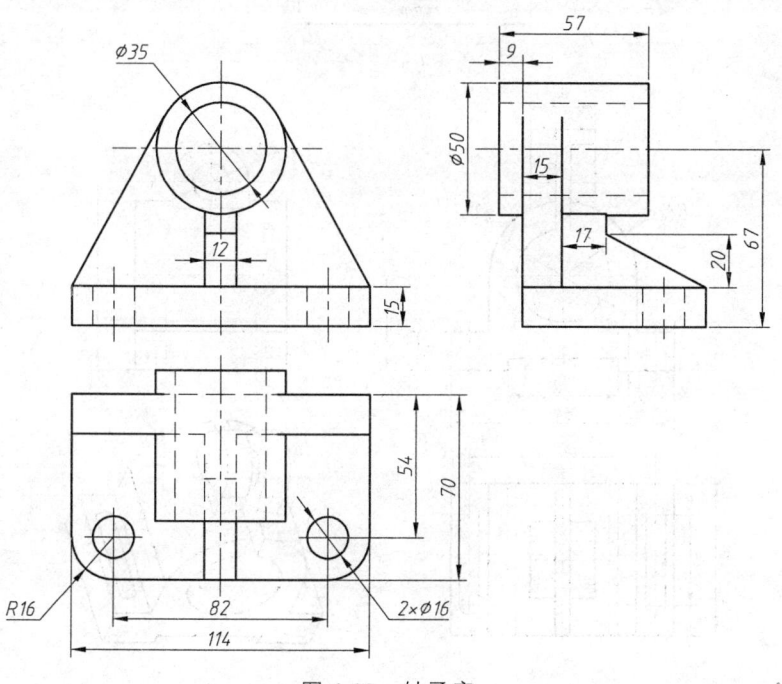

图 4-80　轴承座

【课后练习】

（1）抄画如图 4-81 所示零件的三视图，并标注出尺寸。图层设置要求见表 4-2。

表 4-2　图层设置要求

名　称	颜　色	线　型	线　宽
轮廓线	白色	Continuous（连续线）	0.5 mm
尺寸标注线	青色	Continuous	默认
中心线	黄色	CENTER2	默认
虚线	绿色	DANSHED2	默认

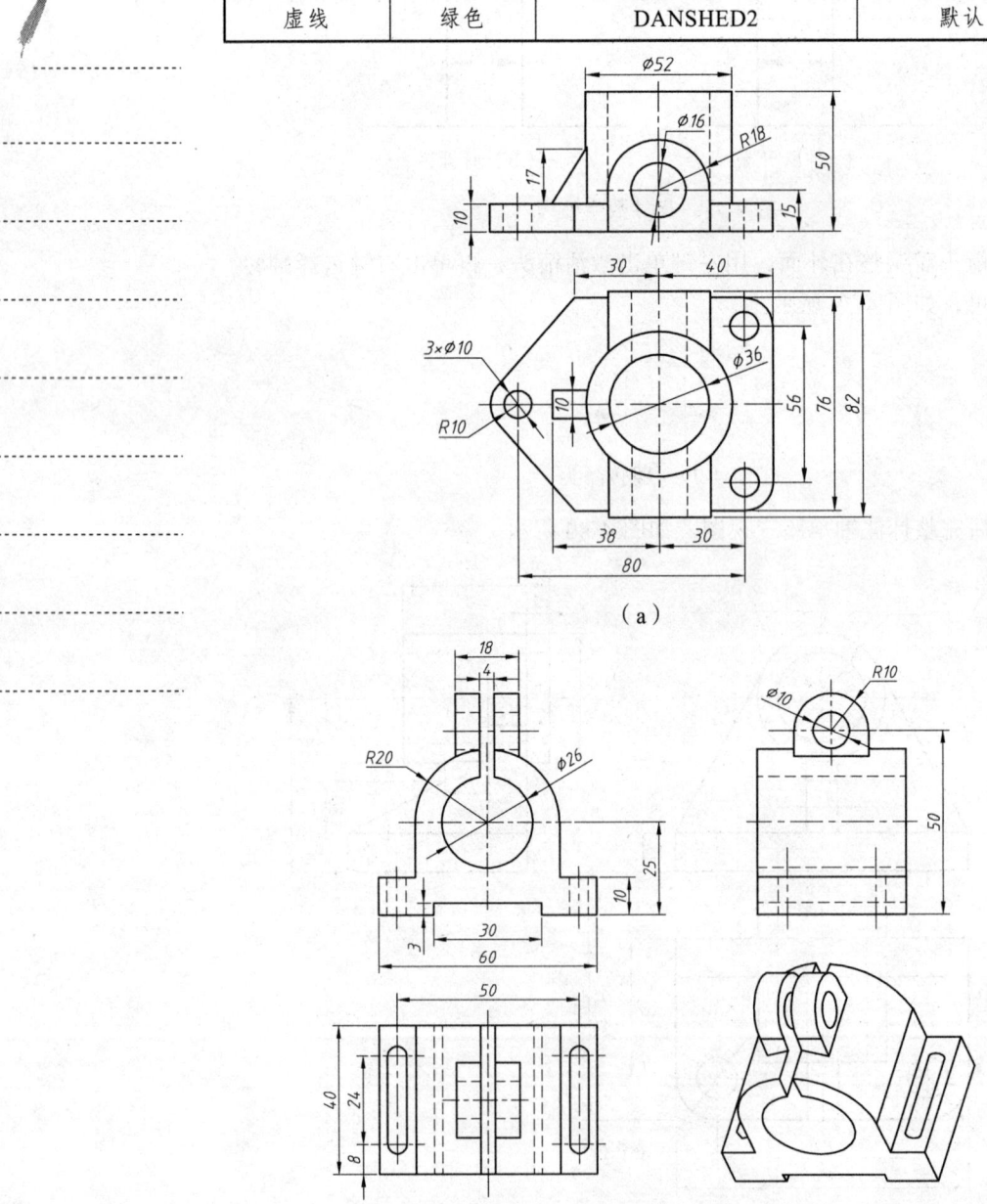

(a)

(b)

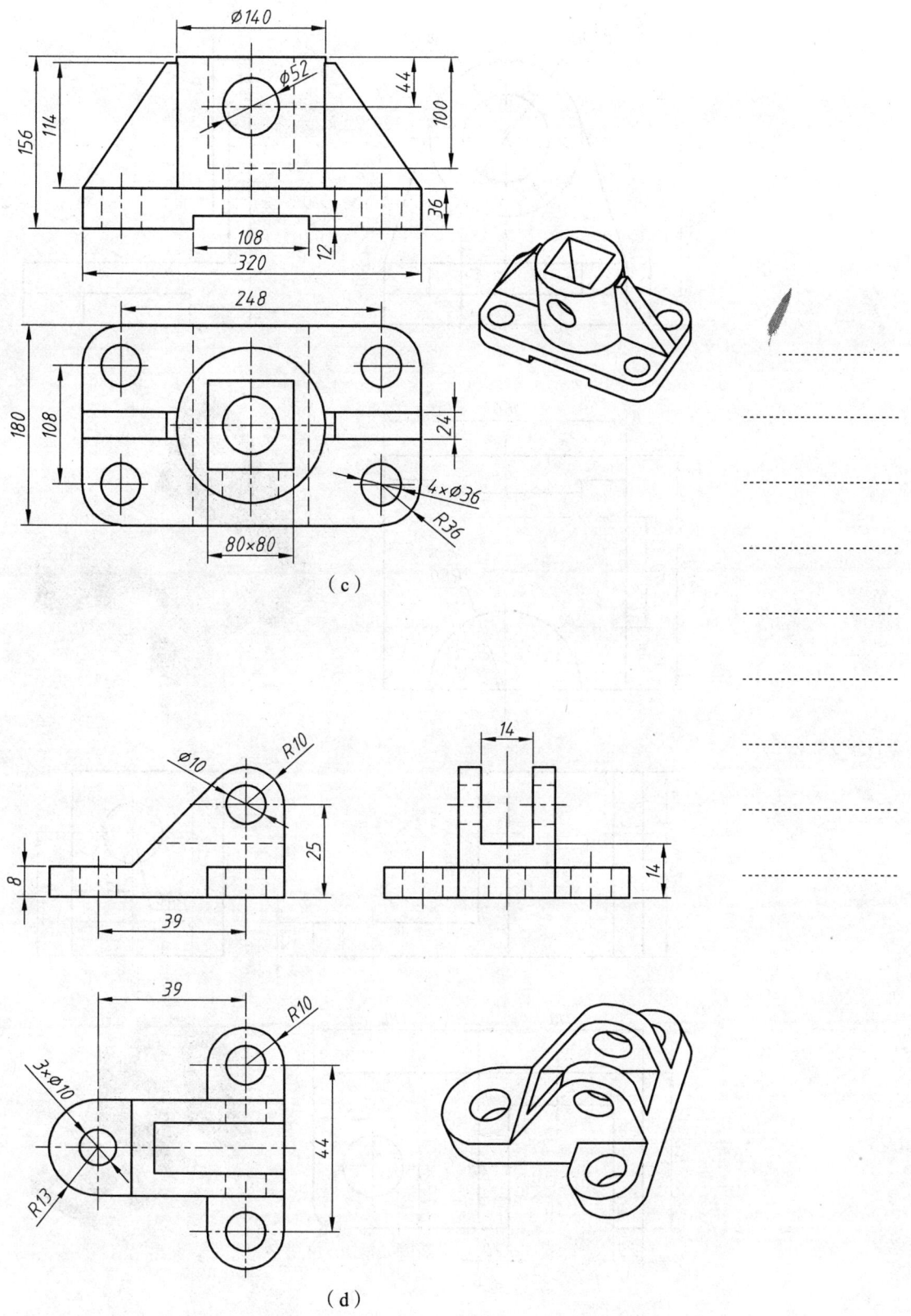

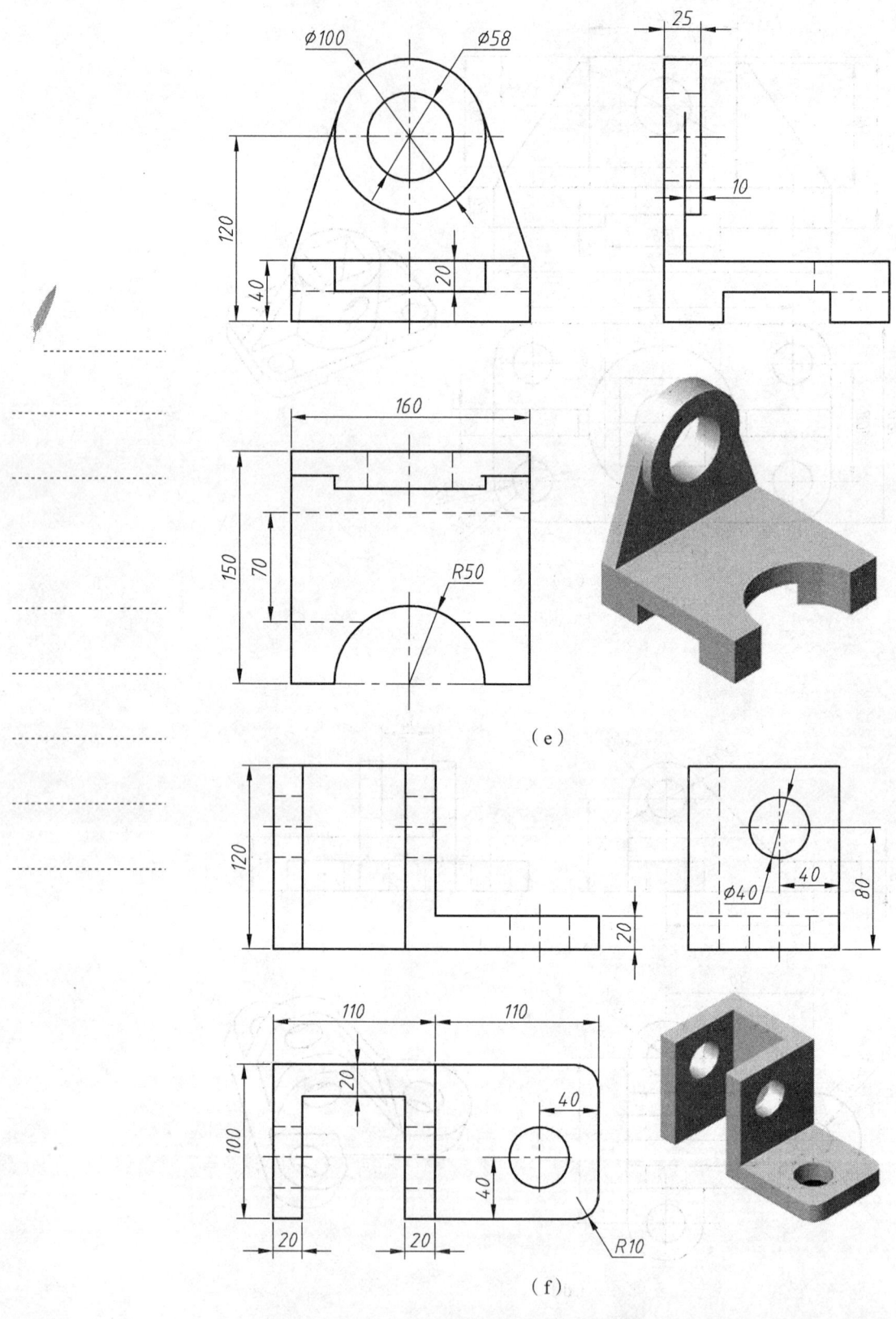

(e)

(f)

图 4-81 抄画三视图

（2）根据所给轴测图（见图 4-82），绘制完成正确的三视图，并标注尺寸。

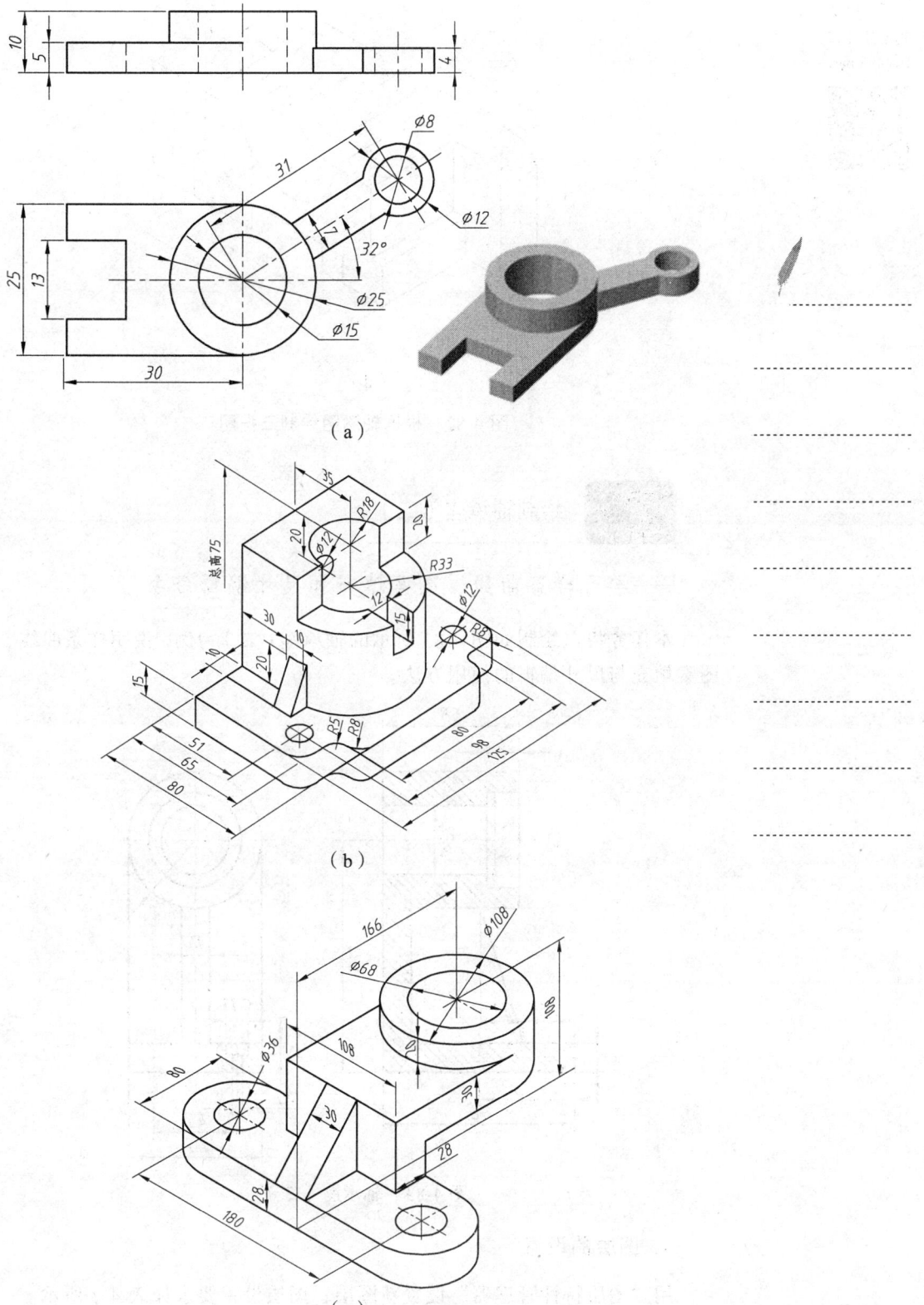

视频：
轴承座（二）
的绘制 part1

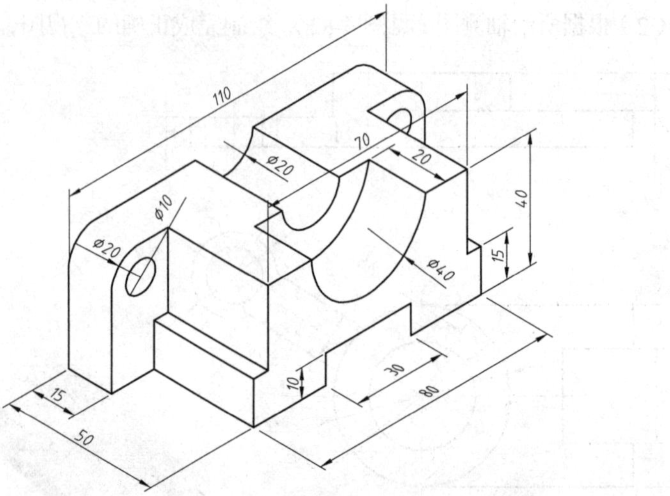

（d）

图 4-82　根据轴测图绘制三视图

二、绘制轴承座（二）

——学习样条曲线、图案填充和尺寸编辑命令

本任务将以绘制如图 4-83 所示的轴承座（二）为例，说明样条曲线、图案填充与尺寸编辑的使用方法。

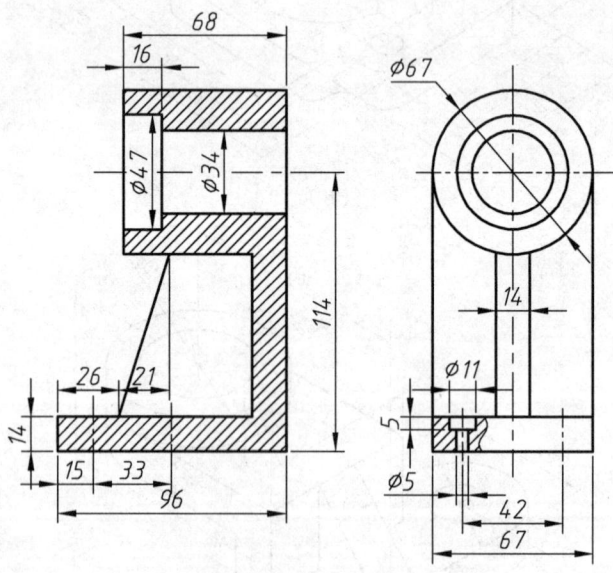

图 4-83　轴承座（二）

1. 图层的设置

用"图层特性管理器"设置新图层，图层设置要求如表 4-3 所示。

表 4-3　图层设置要求

名　　称	颜　色	线　　型	线　　宽
轮廓线	白色	Continuous（连续线）	0.5 mm
尺寸标注线	青色	Continuous	默认
中心线	黄色	CENTER2	默认
虚线	绿色	DANSHED22	默认
剖面线	蓝色	Continuous	默认

设置完成如图 4-84 所示。选择"中心线"层，单击"置为当前"按钮，将其设置为当前层，然后关闭"图层特性管理器"对话框。

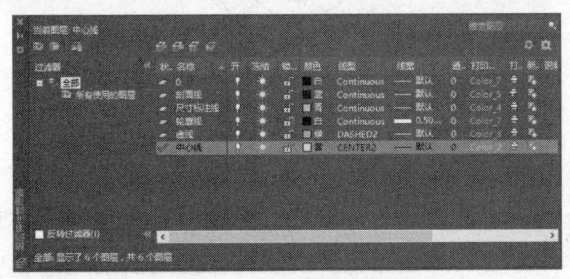

图 4-84　"图层特性管理器"

2．绘制圆筒

1）绘制中心线

绘图中状态栏上的"对象捕捉"、"极轴追踪"、"显示线宽"按钮均处于打开状态。

单击"绘图"工具栏上的"直线"按钮，绘制中心线，如图 4-85 所示。

注：在对象捕捉设置中打开"端点""圆心""交点"和"中点"捕捉。左右视图利用极轴追踪保证高平齐。

图 4-85　中心线绘制

2）绘制圆

（1）单击"图层"工具栏中图层下拉列表的下三角按钮，选中"轮廓线"层设置为当前图层，如图 4-86 所示。

视频：
轴承座（二）的绘制 part2

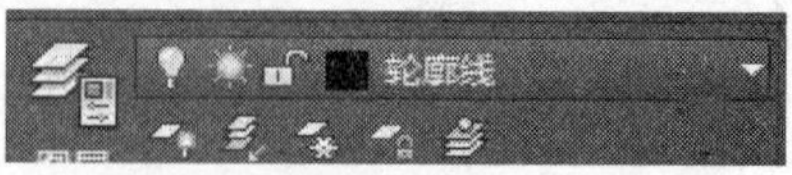

图 4-86　转换图层

（2）单击“绘图”工具栏上的“圆”按钮 ，绘制左视图，并适当调整中心线超出轮廓线的距离，如图 4-87 所示。

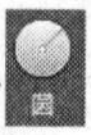

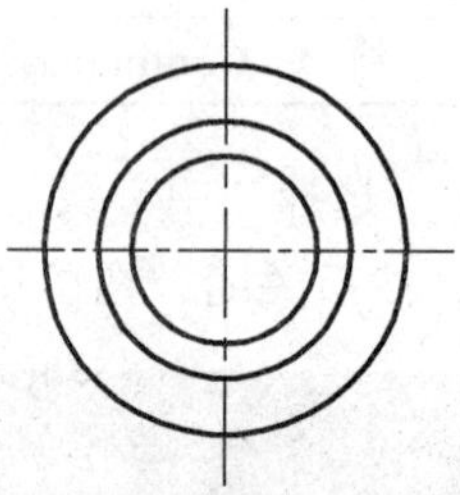

图 4-87　圆筒左视图

3）绘制直线

单击“绘图”工具栏上的“直线”按钮，利用极轴追踪和对象捕捉绘制主视图，并通过夹点编辑调整两视图之间的间隔距离和中心线超出轮廓线的距离，如图 4-88 所示。

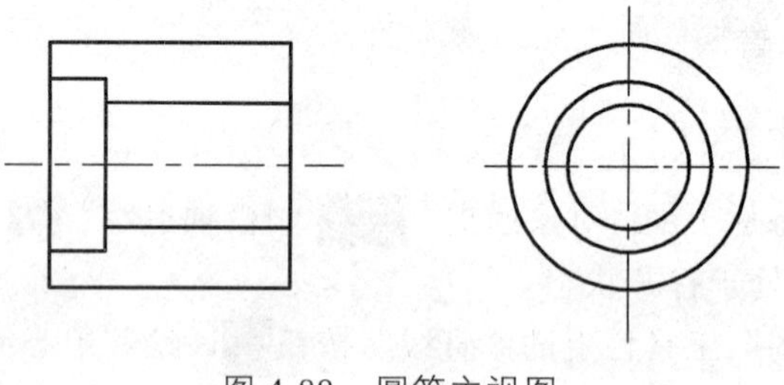

图 4-88　圆筒主视图

3. 绘制底板

单击“绘图”工具栏上的“直线”按钮，利用极轴追踪和对象捕捉绘制底板两个视图，如图 4-89 所示。

注：绘制完后调整中心线超出轮廓线距离。

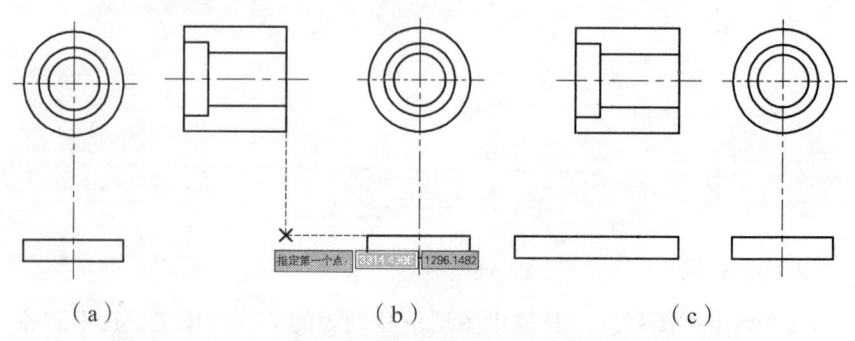

（a）　（b）　（c）

图 4-89　底板绘图

4. 绘制背板

继续用"直线"命令，绘制背板。在主视图中要利用偏移指令，偏移 14。再修剪掉多余的部分，绘图步骤如图 4-90 所示。

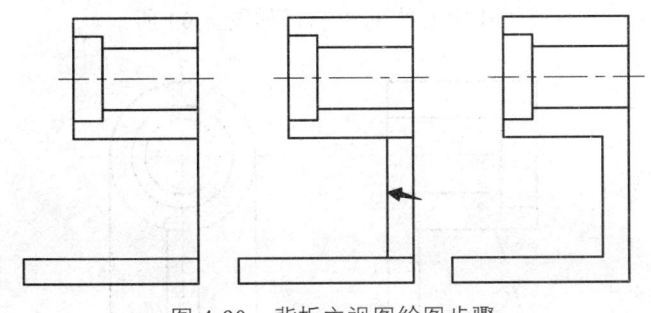

图 4-90 背板主视图绘图步骤

5. 绘制筋

单击直线按钮，利用极轴追踪，鼠标捕捉到距离中心线水平向左 7 的位置，单击向上绘制直线，再单击修改工具栏上的"偏移"按钮，偏移距离 14，完成左视图，如图 4-91 所示。

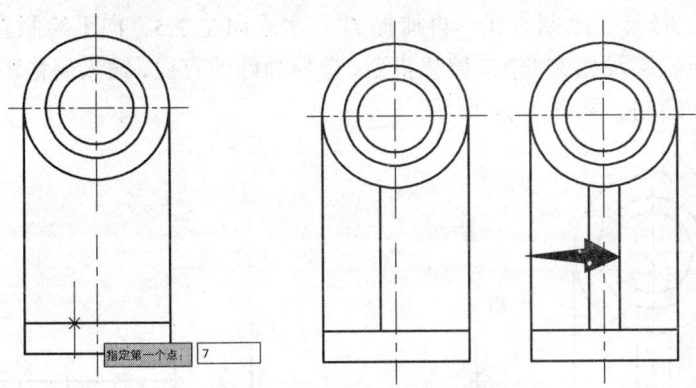

图 4-91 筋左视图绘图步骤

单击修改工具栏上的"偏移"按钮，偏移距离 47，夹点编辑拉长至与圆柱相交。再单击直线按钮，利用极轴追踪，鼠标捕捉到距离 A 点水平向右 26 的位置，点击向上连接到 B 点，把多余的线条删掉，绘图步骤如图 4-92 所示。

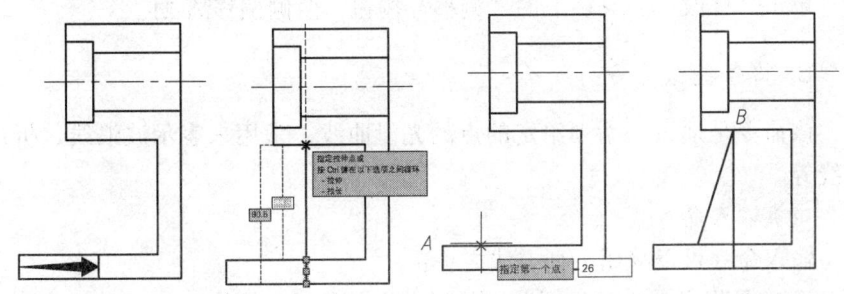

图 4-92 筋主视图绘图步骤

6. 绘制底板孔

换到中心线图层，单击直线按钮。在主视图利用极轴追踪，捕捉距离最左端 15 和 44 的位置，绘制中心线。适当调整超出轮廓线位置。使用同样方法完成主视图孔中心线的绘制，如图 4-93 所示。

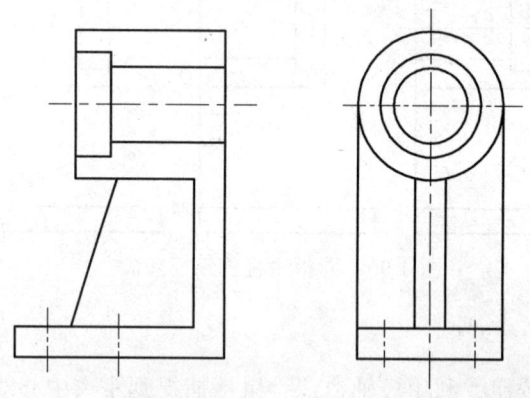

图 4-93　孔中心线绘制

换到轮廓线图层，捕捉 C 点向右水平距离 5.5，单击左键，向下 5，向右 11，向上 5 绘制直线。再捕捉 D 点水平向左 2.5，向下绘制直线与已有底板轮廓线相交。单击偏移指令，选择画好的直线，输入偏移距离 5，完成孔的绘制，如图 4-94 所示。

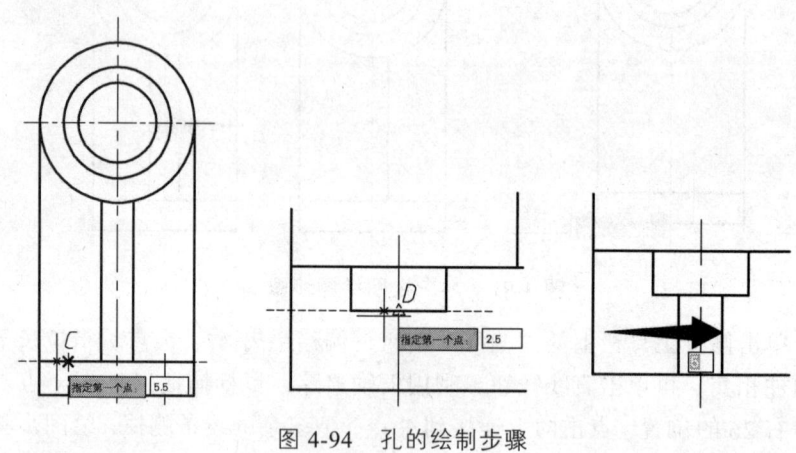

图 4-94　孔的绘制步骤

单击"修改"工具栏上的"偏移"按钮，两侧偏移离 21。

6. 样条曲线命令

该命令是通过一系列给定的点的光滑曲线，常用来表示波浪线、折断线等。

（1）输入命令。

输入命令可以采用下列方法之一：

① 工具栏：单击"绘图"工具栏"样条曲线"按钮。

②菜单栏：选取"绘图"菜单→"样条曲线"命令。

③命令行：键盘输入"SPLINE"或"SPL"。

（2）操作格式。

以绘制轴承座（二）样条曲线为例说明。

单击"图层"工具栏中图层下拉列表的下三角按钮，选中"剖面线"层，将"剖面线"层设置为当前图层。

单击"绘图"工具栏上的"样条曲线"按钮，或单击菜单项"绘图"→"样条曲线"命令，按 AutoCAD 提示（样条曲线命令）：

SPLINE 输入下一个点或[端点相切（T）公差（L）放弃（U）闭合（C）]：[在适当位置拾取起点，如图 4-95（a）所示]。

注：绘制样条曲线时，建议关闭"对象捕捉"按钮。

SPLINE 输入下一个点或[起点切向（T）公差（L）]：[拾取第二个点，如图 4-95（b）所示]。

SPLINE 输入下一个点或[端点相切（T）公差（L）放弃（U）]：[拾取第三个点，如图 4-95（c）所示]。

SPLINE 输入下一个点或[端点相切（T）公差（L）放弃（U）闭合（C）]：[拾取第四个点，如图 4-95（d）所示]。

SPLINE 输入下一个点或[端点相切（T）公差（L）放弃（U）闭合（C）]：（按右键确认）。

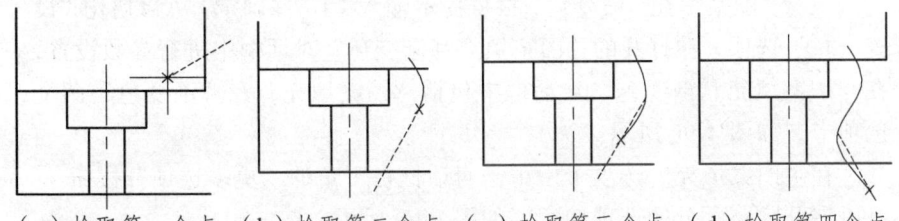

（a）拾取第一个点　（b）拾取第二个点　（c）拾取第三个点　（d）拾取第四个点

图 4-95　样条曲线的绘制

单击"修改"工具栏上的"修剪"按钮，修剪多余的样条曲线，效果如图 4-96 所示。

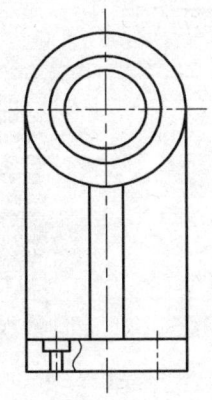

图 4-96　修剪样条曲线

7. 图案填充命令

该命令就是设置填充的图案、样式和比例等参数。在工程图中，用该命令来表达一个剖切的区域，也可使用不同的图案填充表达不同的零件或材料。

1）创建图案填充

（1）输入命令。

输入命令可以采用下列方法之一：

①工具栏：单击"绘图"工具栏"图案填充"按钮 。
②菜单栏：选取"绘图"菜单→"图案填充"命令。
③命令行：键盘输入"BHATCH"或"BH"。

（2）操作格式。

执行上面命令之一，将打开"图案填充创建"功能区，在该功能区中可以设置填充的边界和填充的图案等参数，如图4-97所示。

图4-97　"图案填充创建"功能区

执行"图案填充"命令后，根据提示输入"T"并确定，可以启用"设置（T）"选项，在打开的"图案填充和渐变色"对话框中进行参数设置，在"图案填充和渐变色"对话框中包括"图案填充"和"渐变色"两个选项卡，如图4-98所示。

在"图案填充"选项卡中单击对话框右下角的"更多选项"按钮，可以展开隐藏部分的选项内容，如图4-99所示。

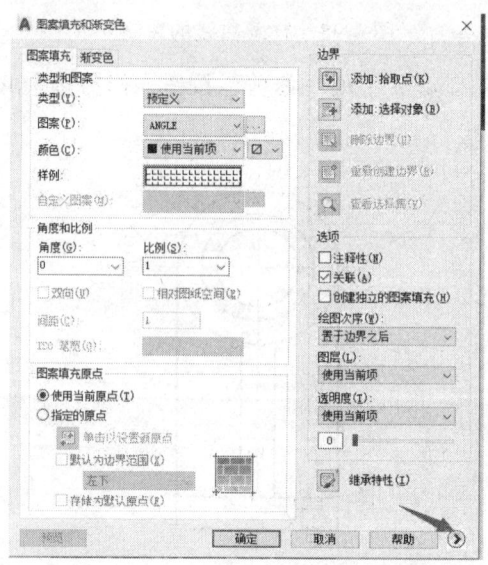

图4-98　"图案填充"

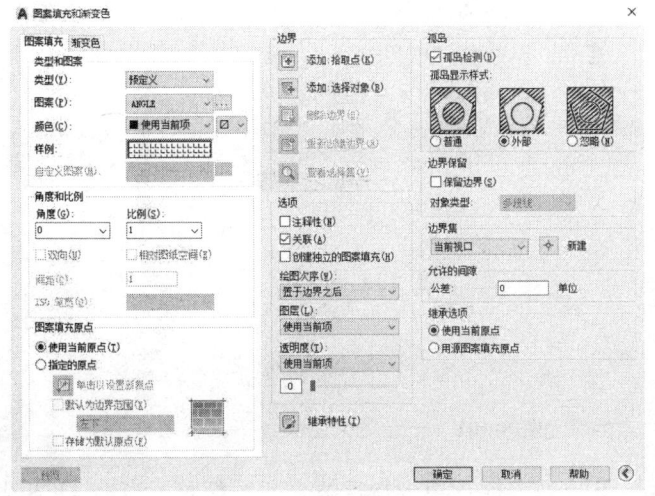

图 4-99 展开隐藏部分

"图案"选项卡用于进行与填充图案有关的设置,各选项含义如下:

"类型和图案"选项组:

"类型"下拉列表框:用于确定填充图案的类型。其中"预定义"选项用于指定系统提供的填充图案;"用户定义"选项用于选择用户已定义的填充图案;"自定义"选项用于选择用户临时定义的填充图案。

"图案"下拉列表框:用于确定系统提供的填充图案,也可以单击右侧按钮 打开。

"填充图案选项板"对话框如图 4-100 所示。其中有"ANSI""ISO""其他预定义"和"自定义"选项卡,用户进行选择后,单击"确定"按钮,返回"图案填充和渐变色"对话框。

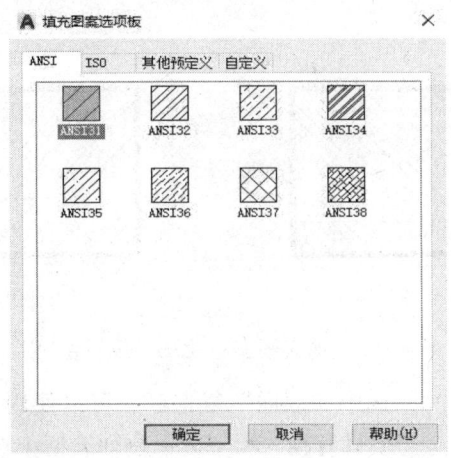

图 4-100 "填充图案选项板"对话框

"自定义图案"下拉列表框(见图 4-101):当填充类型选择"自定义"时,此列表框可使用,或单击右侧 按钮,打开的对话框同图 4-100 一样。

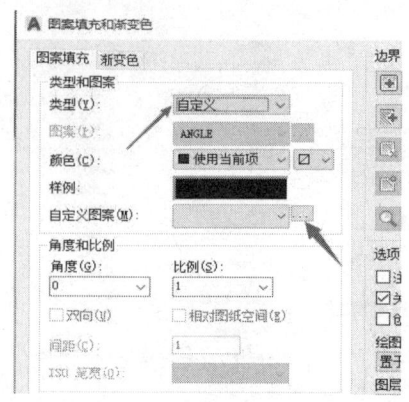

图 4-101 "自定义图案"下拉列表框

"角度"下拉列表框：用于指定填充图案相对于当前 UCS 坐标系统的 X 轴的角度。角度默认设置为"0"。以绘制图 4-102 所示的金属剖面为例说明"角度"的设置。

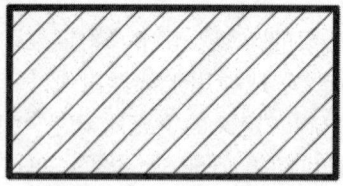 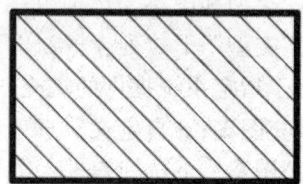

（a）角度为 0 时　　　　　　　　（b）角度为 90 时

图 4-102　填充图案"角度"设置示例

"比例"下拉列表框：用于指定填充图案的比例。默认设置为"1"，可以根据需要进行缩小或放大，以绘制图 4-103 所示的金属剖面为例说明"比例"的设置。

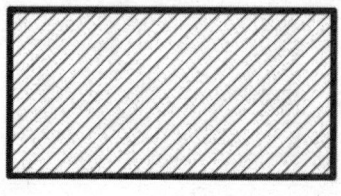 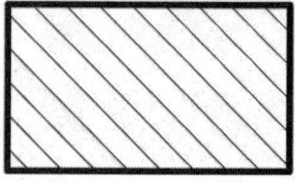

（a）比例为 0.5 时　　　　　　　　（b）比例为 1.2 时

图 4-103　填充图案"比例"设置示例

注：设置间距时，选中"双向"复选框，可以使用相互垂直的两组平行线填充图案，此选项只有在"类型"下拉列表框中选择"用户定义"时使用。"相对图纸空间"复选框用来设置比例因子是否相对于图纸空间的比例。

填充图案的图案选择、比例、角度修改也可以直接在图案填充创建窗口单击进行修改，如图 4-104 所示。

图 4-104　填充图案

2）图案填充原点

"使用当前原点"按钮：用于使当前 UCS 的原点（0，0）作为图案填充原点。

"指定的原点"按钮：用于通过指定点作为图案填充的原点。

3）边　界

"拾取点"按钮：用于以拾取点的方式确定填充区域的边界。用鼠标指定要填充的主闭区域内部点，则被选中封闭区域以虚线显示。按 Enter 键或鼠标右键确认返回对话框。如果所选区域边界不封闭，系统会提示信息，如图 4-105 所示。

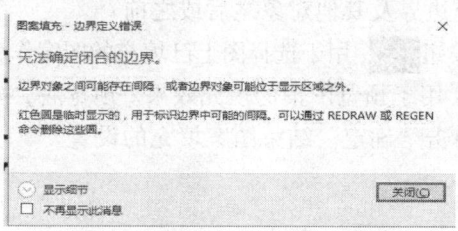

图 4-105　边界定义错误对话框

"选择对象"按钮：以选取对象的方式确定填充区域的边界。其方法与拾取点方法类似。此方法可以用于所选对象组成不封闭的区域边界，但在不封闭处会发生填充断裂或不均匀现象，如图 4-106 所示。

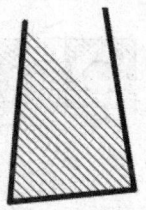

图 4-106　"选择对象"方式边界不封闭的填充效果

"删除边界"按钮：用于取消系统自动计算或用户指定的边界。

4）选　项

"关联"复选框：选中该复选框，图案填充对象与填充边界对象关联，也就是说对已填充好的图形修改时，填充图案会随边界的变化而自动填充，如图 4-107（b）所示。否则，图案填充对象和填充边界对象不关联，即对已填充的图形修改时，填充图案不随边界修改而变化，如图 4-107（c）所示。

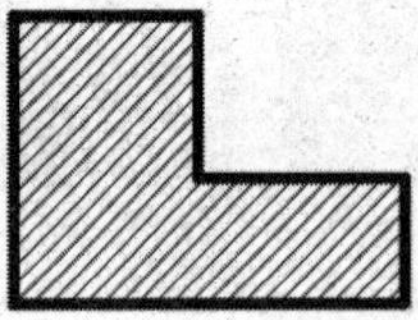

（a）拉伸前 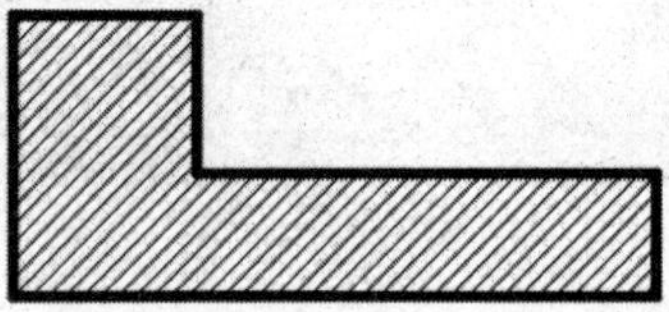　　　　（b）选中"关联"的拉神结果

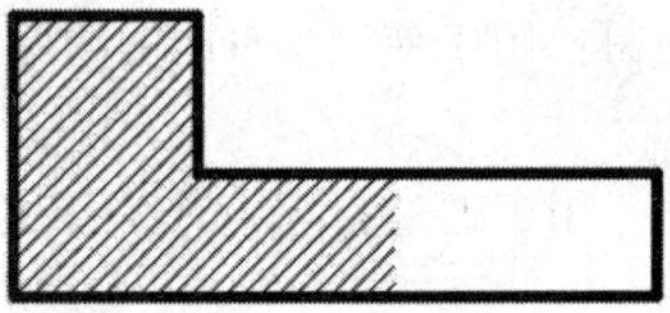

（c）未选中"关联"的拉伸结果

图 4-107 "关联"设置示例

"创建独立的图案填充"复选框：用于创建独立的图案填充。

"绘图次序"下拉列表框：用于指定图案填充的绘图顺序，图案填充可以放在图案填充边界及其他对象之后或之前。

"继承特性"按钮：用于选择图上已填充的图案作为当前填充图案。

"预览"按钮：用于预览图案的填充效果。预览后，按 Enter 键或 Esc 键返回对话框，单击"确定"结束图案填充的设置。

5）孤　岛

在"图案填充和渐变色"对话框中单击右下角按钮，将展开"孤岛"选项组，如图 4-108 所示，利用该选项的设置，可以避免在填充图案时覆盖一些重要的文本注释或标记等属性。

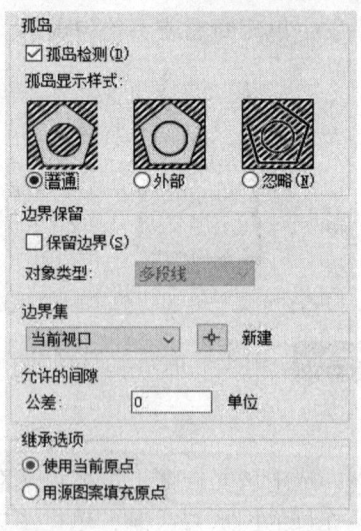

图 4-108 "孤岛"选项框

"孤岛检测"复选框：用于指定在最外层边界内填充对象的方法。

"孤岛显示样式"有三种，分别为："普通"样式、"外部"样式和"忽略"样式。下面以同一图形点选同一位置为例做说明。

"普通"样式：从最外边向里面填充线，遇到与之相交的边界，断开填充线，再遇到下一个内部边界时，再继续画填充线，如图4-109（a）所示。

"外部"样式：从最外边界向里面绘制填充线，遇到与之相交的内部边界时就断开填充线，并不再继续往里面绘制，如图4-109（b）所示。

"忽略"样式：忽略所有的孤岛，所有内部结构都被填充覆盖，如图4-109（c）所示。

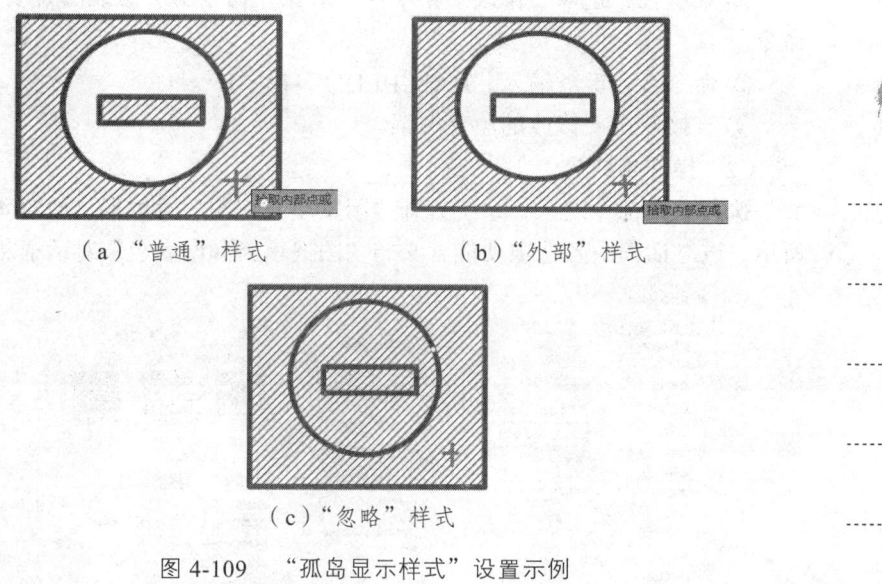

图4-109　"孤岛显示样式"设置示例

6）边界保留

该选项组中"保留边界"复选框和"对象类型"列表框相关联，即启动"保留边界"复选框便可将填充边界对象保留为面域或多段线两种形式。

"渐变色"选项卡：用于创建单色或双色渐变色进行图案填充，如图4-110所示。

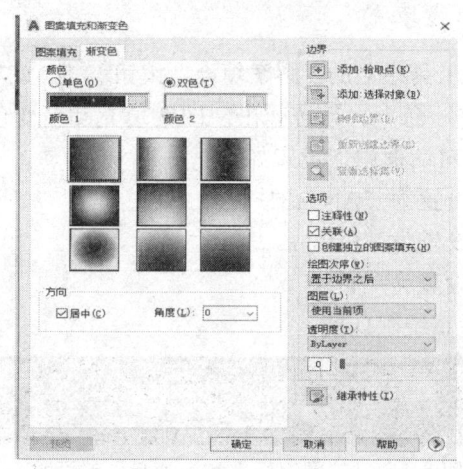

图4-110　"渐变色"选项卡

7）编辑图案填充

通过执行编辑填充图案，可以修改已经生成的填充图案，而且通过指定一个新的图案来替换以前生成的图案。

（1）输入命令。

输入命令可以采用下列方法之一：

① 工具栏：单击"修改"工具栏"修改图案填充"按钮 。

② 菜单栏：选取"修改"菜单→"对象"命令→"修改图案填充"命令。

③ 命令行：键盘输入"HATCHEDIT"或"H"。

④ 直接双击要修改的填充图案。

（2）操作格式。

执行上面命令之一，系统打开"图案填充编辑"对话框，如图 4-111 所示，该对话框中各选项功能含义与"图案填充和渐变色"对话框相同。

图 4-111　"图案填充编辑"对话框

8）完成剖面线填充

单击"绘图"工具栏上的"图案填充"按钮 ，或单击菜单项"绘图"→"图案填充"命令，系统弹出"图案填充和渐变色"对话框，如图 4-112 所示。在对话框中，设置如下：

（1）"图案"设置为"ANS131"。

（2）"角度"设置为"0"。

（3）"比例"设置为"1"。

注：后两项是系统默认值。

图 4-112　"图案填充和渐变色"对话框

单击需填充剖面线的部位,在绘图区的封闭区中,单击内部任意一点,拾取部分,如图 4-113 中红色叉叉标记所示,按 Enter 键,完成图案填充。

视频:
轴承座(二)
的尺寸标注

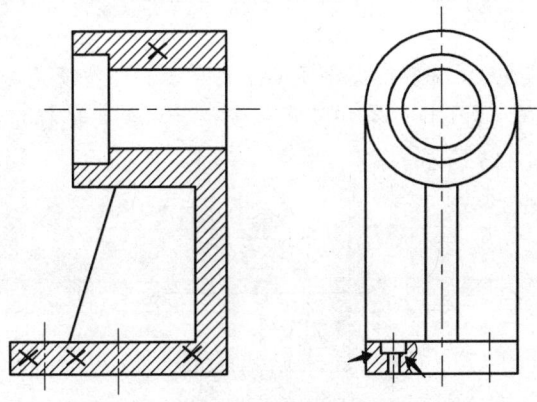

图 4-113　图案填充内部拾取点示意图

8. 尺寸标注

1)主视图的标注

(1)单击"图层"工具栏中图层下拉列表的下三角按钮,选中"尺寸标注线"层,将"尺寸标注线"层设置为当前图层。

(2)单击"标注"工具栏中"线性尺寸标注"按钮,标注主视图如图 4-114 所示。

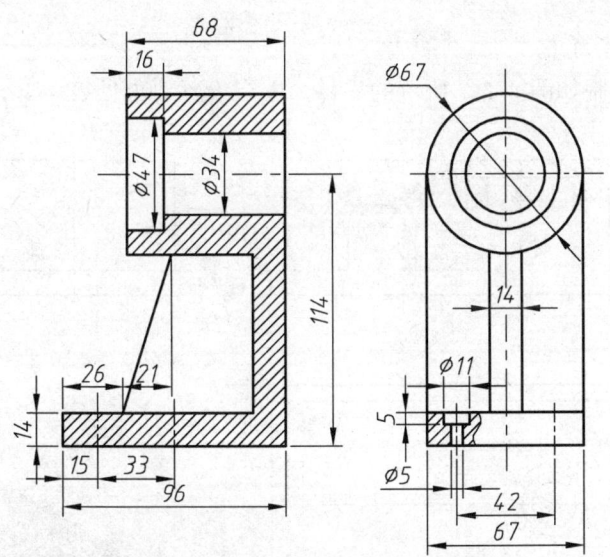

图 4-114　主俯视图标注

注:遇到直径标注按如下提示操作:

指定第一条尺寸界线原点或<选择对象>:(拾取第一条尺寸界线的起点)。

指定第二条尺寸界线原点:(拾取第二条尺寸界线的起点)。

[输入"M",按 Enter 键];输入%%C(直径符号)+尺寸数字,单击鼠标左键)。

指定尺寸线位置或[多行文字(MD文字(T)/角度(A)/水平(H)/垂直(V)/旋转(R)]:(指定尺寸放置位置,单击鼠标左键)。

结果如图 4-115 所示。

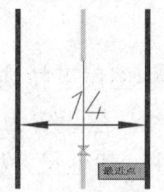

图 4-115 直径标注示例

若遇尺寸数字被线条穿越的情况需要把线条断开,如图 4-116 所示。

图 4-116 打断操作

【课后练习】

(1)绘制如图 4-117 所示的零件,图层设置要求见表 4-4。

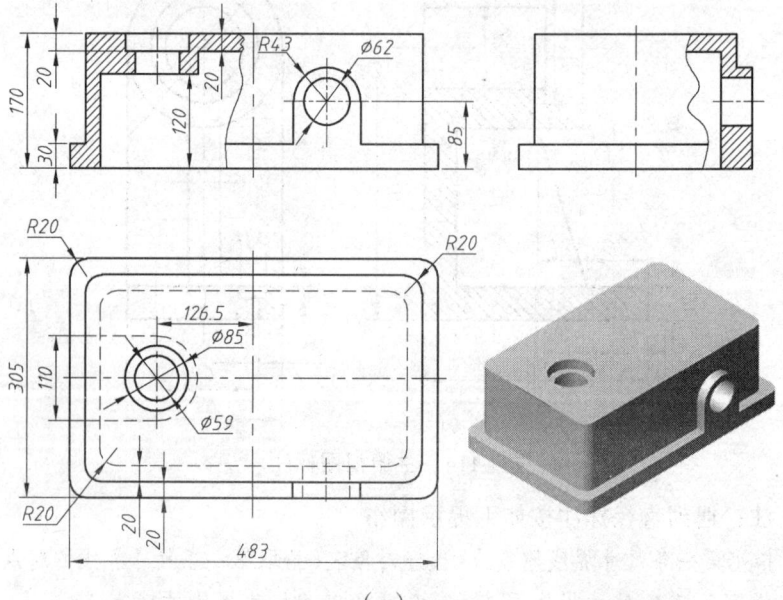

(a)

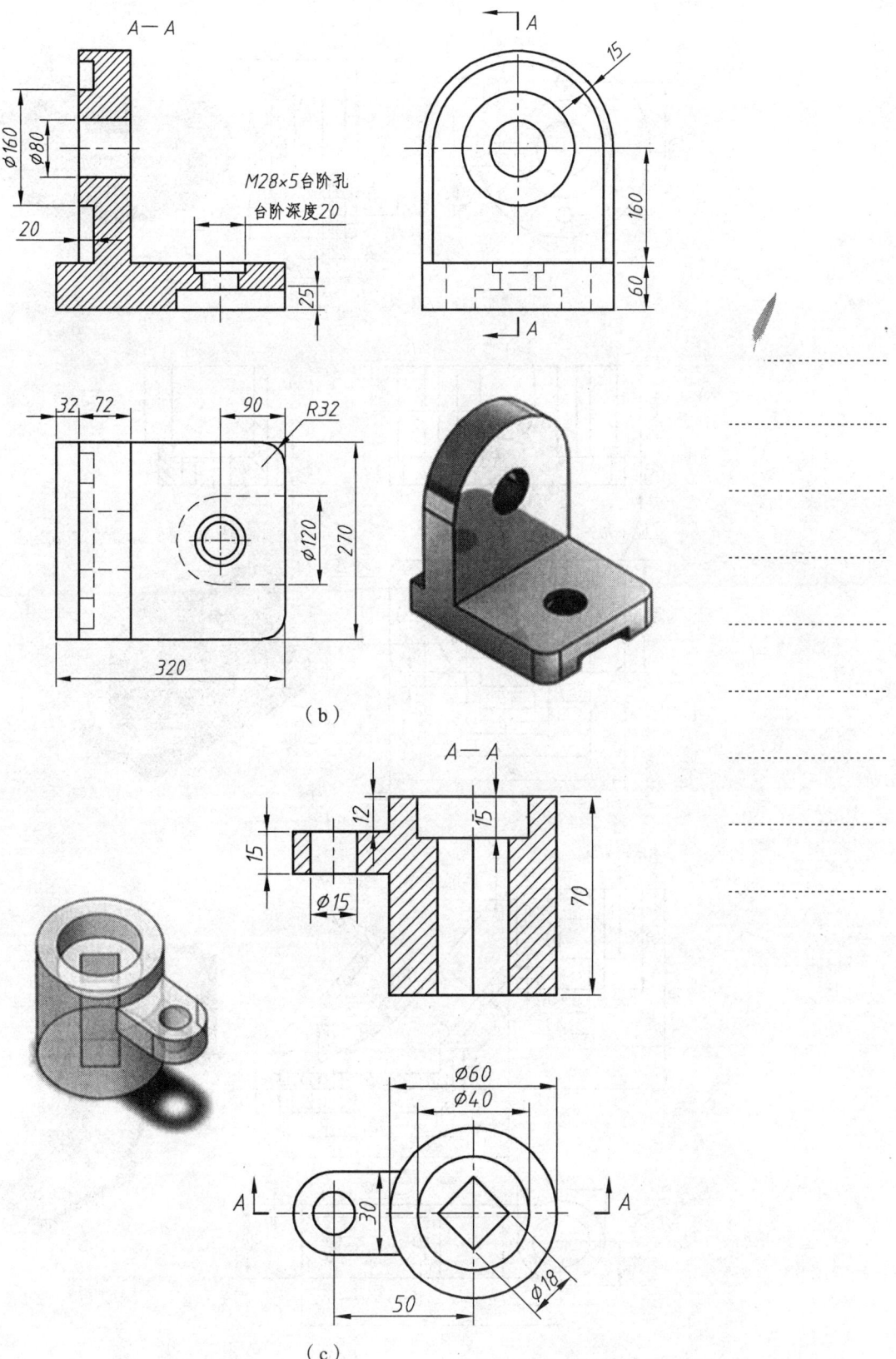

(b)

(c)

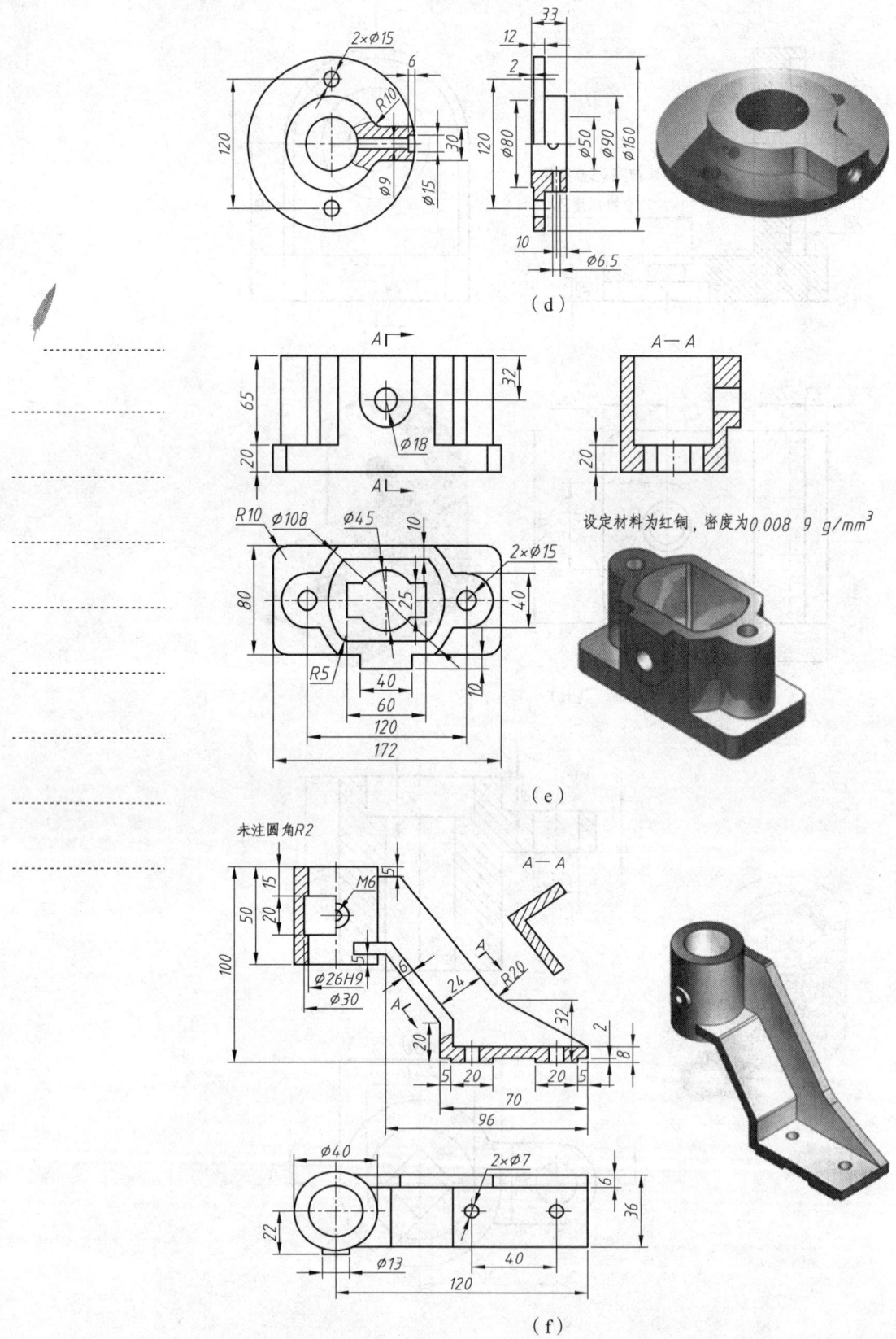

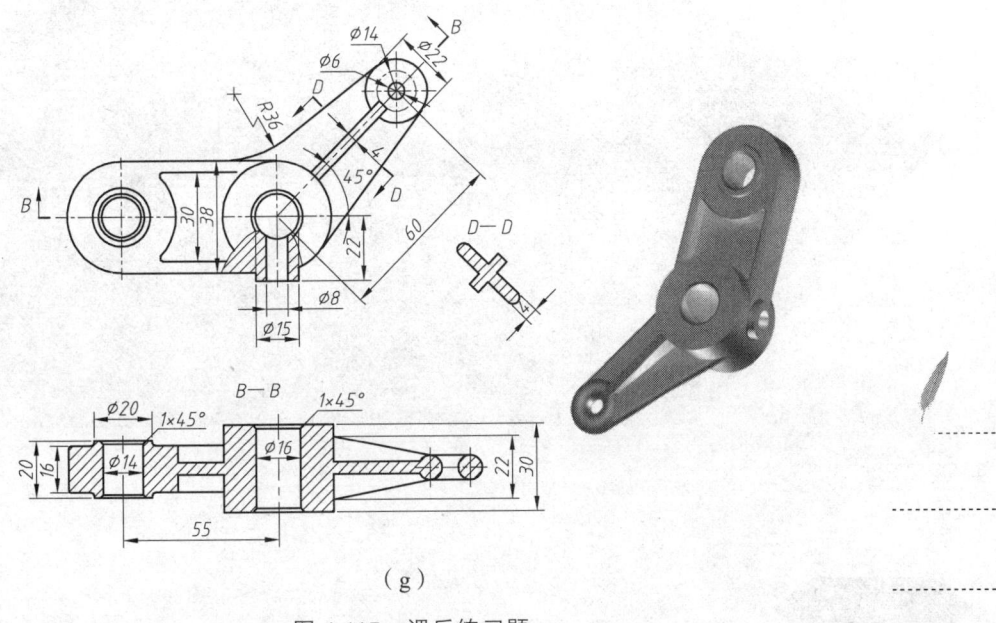

(g)

图 4-117 课后练习题

表 4-4 图层设置要求

名称	颜色	线型	线宽
轮廓线	白色	Continuous（连续线）	0.5 mm
尺寸标注线	青色	Continuous	默认
中心线	黄色	CENTER2	默认
虚线	绿色	DANSHED2	默认
剖面线	白色	Continuous	默认

（2）根据所给轴测图 4-118，选择正确表达方案，绘制完成正确的三视图，并标注尺寸。

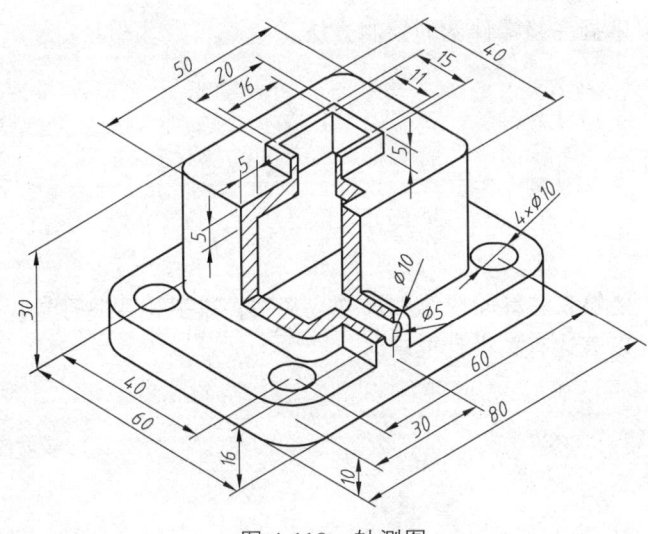

图 4-118 轴测图

项目五

绘制零件图

学习目标

(1) 掌握零件图的绘制过程,包括多视图零件图的绘制方法和绘图步骤。
(2) 掌握书写单行文字、多行文字、尺寸标注与编辑的方法。
(3) 掌握建立块、插入块以及对块操作、定义块属性的方法。

重点

- 掌握完整零件图的绘制方法。

难点

- 能够在注释阶段添加尺寸、文字、数字和其他符号,以表达有关设计要求。

【案例一】绘制轴零件图（见图 5-1）。

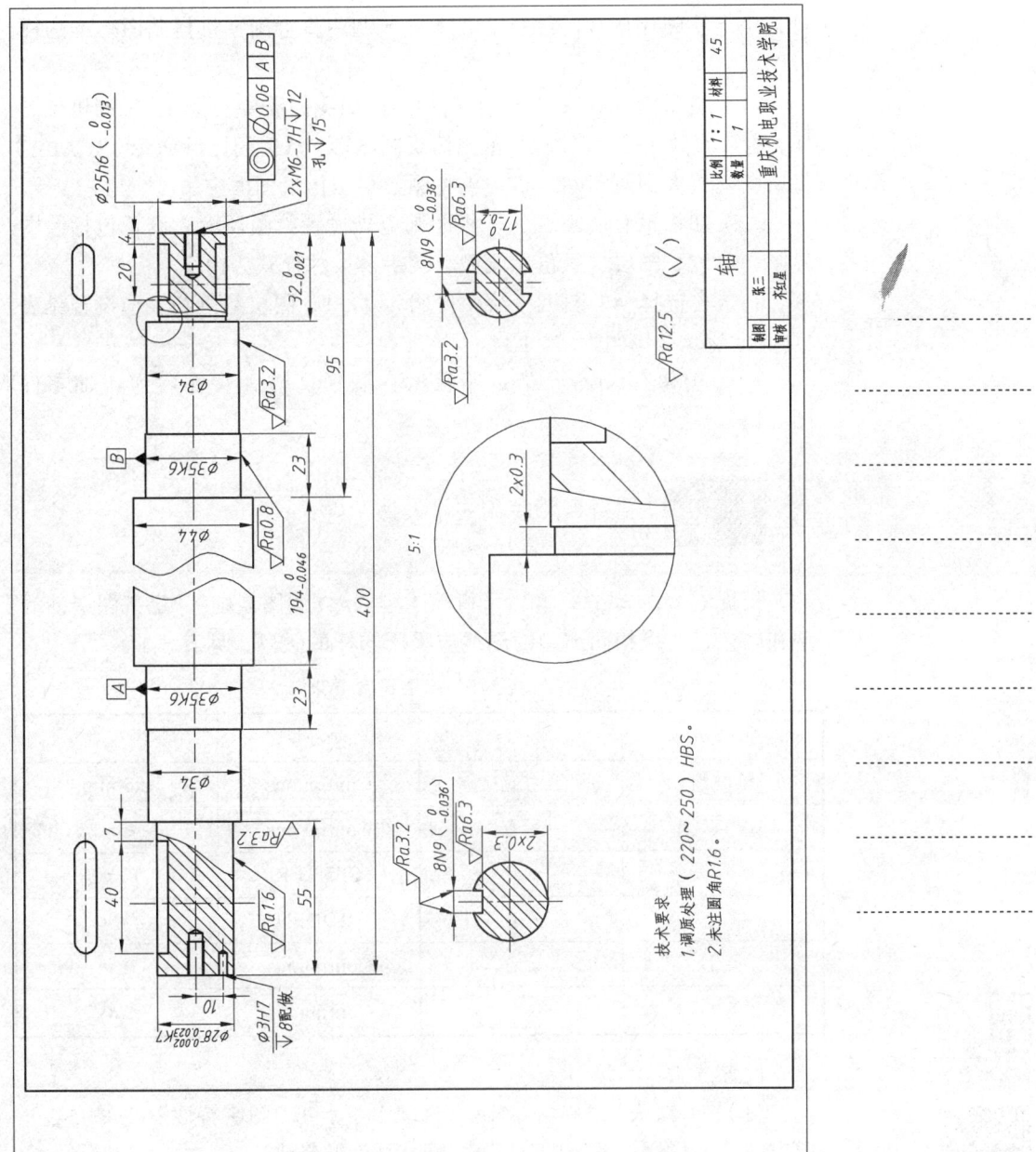

图 5-1 轴

绘制目标：

以轴零件图的绘制为实例，综合性地复习和巩固所学习的内容，掌握绘图的基本步骤和方法，能够熟练使用本项目所学习的知识。

知识点：

（1）设置绘图界限、单位和精度。

（2）设置绘图所需图层。

（3）合理使用各种绘图、编辑工具。

在绘制一幅新图之前应根据所绘零件图形的尺寸及所需视图的数量，确定绘图比例和图纸尺寸，建立或调用符合国家机械制图标准的样板图框。

（1）绘图应尽量采用 1∶1 比例，假如我们需要一张 1∶5 的机械图样，通常的做法是，先按 1∶1 比例绘制图形，然后用比例命令（SCALE）将所图框放大到原图的 5 倍，再将图形移至样板图框中。

（2）如果没有所需要的样板图则应先设置绘图环境。设置包括绘图界限、单位、图层、颜色、线型、文字及尺寸样式等内容。

（3）先选择 A3 图纸，绘图比例为 1∶1，图层颜色和线型设置见表 5-1，全局线型比例为 1∶1。

（4）用保存[s]命令指定路径保存图形文件，文件名为"轴零件图.dwg"。

一、图层、颜色和线型设置

根据 GB/T 14665—2012《机械工程 CAD 制图规则》，定义图层的线型和颜色，要求相同类型的图线应采用同样的颜色，见表 5-1。

表 5-1　图层设置要求

图层名	颜色	线型	线宽
粗实线	白色	Continuous	0.5 mm
细实线	绿色	Continuous	默认
中心线	红色	CENTER	默认
虚线	黄色	HIDDEN	默认
尺寸	蓝色	Continuous	默认
文字	白色	Continuous	默认

设置方法：

（1）在"默认"菜单→"图层"选项卡下点击"图层特性"（见图 5-2），调出图层工具栏，系统默认"0"层，可不做修改。

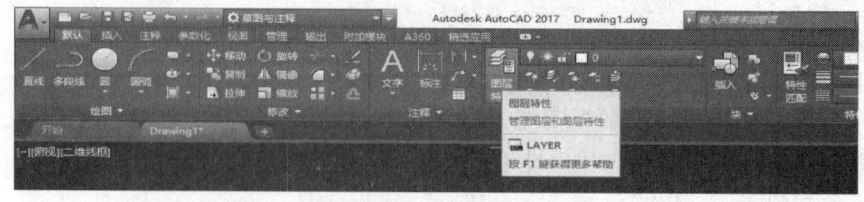

图 5-2　"图层特性"

在"图层特性管理器"（见图 5-3）中，可以添加、删除和重命名图层,更改它们的特性,设置布局视口中的特性替代以及添加图层说明。

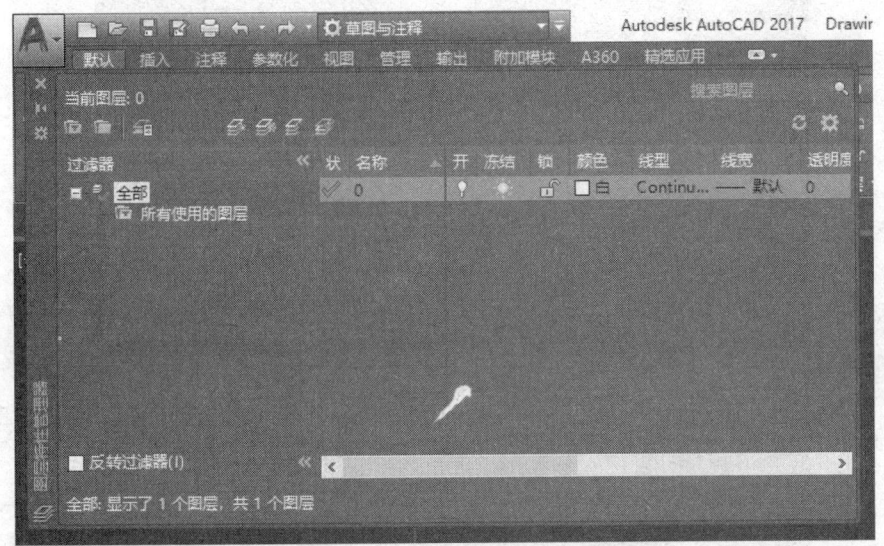

图 5-3 "图层特性管理器"

(2)新建图层 。

使用默认名称创建图层,可以立即更改该名称。新图层将继承图层列表中当前选定图层的特性。

(3)设置名称。

根据要求设置图层或过滤器的名称,也可 F2 键输入新名称。

(4)设置颜色 。

显示"选择颜色"对话框,可以在其中指定选定图层的颜色。

(5)设置线型。

鼠标左键双击线型,显示"选择线型"对话框,可以在其中指定选定图层的线型,中心线和虚线需要"加载"图线,如图 5-4 所示。

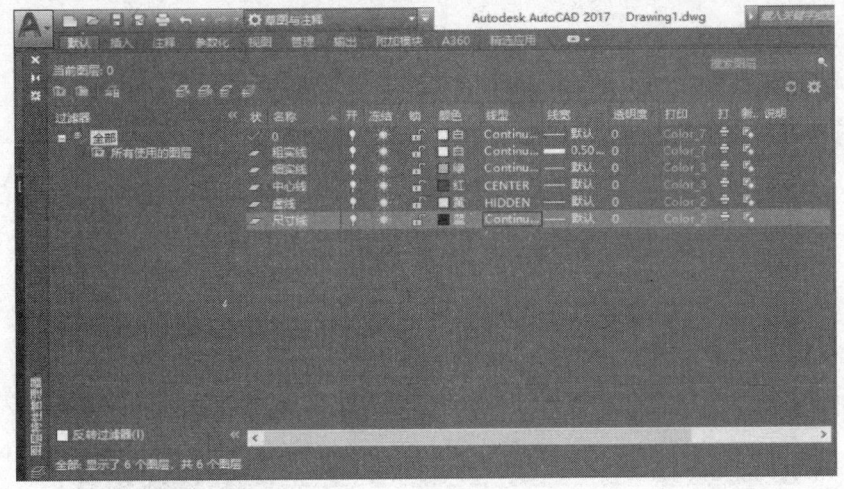

(a)

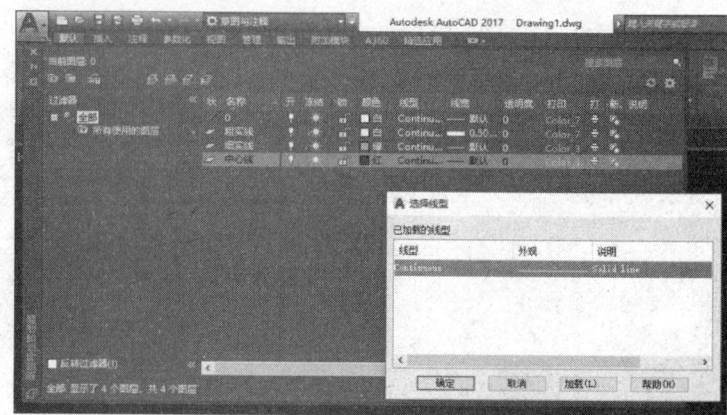

(b)

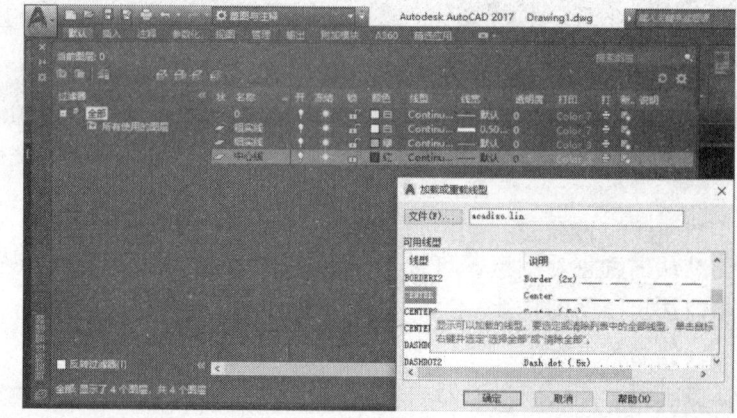

(c)

图 5-4　设置线型

(6) 设置线宽。

显示"线宽"对话框,可以在其中指定选定图层的线宽,如图 5-5 所示。

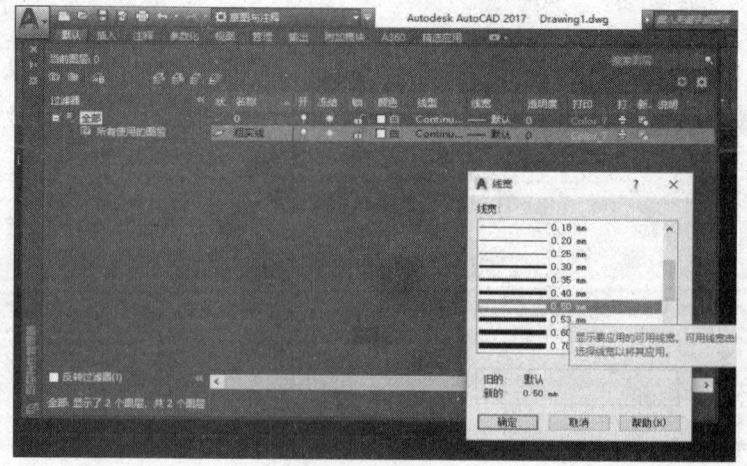

图 5-5　设置现宽

知识拓展：

表 5-2 功能指令及用法

功能指令	图　标	用　法
所有视口中已冻结的新图层		创建图层，然后在所有现有布局视口中将其冻结
删除图层		可以删除选定图层。 注意，无法删除以下图层： ① 图层 0 和 Defpoints；② 包含对象（包括块定义中的对象）的图层；③ 当前图层；在外部参照中使用的图层；④ 局部已打开的图形中的图层
设置为当前图层	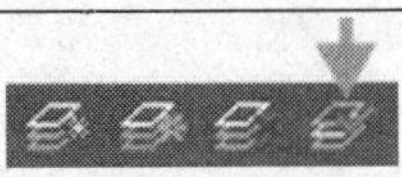	将选定图层设定为当前图层。将在当前图层上自动创建新对象（CLAYER 系统变量）
图层开关		打开和关闭选定图层。当图层打开时，它可见并且可以打印。当图层关闭时，它将不可见且不能打印，即使"打印"列中的设置已打开也是如此
冻结	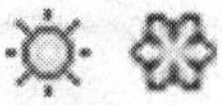	冻结选定的图层。在复杂图形中，可以冻结图层来提高性能并减少重生成时间，将不会显示、打印或重生成冻结图层上的对象。 在支持三维建模的图形中，将无法渲染冻结的图层。 提示：冻结长期保持不可见的图层。如果计划经常切换可见性设置，可以使用"开/关"设置，以避免重生成图形
锁定		锁定和解锁选定图层。无法修改锁定图层上的对象。将光标悬停在锁定图层中的对象上时，对象显示为淡入并显示一个小锁图标。 注：设置锁定图层的淡入度级别，以查看哪些对象位于锁定图层上
透明度		显示"透明度"对话框，可以在其中指定选定图层的透明度，有效值从 0～90。值越大，对象越显得透明
打印样式		显示"选择打印样式"对话框，可以在其中指定选定图层的打印样式。对于颜色相关打印样式（PSTYLEPOLICY 系统变量设置为 1），无法更改与图层关联的打印样式
打印		控制是否打印选定图层。即使关闭图层的打印，仍将显示该图层上的对象。将不会打印已关闭或冻结的图层，而不管"打印"设置

二、设置文字样式（STYLE）命令

根据 GB/T 14665—2012《机械工程 CAD 制图规则》中对字体的要求，机械工程的 CAD 制图所使用的字体（见图 5-6），应做到字体端正、笔划清楚、配列整齐、间隔均匀。

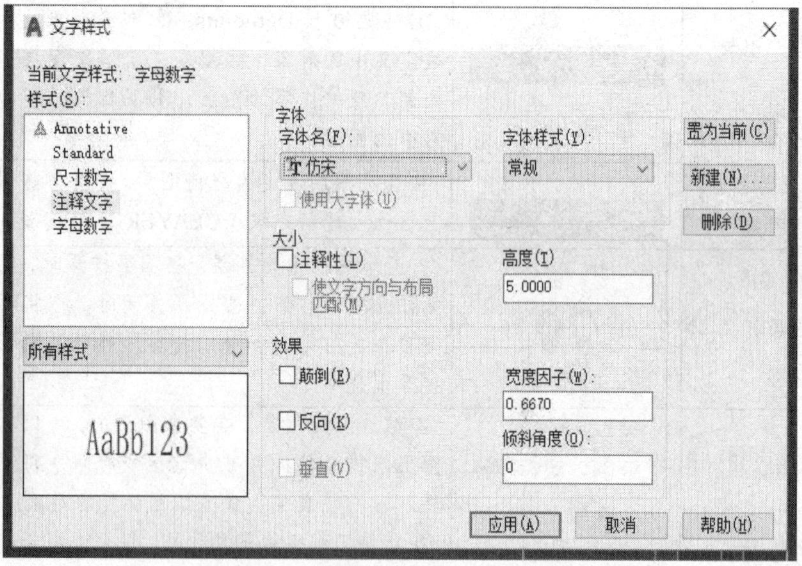

图 5-6　字体

设置方法：

（1）在"默认"菜单→"注释"选项卡下点击"文字样式"（见图 5-7），调出文字工具栏。

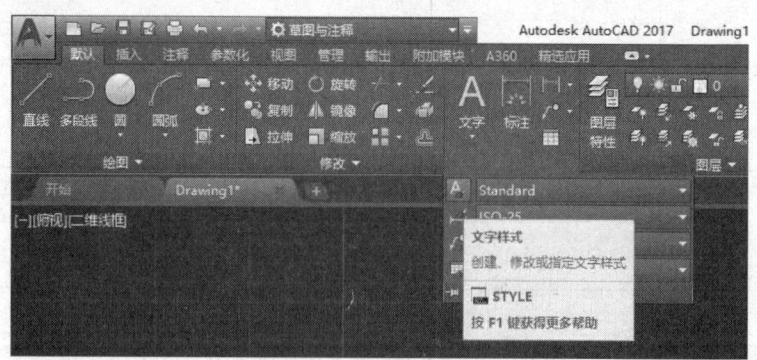

图 5-7　"文字样式"

（2）新建（N）。

显示"新建文字样式"对话框并自动提供默认名称，修改为自定义名称，如图 5-8 所示。

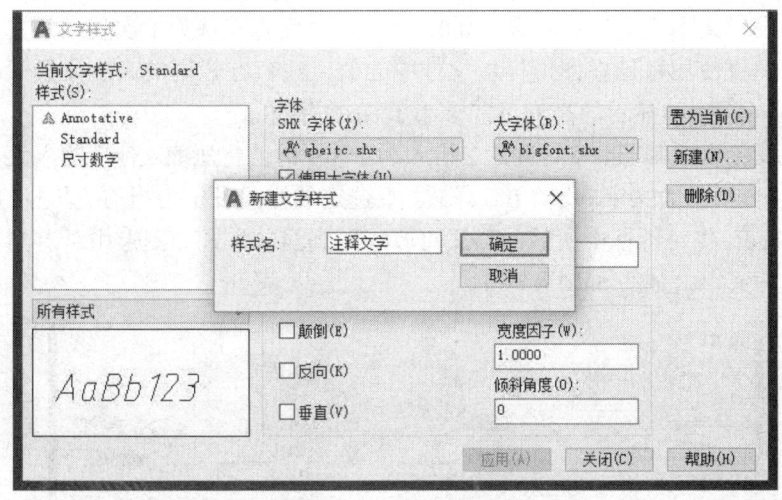

图 5-8 自定义样式名

（3）更改样式的字体。

如果更改现有文字样式的方向或字体文件，当图形重生成时所有具有该样式的文字对象都将使用新值。列出系统 Fonts 文件夹中所有注册的 TrueType 字体和所有编译的形（SHX）字体的字体族名，如图 5-9 所示。

从列表中选择名称后，该程序将读取指定字体的文件。除非文件已经由另一个文字样式使用，否则将自动加载该文件的字符定义。可以定义使用同样字体的多个样式。

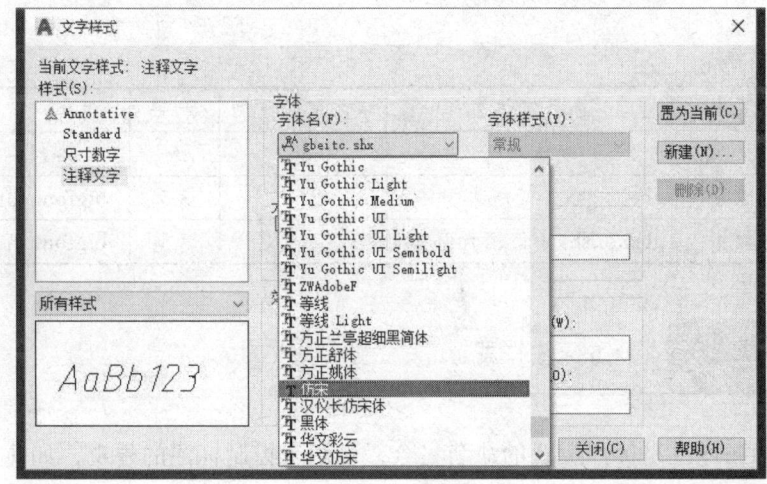

图 5-9 字体名

（4）设置字体样式。

指定字体格式，如斜体、粗体或者常规字体。选定"使用大字体"后，该选项变为"大字体"，用于选择大字体文件。使用大字体，是指定亚洲语言的大字体文件。只有 SHX 文件可以创建"大字体"。

（5）按要求更改文字的大小。

根据输入的值设置文字高度。如果输入大于 0.0 的高度，将自动为此样式设置文字高度；如果输入 0.0，则文字高度将默认为上次使用的文字高度，或使用存储在图形样板文件中的值。注：在相同的高度设置下，TrueType 字体显示的高度可能会小于 SHX 字体。

设置宽度因子、字符间距。输入小于 1.0 的值将压缩文字。输入大于 1.0 的值则扩大文字。可将在"样式"下选定的样式设定为当前。点击"应用（A）"将对话框中所做的样式更改应用到当前样式和图形中具有当前样式的文字，如图 5-10 所示。

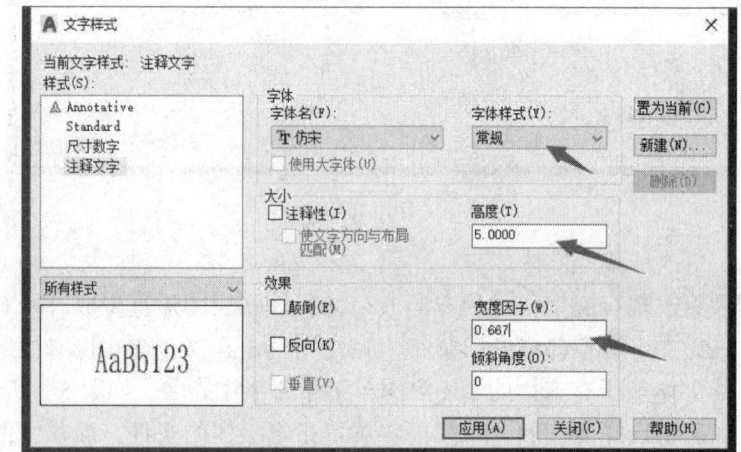

图 5-10　设置文字大小

常用文字样式如表 5-3 所示。

表 5-3　文字样式

文字样式名称	选择字体名	字体宽度比例	字高	字体样式
注释文字	仿宋	0.667	5	常规
尺寸数字	gbeitc.shx（使用大字体）	1	3.5	bigfont.shx
字母数字	gbenor.shx（使用大字体）	1	3.5	bigfont.shx

三、设置标注样式

标注样式是标注设置的命名集合，可用来控制标注的外观，如箭头样式、文字位置和尺寸公差等。可以创建标注样式，以快速指定标注的格式，并确保标注符合行业或工程标准。

创建标注时，标注将使用当前标注样式中的设置。如果要更改标注样式中的设置，则图形中的所有标注将自动使用更新后的样式。创建标注子样式，为不同的标注类型使用指定的设置。使用源自当前标注样式的标注设置覆盖标注样式。图形中的所有标注样式都会在"标注样式"下拉列表中列出。

创建标注样式步骤：

（1）依次单击"常用"选项卡→"注释"面板→"标注样式"（见图 5-11）或点击 图标。

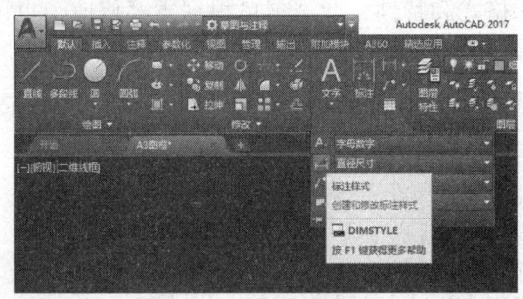

图 5-11　"标注样式"

（2）在"标注样式管理器"中，单击"新建"，如图 5-12 所示。

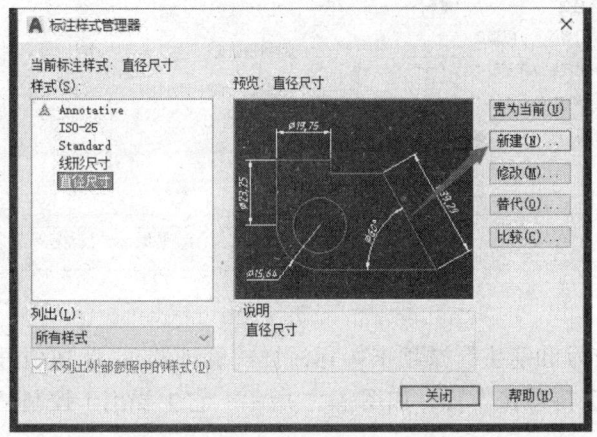

图 5-12　新建

（3）在"创建新标注样式"对话框中，输入新标注样式的名称，然后单击"继续"，如图 5-13 所示。

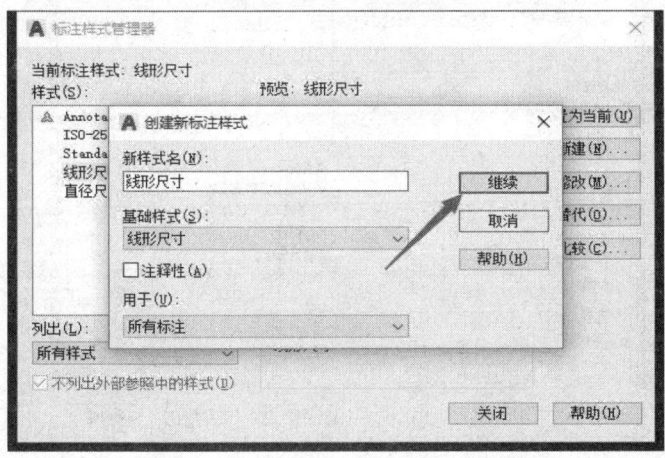

图 5-13　继续

（4）在"新建标注样式"对话框中，单击每个选项卡，并对新标注样式进行任何更改。

单击"线"选项卡（标注样式管理器），设定尺寸线、尺寸界线、箭头和圆心标记的格式和特性，此选项可根据需要修改，也可保持默认设置，如图5-14所示。

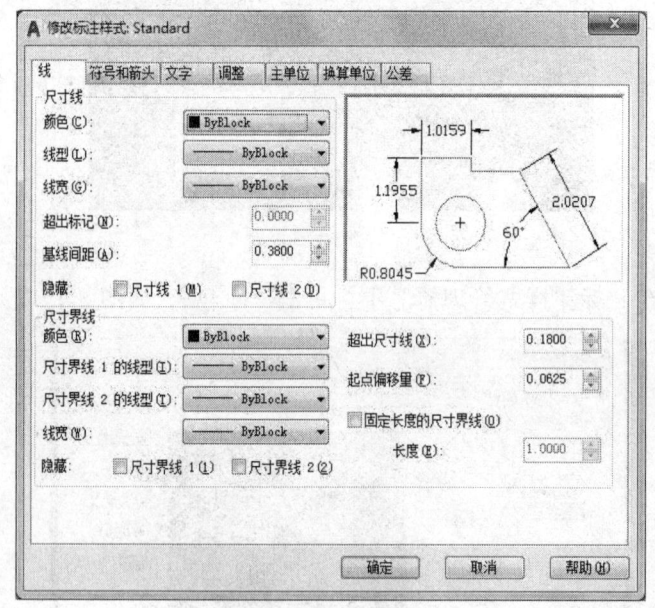

图5-14　线

（5）"符号和箭头"选项卡（标注样式管理器），此选项可根据需要修改，也可保持默认设置，如图5-15所示。它主要用于控制标注箭头的外观。

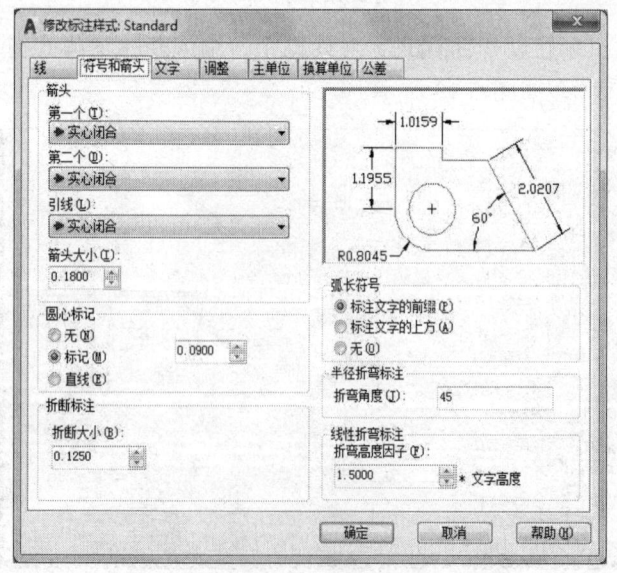

图5-15　符号和箭头

"半径折弯标注":控制折弯(Z字形)半径标注的显示。

折弯半径标注通常在圆或圆弧的圆心位于页面外部时创建,如图 5-16 所示。

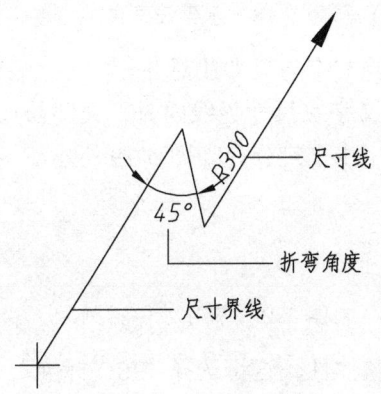

图 5-16 折弯半径标注

"折弯角度":确定折弯半径标注中尺寸线的横向线段的角度。

"线性折弯标注":控制线性标注折弯的显示,如图 5-17 所示。

当标注不能精确表示实际尺寸时,通常将折弯线添加到线性标注中。通常,实际尺寸比所需值小。

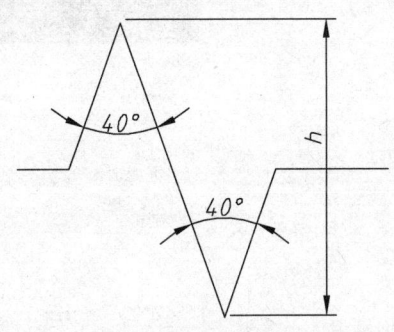

图 5-17 线性折弯标注

(6)"文字"选项卡(标注样式管理器)设定标注文字的格式、放置和对齐。

① 修改文字外观,控制标注文字的格式和大小。点选"文字样式"按钮,将会显示"文字样式"对话框,从中可以选取文字样式创建或修改文字样式。这里选择之前建好的"尺寸数字"。

② 在"文字高度"选项卡上指定的文字样式具有固定的文字高度,则该高度将替代在此处设置的文字高度。如果要在此处设置标注文字的高度,应确保将文字样式的高度设置为 0(零)。

③ "文字对齐":控制标注文字放在尺寸界线外边或里边时的方向是保持水平还是与尺寸界线平行。

"水平":水平放置文字,如图 5-18 所示。

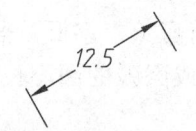

图 5-18 水平设置文字

"与尺寸线对齐":文字与尺寸线对齐。

"ISO 标准":当文字在尺寸界线内时,文字与尺寸线对齐。当文字在尺寸界线外时,文字水平排列,如图 5-19 所示。

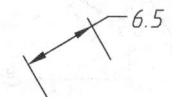

图 5-19 文字水平排列

为了保证图形的整体性,这里选择"ISO 标准",如图 5-20 所示。

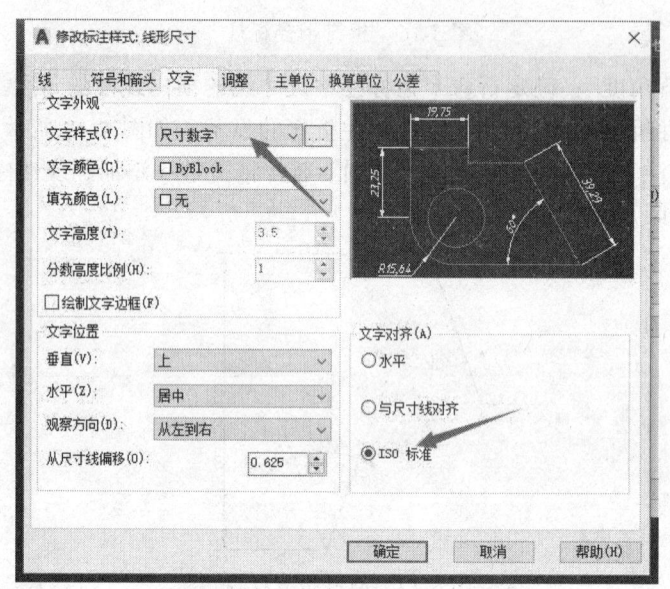

图 5-20 选择"ISO"标准

(7)其他选项卡保持默认设置。

技巧:为了后续大量标注直径尺寸,可以新建直径尺寸标注,建立方法和线形标注一致,只需要在"主单位"选项卡下面把在标注文字中包含指定的前缀。

可以输入文字或使用控制代码显示特殊符号。例如,输入控制代码"%%c"显示直径符号。当输入前缀时,将覆盖在直径和半径等标注中使用的任何默认前缀,如图 5-21 和图 5-22 所示。

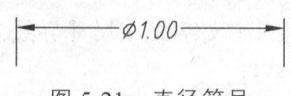

图 5-21 直径符号

如果指定了公差,前缀将添加到公差和主标注中。

项目五　绘制零件图

图 5-22　前缀

（8）单击"确定"，然后单击"关闭"以退出"标注样式管理器"。

四、绘制图框

创建适合后续零件图使用的 A3 模板：

（1）双击鼠标中键让界面最大化，选择图层按钮，选定图层为细实线，如图 5-23 所示。

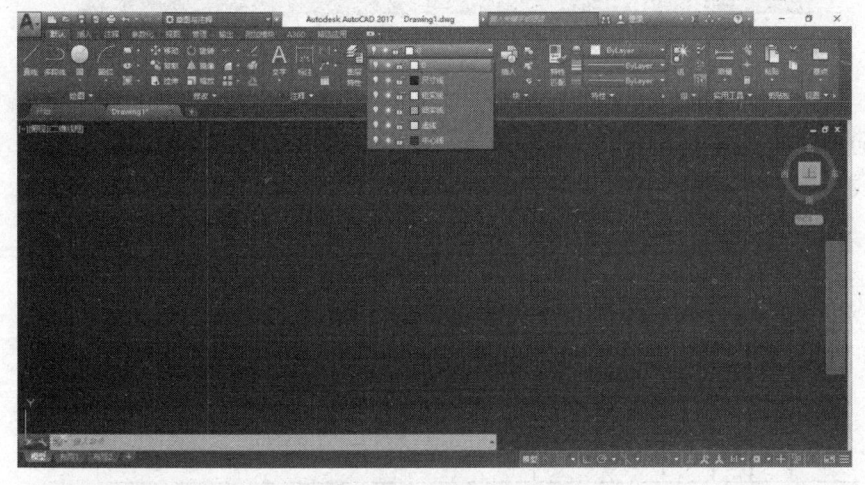

图 5-23　步骤（1）

视频：
绘制 A3 图框

（2）单击"绘图"选项按钮的"矩形"指令，指定第一点坐标为（0，0），第二点坐标为（420，297），如图 5-24 所示。

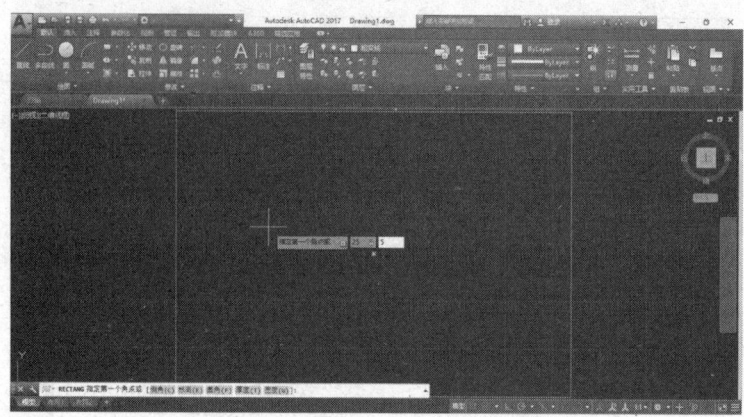

图 5-24 步骤（2）

（3）把图层换为粗实线，重复矩形指令操作，指定第一点坐标为（25，5），第二点坐标为（390，287），如图 5-25 所示。

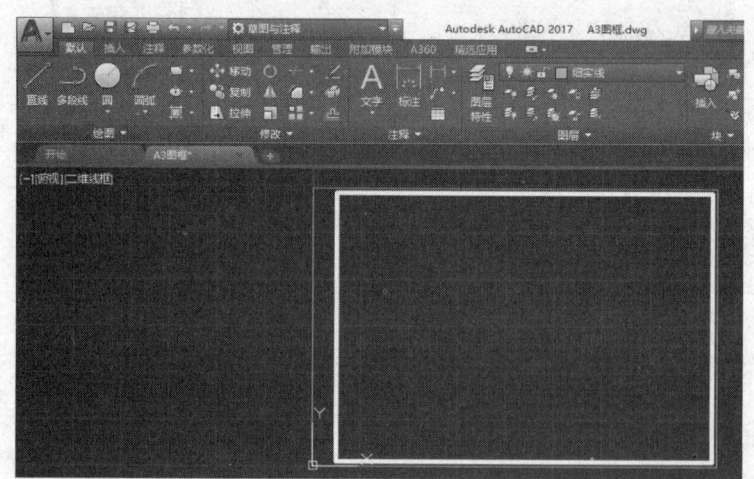

图 5-25 步骤（3）

（4）绘制标题栏，首先从图框粗实线右下角绘制一条长 32 直线，再向图框内部画一条长 120 直线，再向下作垂线。之后把线型切换为细实线，尺寸参考图 5-26，绘制完成内部直线。

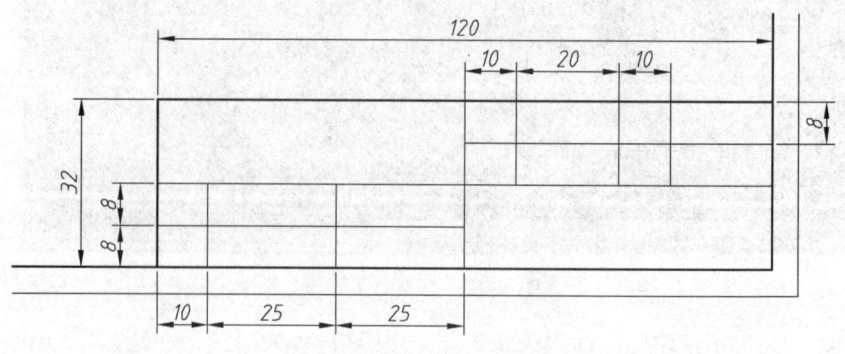

图 5-26 步骤（4）

（5）全选所有绘制图片，点击修剪指令，减去两侧空白处，图框绘制完成，如图 5-27 所示。

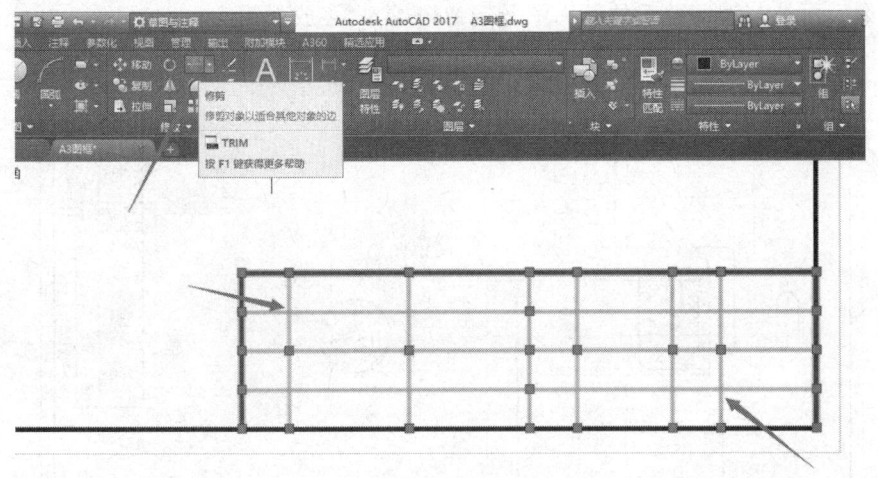

图 5-27　步骤（5）

（6）单击"图形另存为"，将文件名命名为"A3 图框"，如图 5-28 所示。

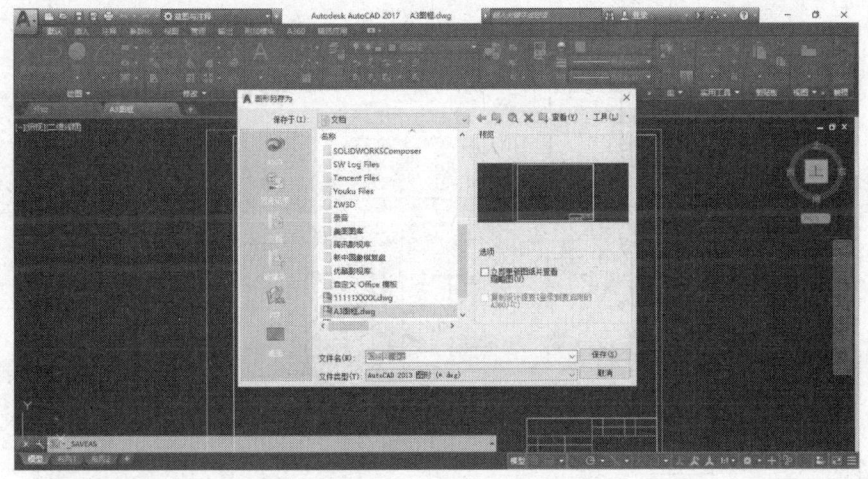

图 5-28　步骤（6）

五、绘制图形

绘图前应先分析图形，设计好绘图顺序，合理布置图形，在绘图过程中要充分利用缩放、对象捕捉、极轴追踪等辅助绘图工具，并注意切换相应图层。

分析图形：

轴零件图（见图 5-29）具有一个对称轴，且整个图形沿轴线方向排列，大部分线条与轴线平行或垂直，根据图形这一特点，我们可先画出轴的中心线，再绘制上半部分，然后用镜像命令复制出轴的下半部分，最后再补充键槽位置的断面图及退刀槽的 5∶1 放大图。

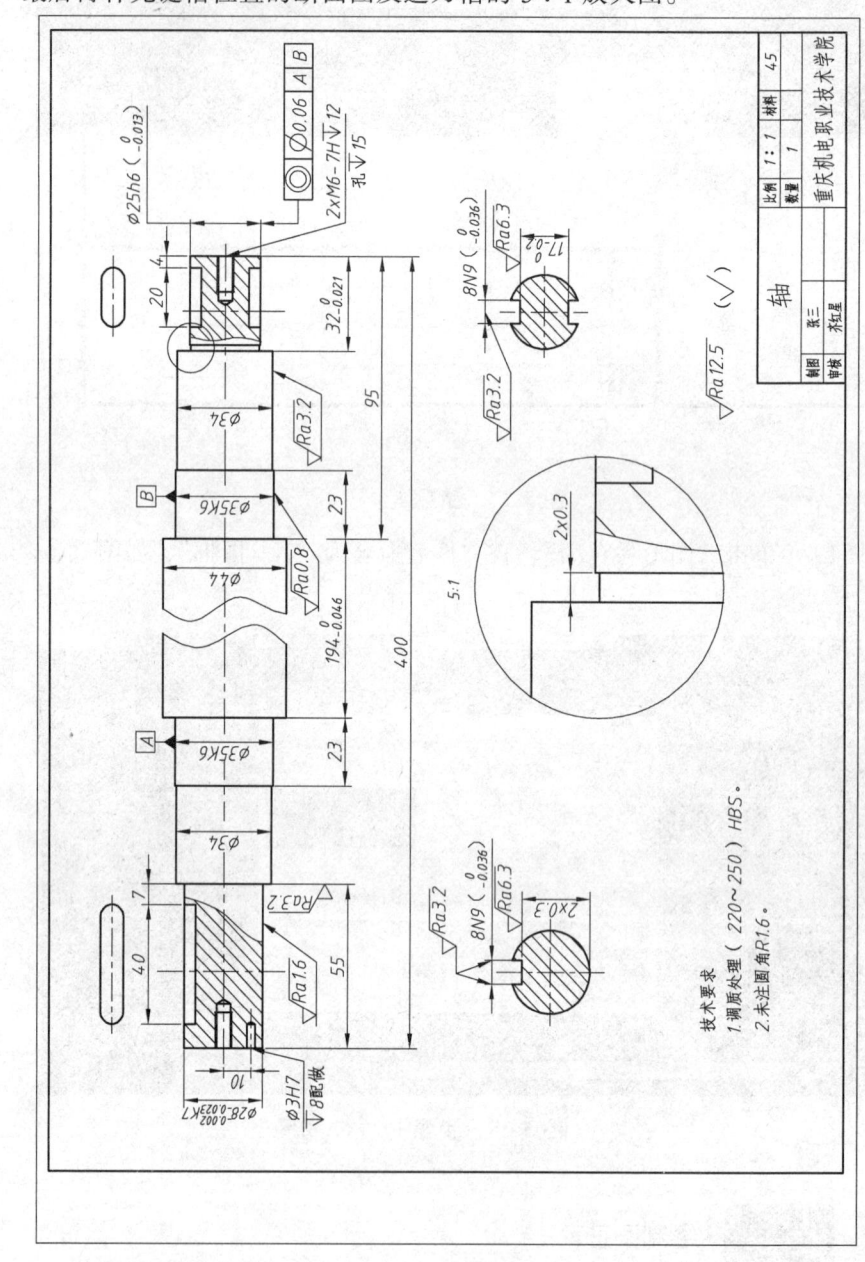

图 5-29 轴零件图

绘图步骤分解：

1. 调用 A3 样板，开始绘新图

1）绘制中心线

点击图层工具栏上的"图层控制"下拉列表框，打开图层控制下拉列表,选择中心线层并将其设置为当前层,如图 5-30 所示。

视频:
绘制图形

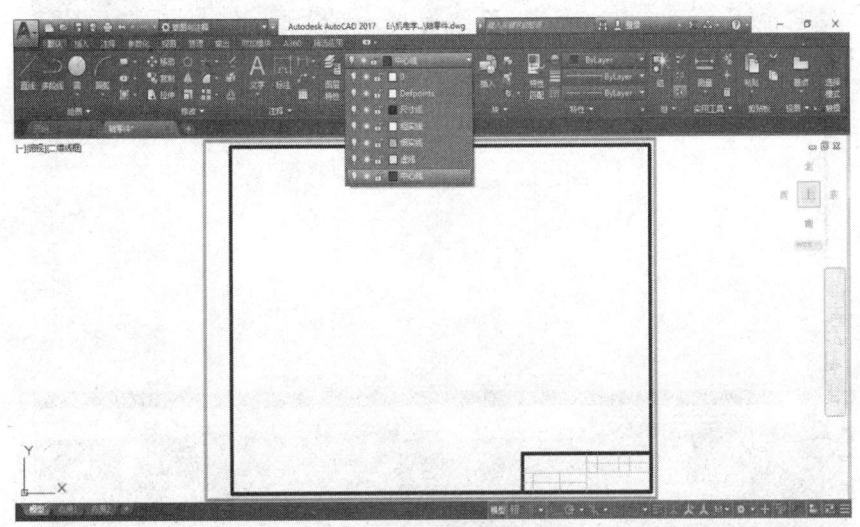

图 5-30 设置图层

单击"直线"按钮,并在绘图区的合适位置单击确定中心线的第一点。按下状态栏的"正交(F8)"按钮,移动光标使直线呈水平状态,在命令行输入"260",并单击鼠标右键完成第一条中心线的绘制,如图 5-31 所示。

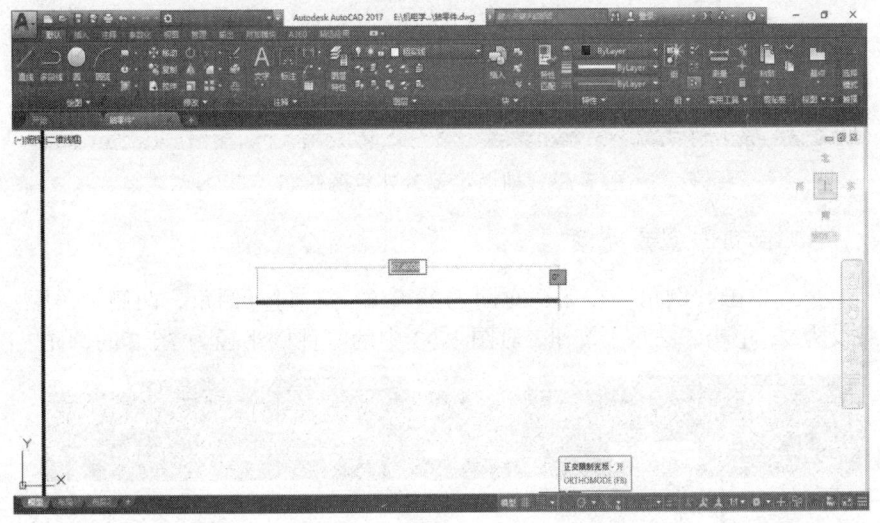

图 5-31 绘制第一条中心线

单击"偏移"按钮,输入"34.732",拾取刚才绘制的中心线,在中心线的上方单击鼠标左键完成中心线的偏移。再次拾取中心线,并在中心线下方单击鼠标左键,完成两条齿轮分度圆中心线的绘制。

2)轴上半部分轮廓绘制

将粗实线图层置为当前层。单击"直线"按钮,完成轴上半部分外轮廓的绘制,如图 5-32 所示。

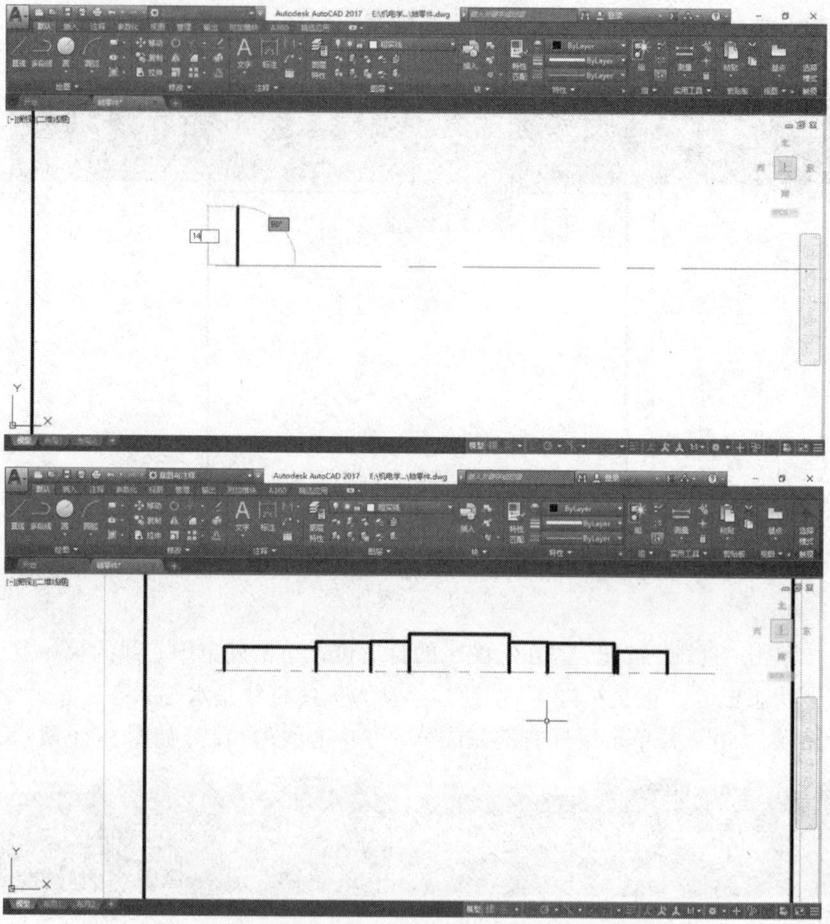

图 5-32 轴上半部分外轮廓绘制

3）倒角与圆角处理

单击"倒角"按钮，对图 5-33 中的零件进行倒角，两侧倒角距离设为 2；单击"圆角"按钮，对图 5-33 中的零件倒半径为 $R1.2$ 的圆角。

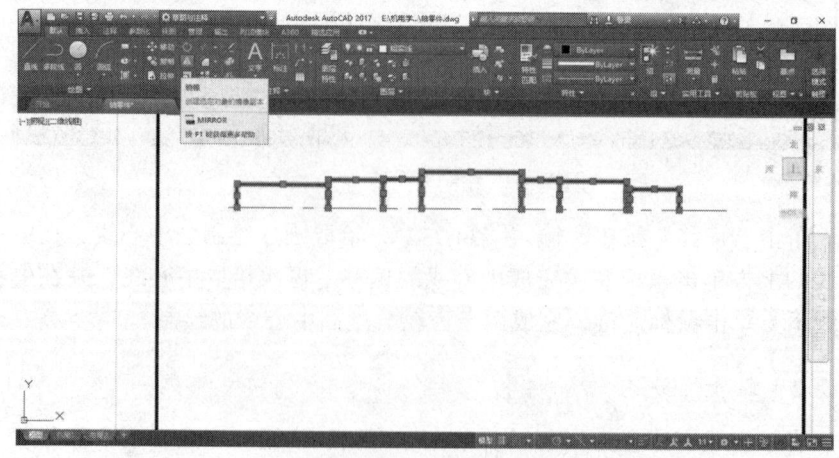

图 5-33 倒角与圆角

4）完成轴绘制

单击"镜像"按钮，拾取前面所绘制的全部粗实线。系统提示指定镜像线时，拾取中心线上的两点，如图 5-34 所示。

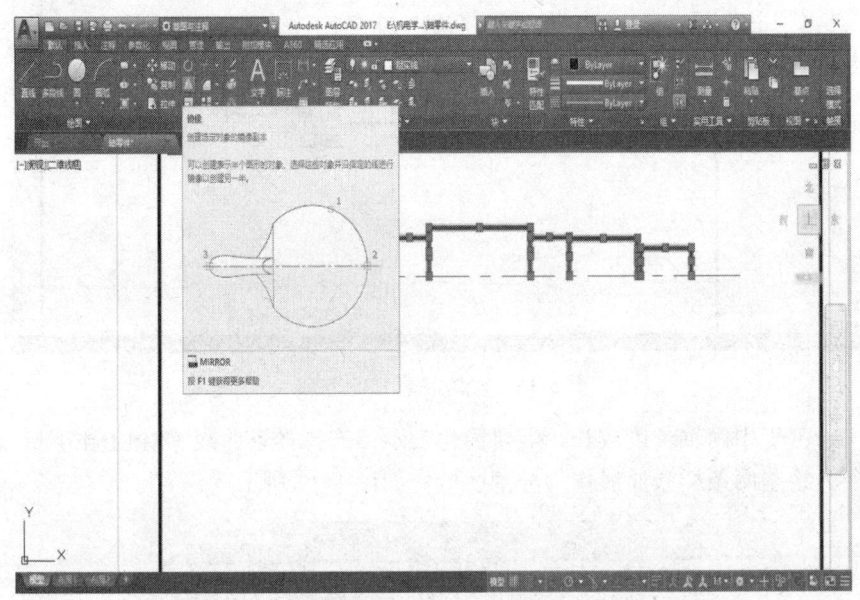

图 5-34　轴外轮廓绘制

图中还缺少许多线段，需用直线命令补齐。单击"直线"按钮，按下状态栏中的"对象捕捉"按钮。拾取端点，完成轴中间缺少线段的绘制。重复操作补齐所有线段，如图 5-35 所示。

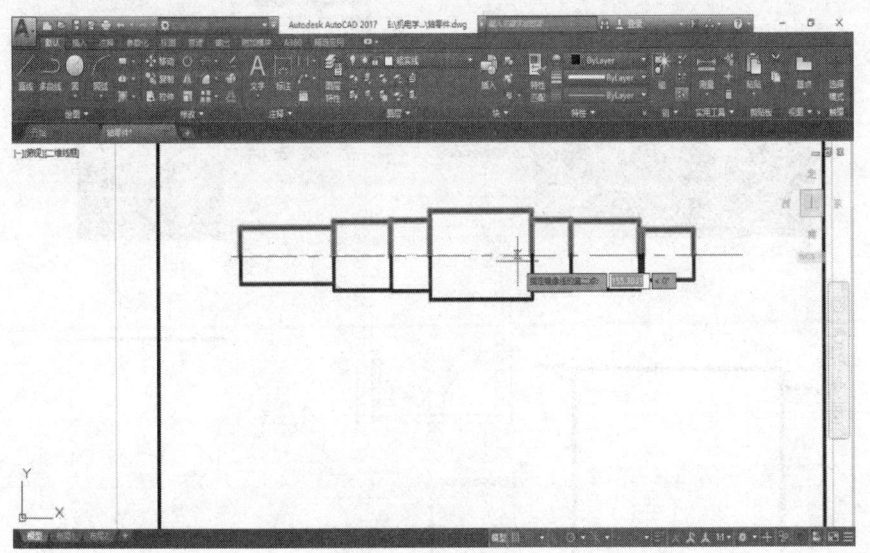

图 5-35　补齐线段

接受默认选项"N"，完成线段的镜像复制，轴外轮廓绘制完成，如图 5-36 所示。

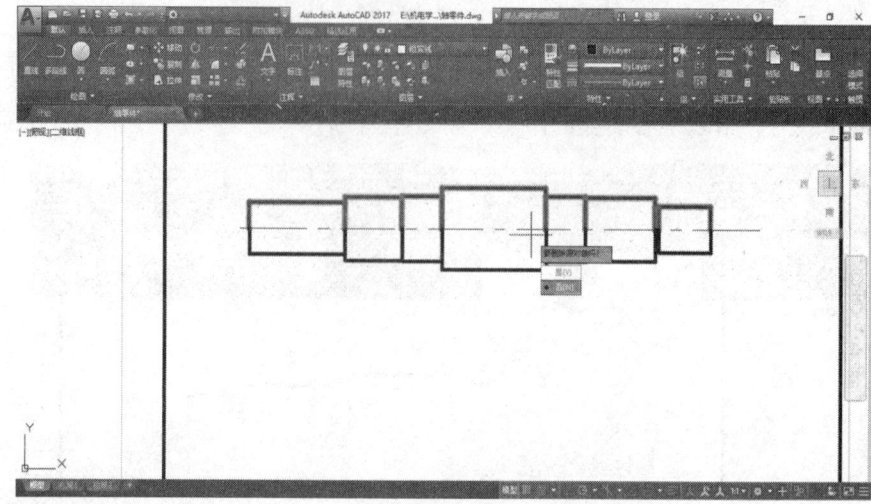

图 5-36 轴外轮廓绘制完成

由于中间轴长度较长,需要简化表示,选择样条曲线(SPLINE)指令,绘制两条样条曲线作为分割区域,如图 5-37 所示。

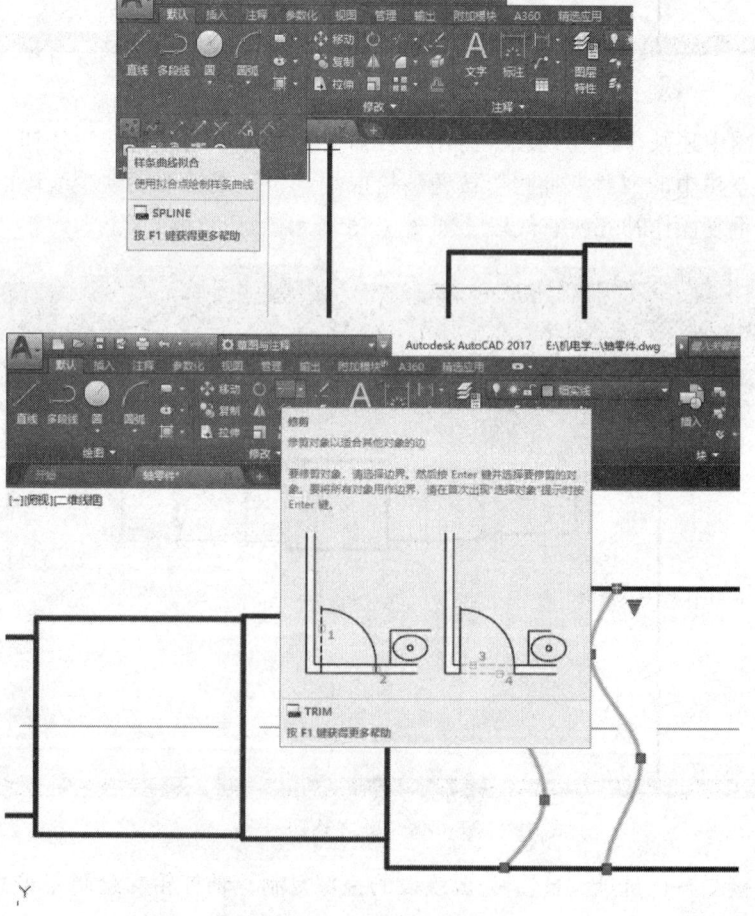

图 5-37 分割区域

单击"修剪"按钮,拾取两个样条曲线和两条与之相切的直线,单击鼠标右键结束对象选择。再单击鼠标右键确认,完成删除样条曲线中间的区域,获得截断位置。

5)绘制局部剖视图

因为中心孔必须经过剖视才可见,所以需绘制剖面分界线。将细实线图层设置为当前层,单击"样条曲线"按钮通过拾取几个控制点完成样条曲线绘制。用样条曲线命令绘制左右两侧 $\phi 28$ 轴的局部剖视图的分界线,如图 5-38 所示。

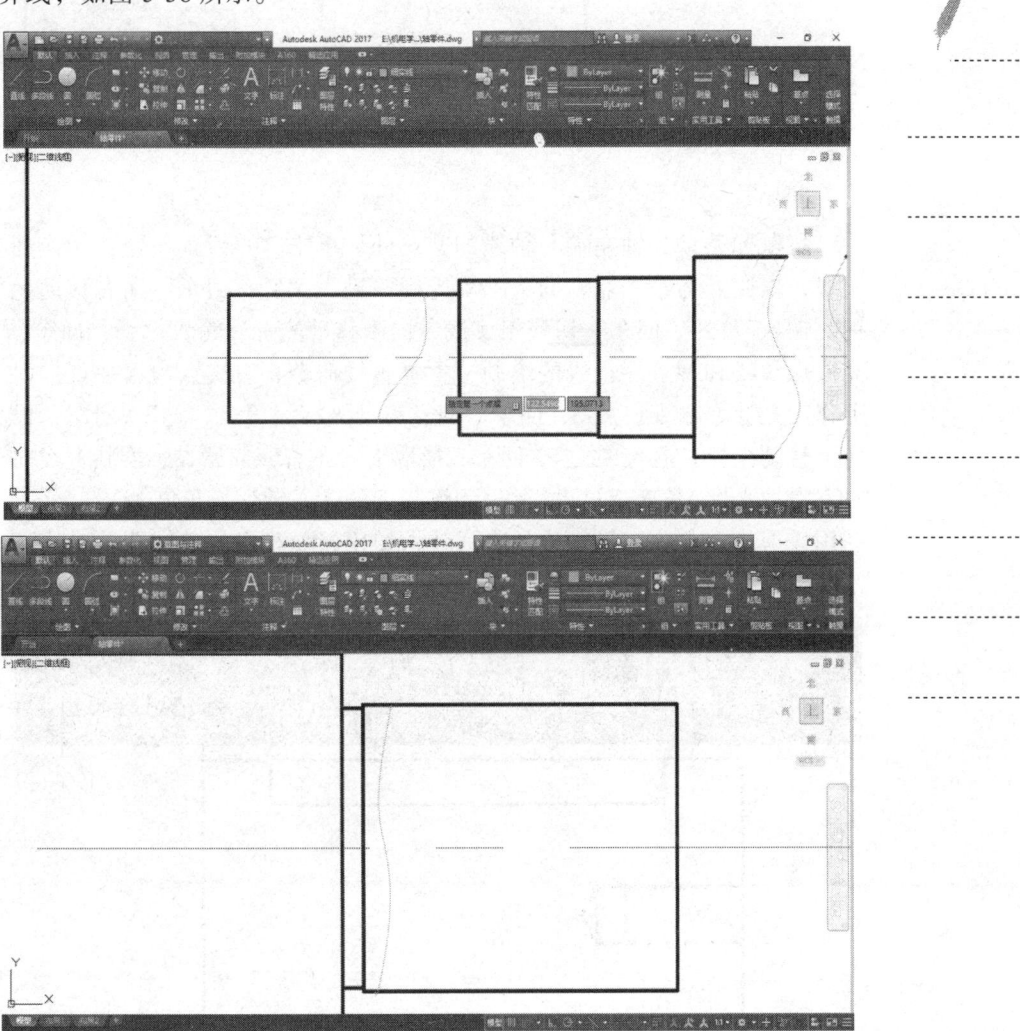

图 5-38 局部剖视图的分界线

调用直线命令绘制键槽的水平表示,从左侧 $\phi 34$ 轴肩位置向左动移动光标,输入"7",回车;再向下移动光标,输入"4",回车;再向左动移动光标,输入"40",回车;再向上移动光标,输入"4",回车。得到键槽剖视图,如图 5-39 所示。

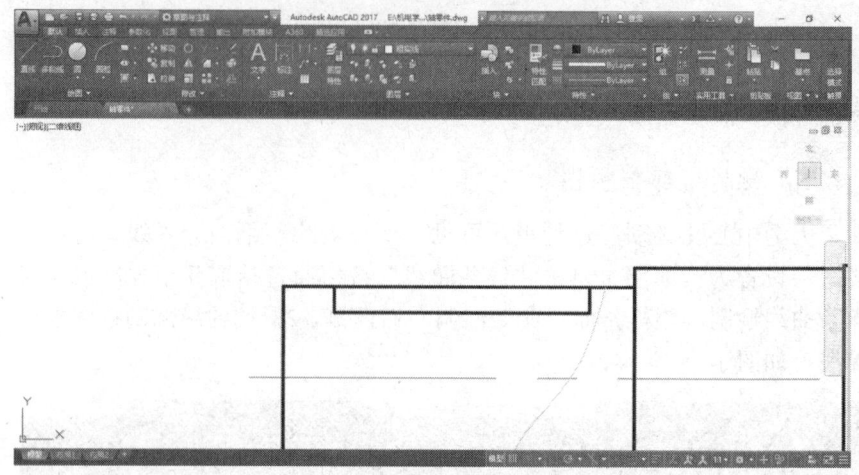

图 5-39 键槽绘制

6）中心孔的绘制

将鼠标移动到轴左端与轴线的交点处。单击"直线"按钮，切换细实线，以交点为第一点，向上移动光标，输入"3"，回车，向右移动光标，输入"12"，回车。切换粗实线，向下移动光标，输入"3"，回车，完成螺纹线和螺纹终止线的绘制，重复直线命令，以交点为第一点，向上移动光标，输入"2.5"，回车。向右移动光标，输入"15"，回车；以向下移动光标，输入"2.5"，回车；拾取上一条直线起始点，绘制直线向右下滑动光标，长度超过中心线，用键盘上的 Tab 键切换角度，输入"60"。利用修剪指令删除超过轴线的直线，再使用镜像指令完成钻孔轮廓线的绘制，如图 5-40 所示。

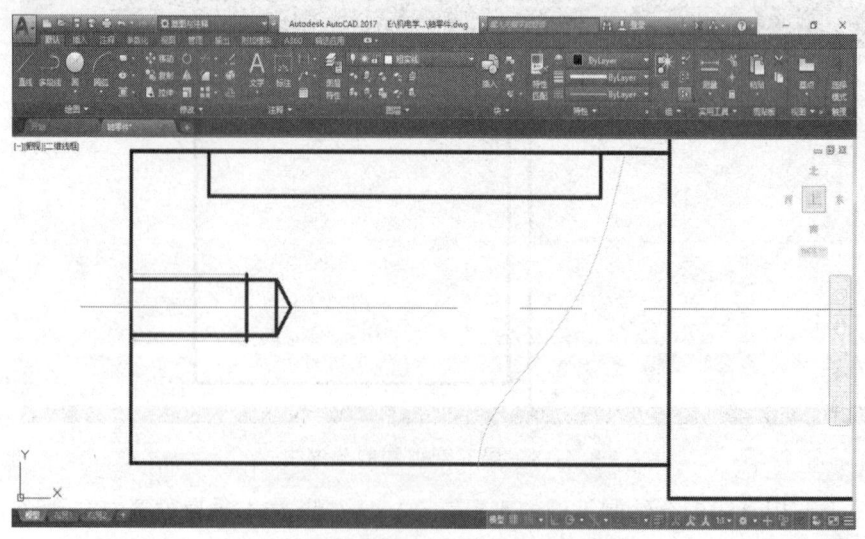

图 5-40 中心线轮廓线的绘制

用镜像、直线和修剪命令，完成右侧中心孔的绘制。再用修剪命令删除多余线段，如图 5-41 所示。

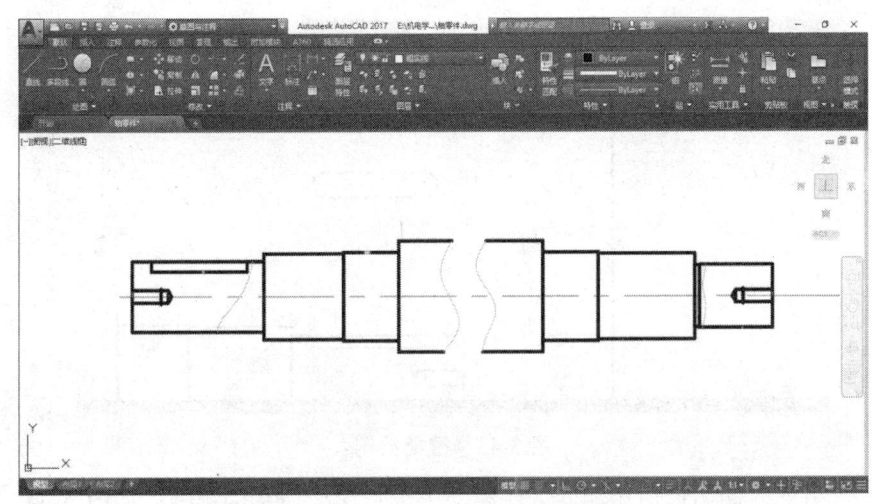

图 5-41 中心孔绘制完成

再按照相同方法绘制右侧上下两个键槽,如图 5-42 所示。

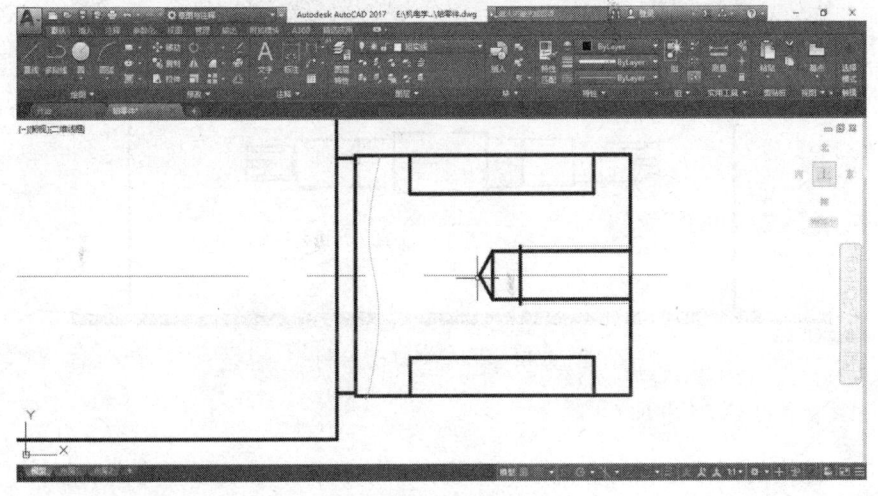

图 5-42 键槽绘制

7)键槽形状绘制

将中心线层置为当前层,单击"直线"按钮,在键槽上方绘制一条超过键槽长度的直线,回车。从键槽 1 点向右绘制长 4 mm 的直线,再向上移动光标,超过中心线单击左键放置,完成键槽左侧圆心所在位置的中心绘制。单击"偏移"按钮,输入距离"32",回车,再拾取刚绘制的中心线,完成键槽右侧中心线的绘制。将粗实线层置为当前层,单击"圆"按钮,分别拾取左、右两侧键槽中心线与轴线交点为圆心,完成两个 $\phi 8$ 圆的绘制。单击"直线"按钮,拾取两圆的象限点,完成两直线的绘制。

单击"修剪"按钮,拾取两个 $\phi 14$ 圆和两条与之相切的直线,单击鼠标右键结束对象选择。单击两圆内侧将之删除。再单击鼠标右键确认,完成键槽绘制,如图 5-43 所示。

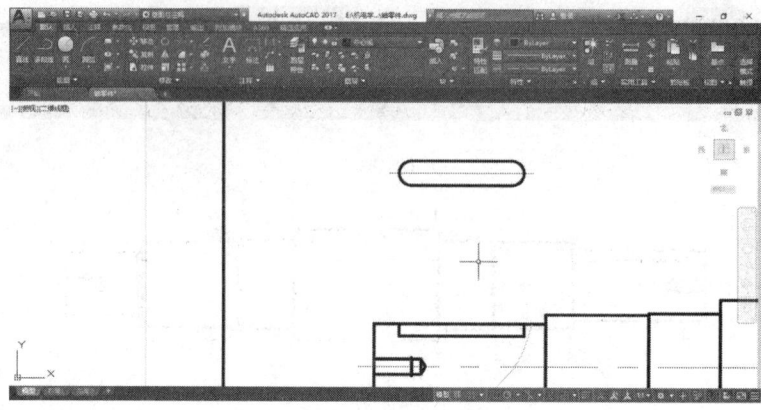

图 5-43 键槽绘制

另外一侧图形使用相同方法绘制一个长 12、$\phi 8$ 的键槽,如图 5-44 所示。

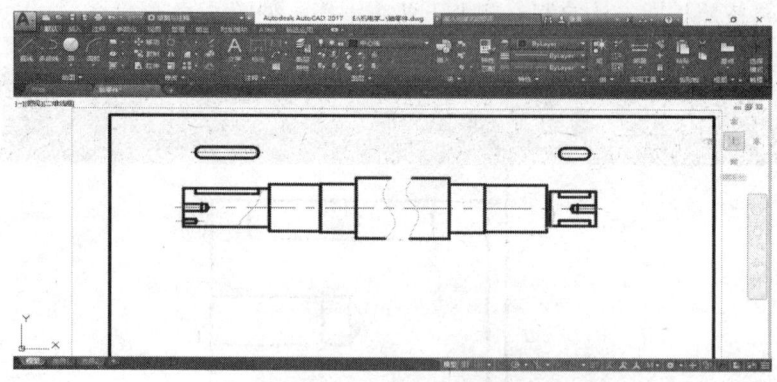

图 5-44 另一个键槽绘制

8)键槽剖面图

键槽剖面图是相对分离的一个视图,重新将中心线层置为当前层,使用直线命令完成中心线的绘制。该中心线水平方向应保证与轴线水平对齐。利用打断指令把中心线截断,如图 5-45 所示。

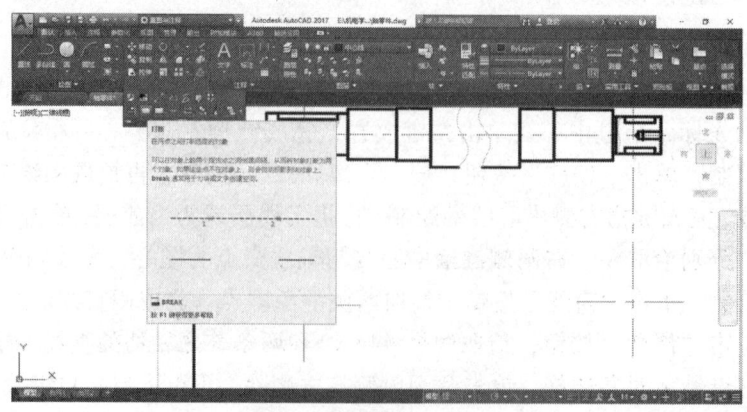

图 5-45 截断中心线

将粗实线层置为当前层。单击"圆"按钮，拾取中心线交点为圆心，输入直径"28"，回车，单击完成圆的绘制。单击"直线"按钮，按下"对象追踪"按钮。系统提示指定第一点时，将光标移向键槽圆弧与直线相交处，再向右移动，直到出现交点时单击鼠标左键。

单击"偏移"按钮，输入距离"4"，回车，再拾取刚绘制的中心线，完成键槽左右侧交线的绘制。再把水平中心先向上偏移"10"，得到键槽的底边边线，单击"修剪"按钮，拾取刚才绘制的几条线和圆，单击结束拾取。删除多余的线段，再把几条剩余的线通过改变图层改变为粗实线，完成键槽剖面图的绘制。

9）绘制局部放大图

先选中需要放大区域，用细实线层在放大区域绘制一个圆，如图 5-46 所示。

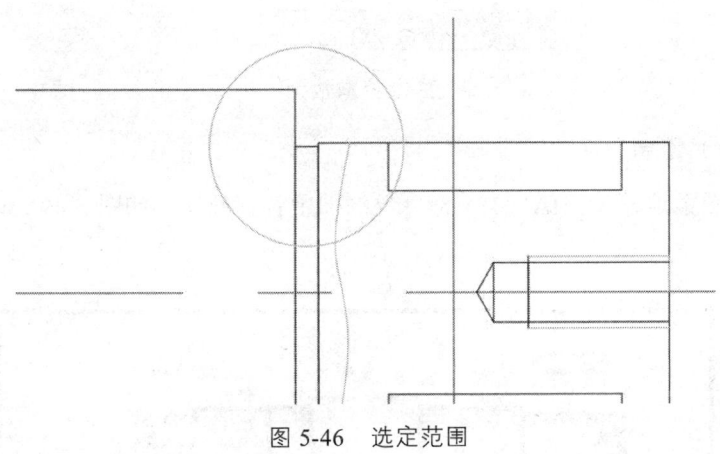

图 5-46 选定范围

框选与圆相关的几条线，利用复制（COPY）指令单独复制到下方空白位置，如图 5-47 所示。

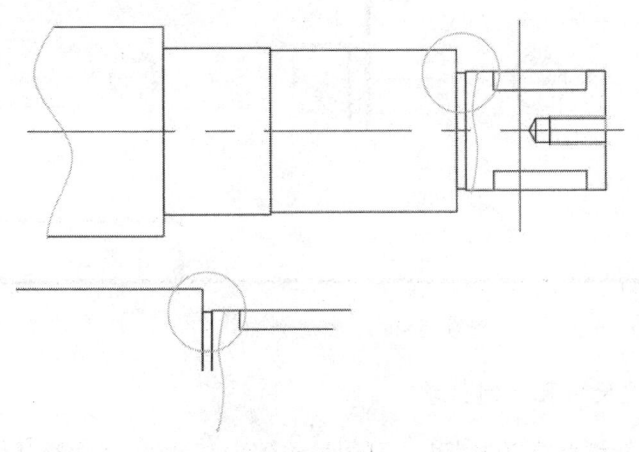

图 5-47 移出线条

利用修剪指令将圆和圆外面的线条修剪掉，切换细实线层，用样条曲线连接剩余端点，绘制分界线，再单击缩放（SCALE）指令将图形放大 5 倍，如图 5-48 所示。

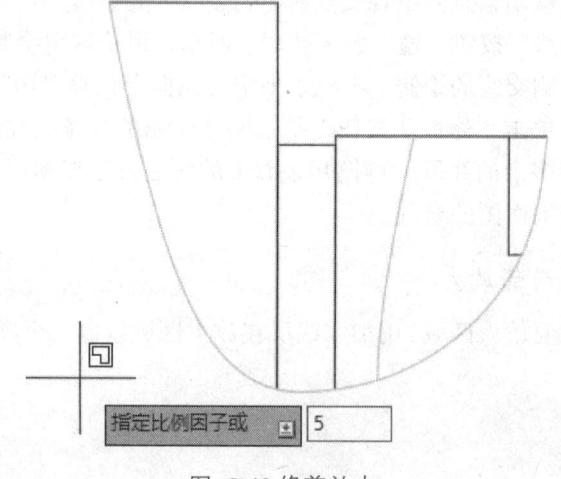

图 5-48 修剪放大

10）绘制剖面线

用图案填充（BHATCH）命令绘制图中各剖面线，如图 5-49 所示。

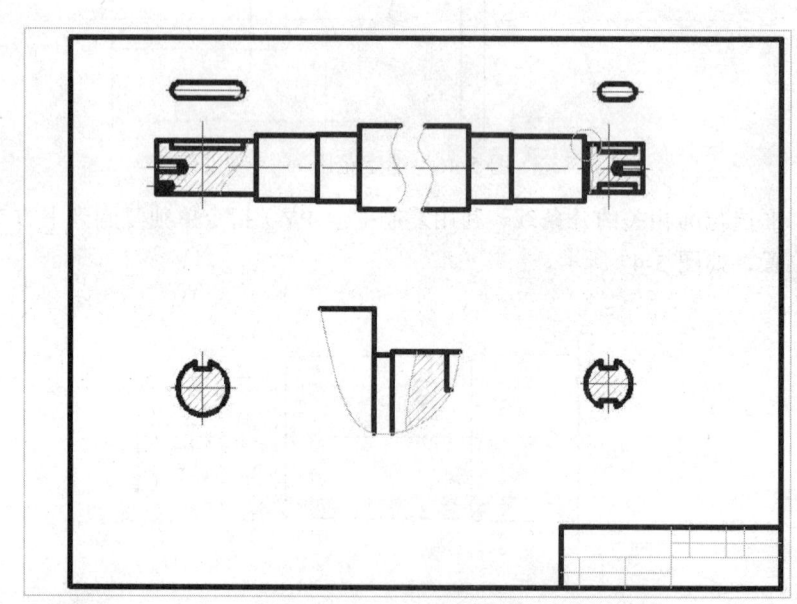

图 5-49 绘制剖面线

2. 标注尺寸和几何公差

（1）将线形标注置为当前，利用尺寸标注（DIM）指令标注轴尺寸，先标注线形尺寸，如图 5-50 所示。

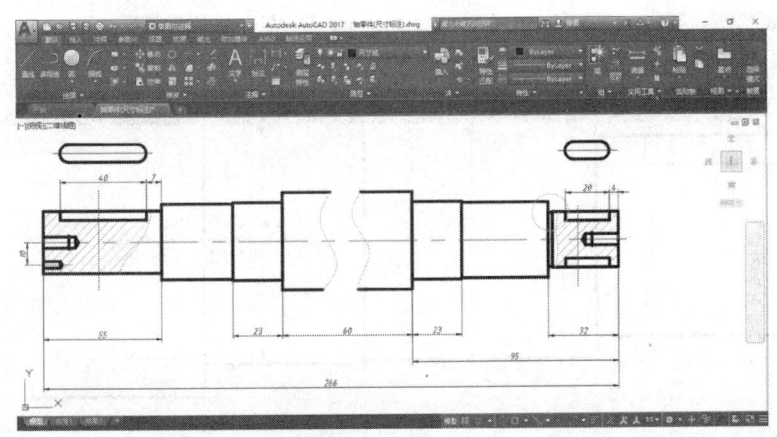

视频：
尺寸标注

图 5-50　标注线形尺寸

（2）将直径标注置为当前，利用尺寸标注（DIM）指令标注轴径向的尺寸，如图 5-51 所示。

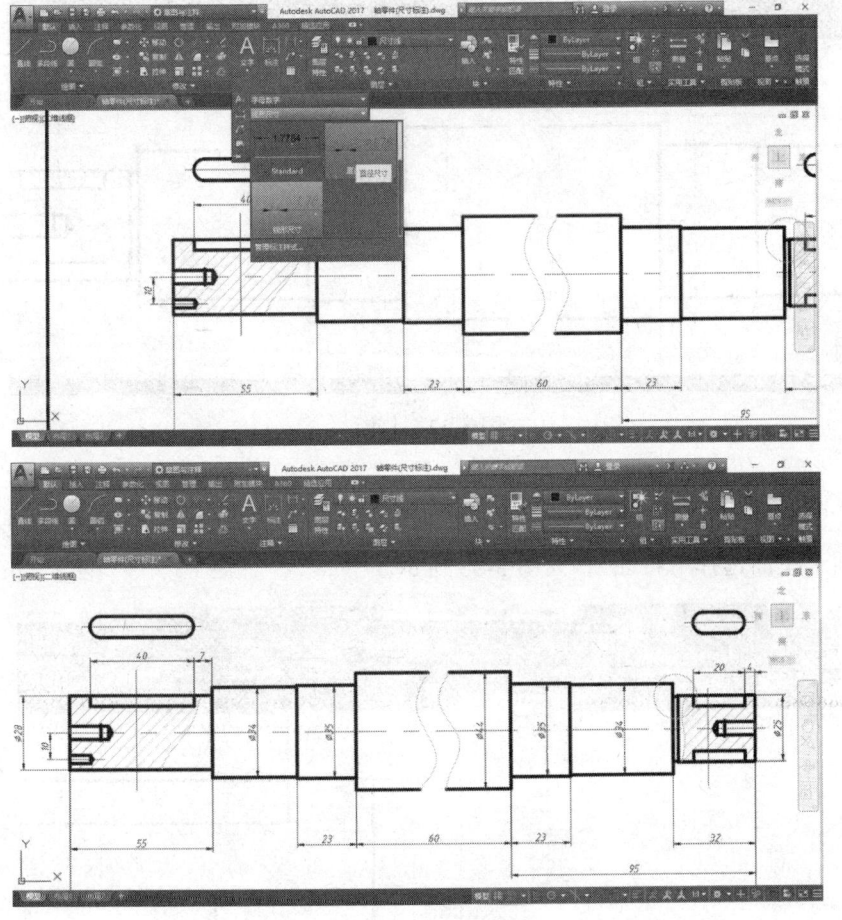

图 5-51　直径标注

注意：在国标绘制方法里面尺寸是不能被其他线遮挡的，所以利用打断指令，沿尺寸上下两个位置进行打断，如图 5-52 所示。

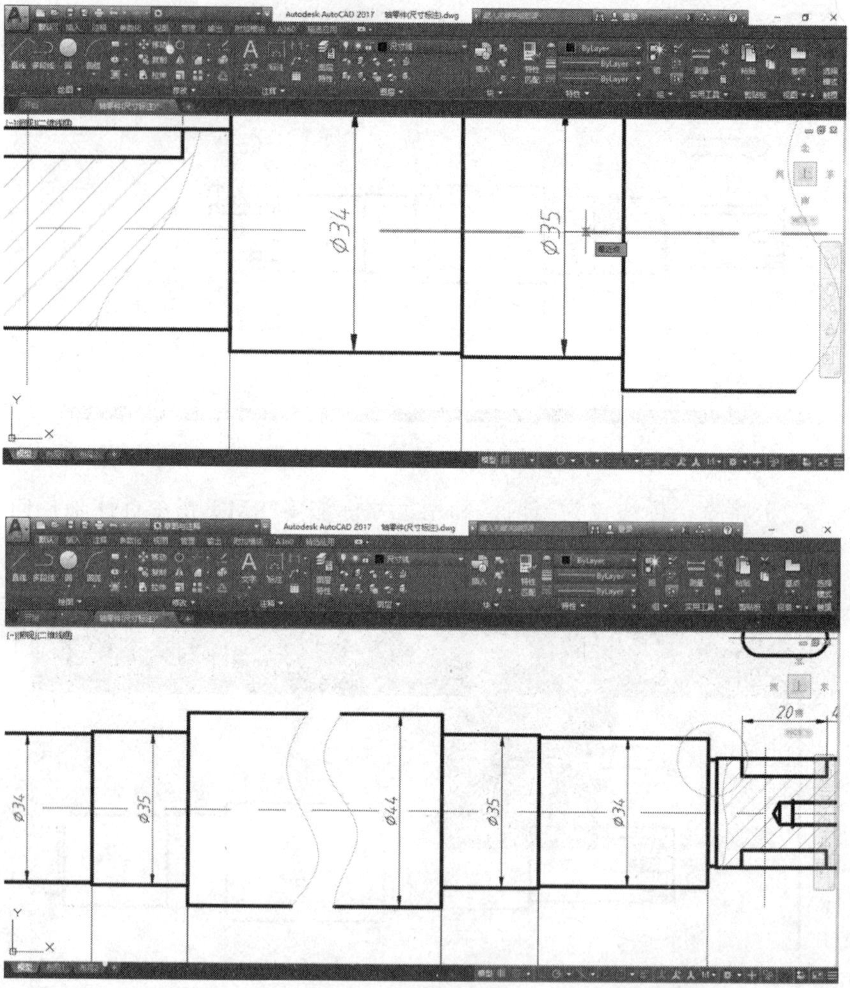

图 5-52 打断

（3）标注几何公差。

标注方法一：鼠标左键单击尺寸，选择后单击鼠标右键，在弹出选项卡里面选择"特性"，如图 5-53 所示。

视频：
标注几何公差

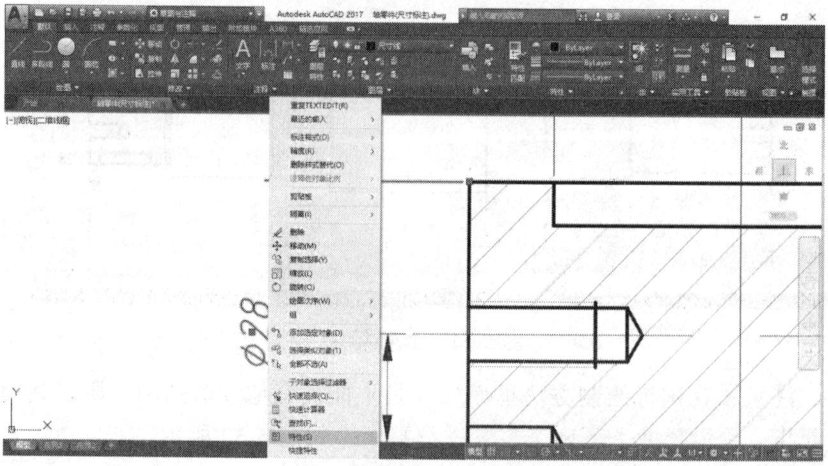

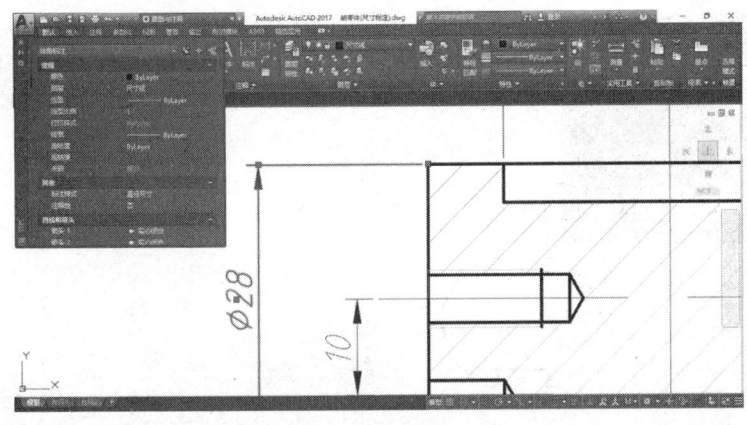

图 5-53 特性

在"主单位"→"标注后缀"里面标注"K7";在"公差"→"显示公差"下面选择"极限偏差",并输入下偏差"0.023",上偏差"-0.002",同时将公差文字高度设为"0.5",如图 5-54 所示。

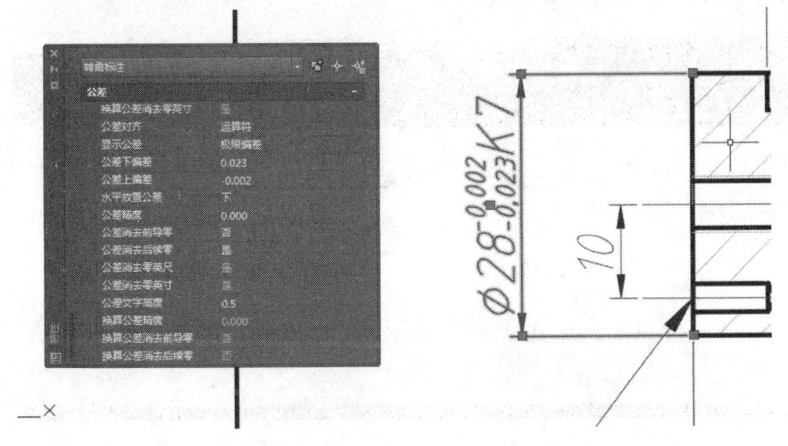

图 5-54 标注几何公差

标注方法二:采用直接在"文字"→"文字替代"中标记"194\H0.6X\S0^-0.046"进行标注,如图 5-55 所示。

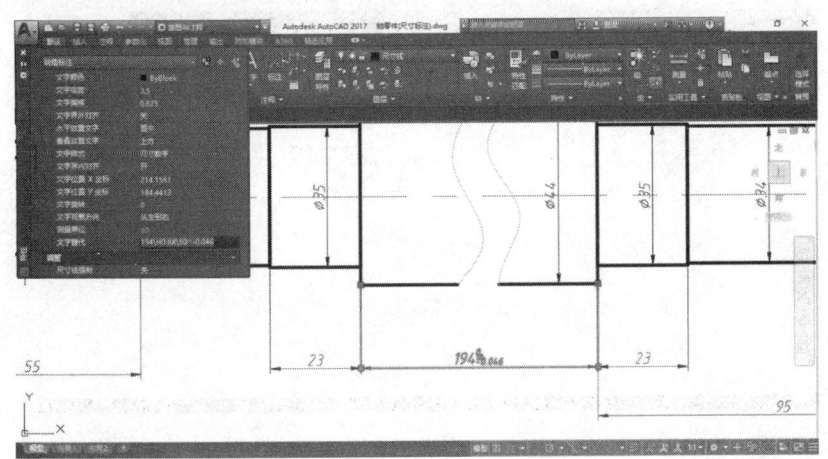

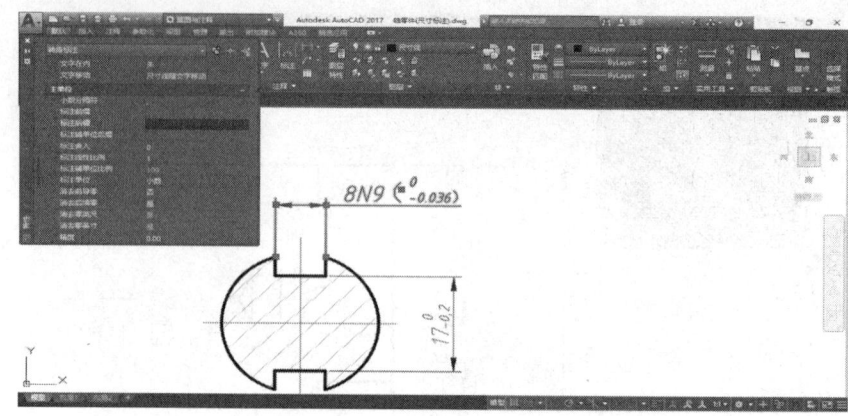

图 5-55 文字替代

3. 表面粗糙度标注

（1）应用块指令进行表面粗糙度的制作方法，先按尺寸要求绘制表面粗糙度符号，如图 5-56 所示。

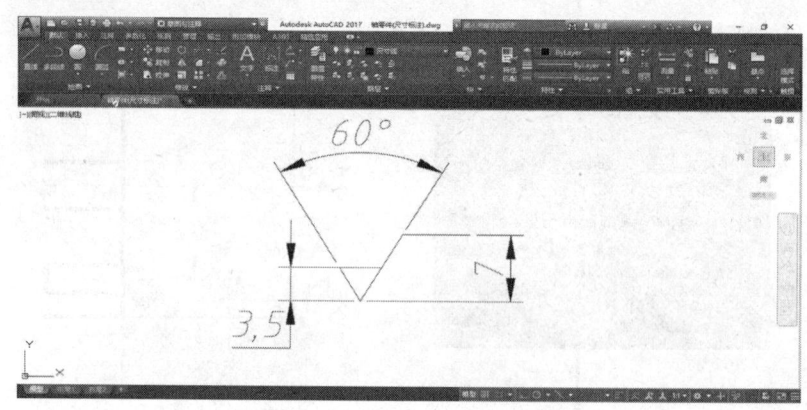

图 5-56 绘制表面粗糙度符号

（2）点击块选项卡下面定义属性（ATTDEF）给定 R_a 值，设表面粗糙度为 3.2，确定，如图 5-57 所示。

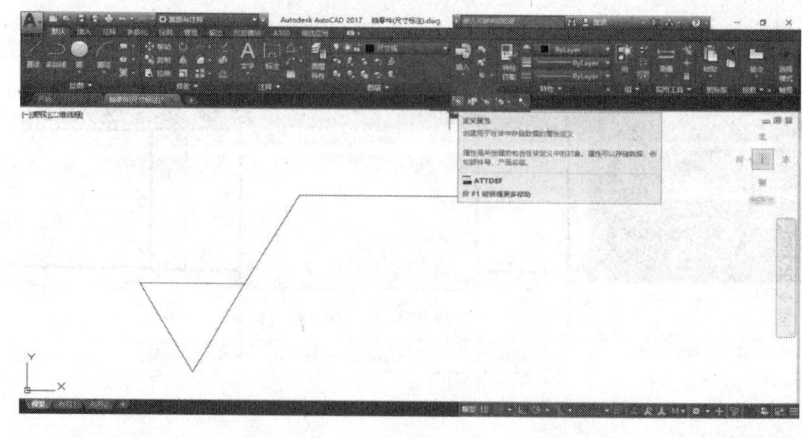

（a）

视频：
标注表面粗糙度

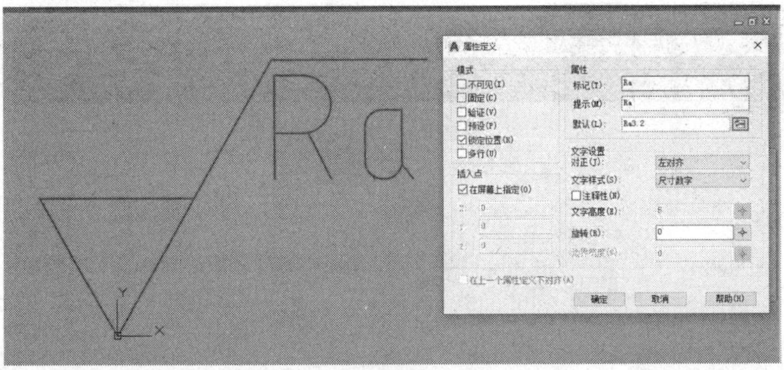

（b）

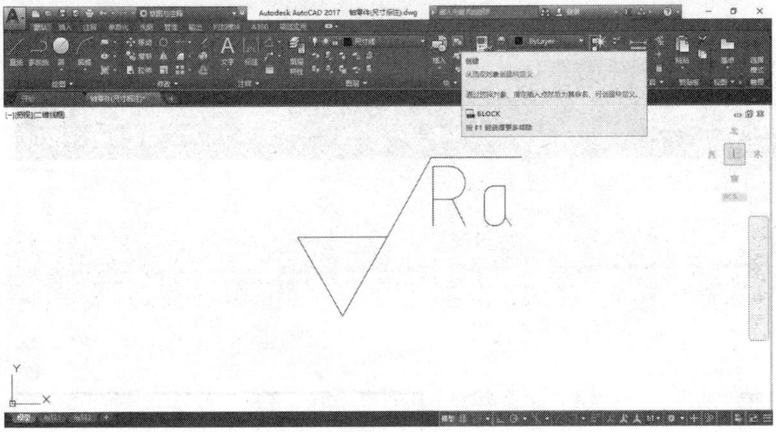

（c）

图 5-57　定义块

（3）创建块（BLOCK）。

拾取基点为符号下端顶点，块对象选择符号所有内容，转换为块，如图 5-58 所示。

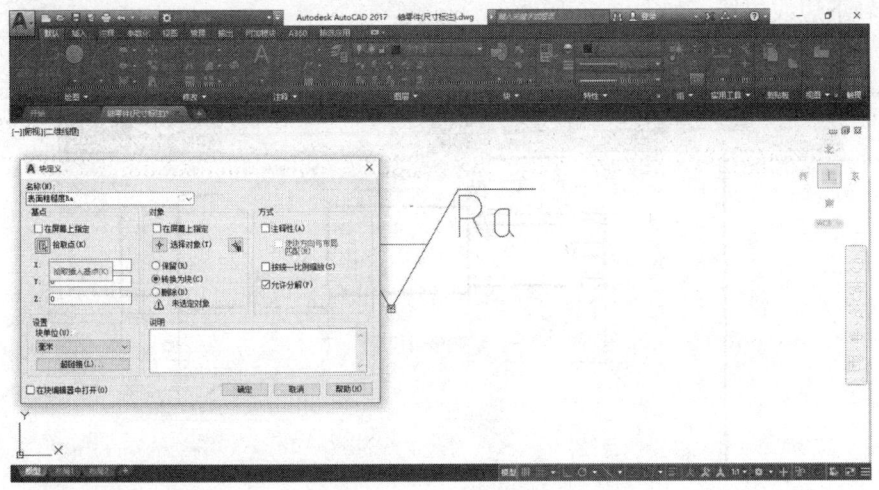

（a）

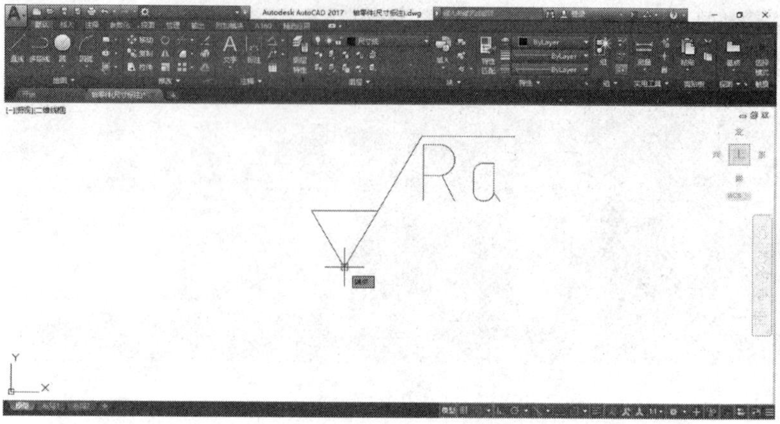

（b）

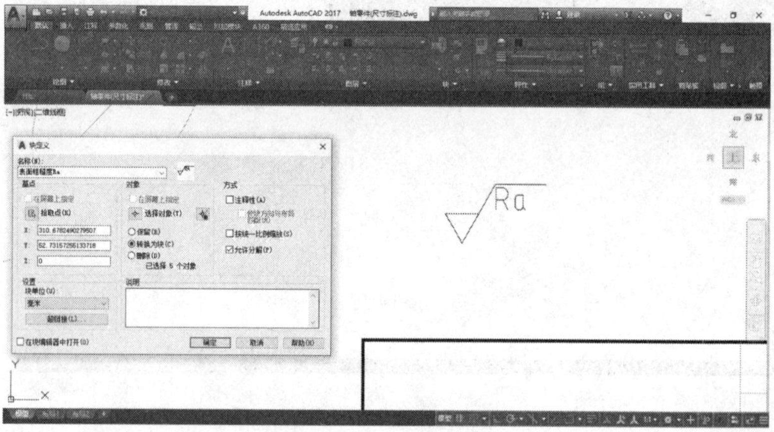

（c）

图 5-58 创建块

(4) 块的使用。

单击"注释"→"引线"→"多重引线"（MLEADER），并单击 $\phi 28$ 轴下边线放置，如图 5-59 所示。

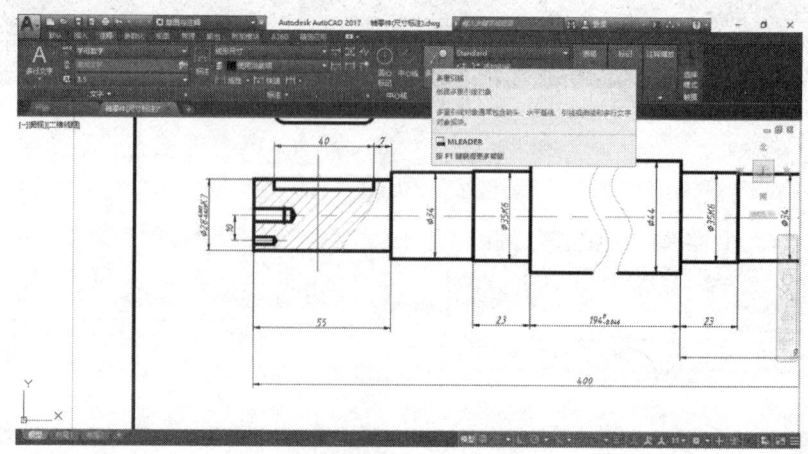

图 5-59 多重引线

（5）单击"插入块"（INSERT）进行标注，如图 5-60 所示。

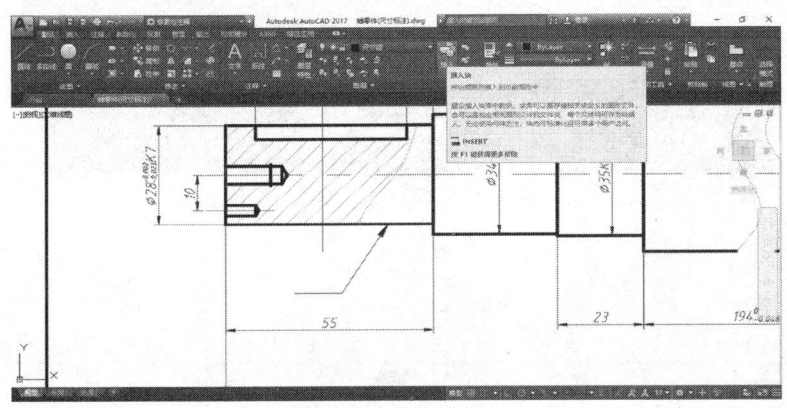

图 5-60　插入块

（6）修改各个表面粗糙度值，如图 5-61 所示。

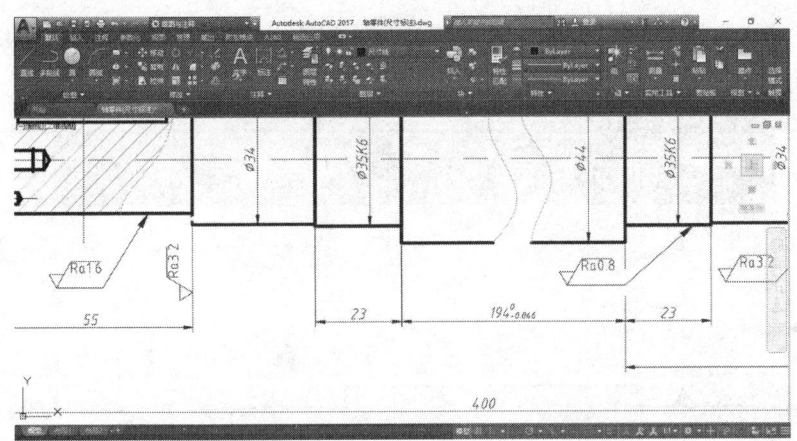

图 5-61　修改表面粗糙度值

注意：如果多重引线同时引到两个位置，可以按住 Ctrl 键，同时用鼠标拖动多重引线箭头指向第二个位置，如图 5-62 所示。

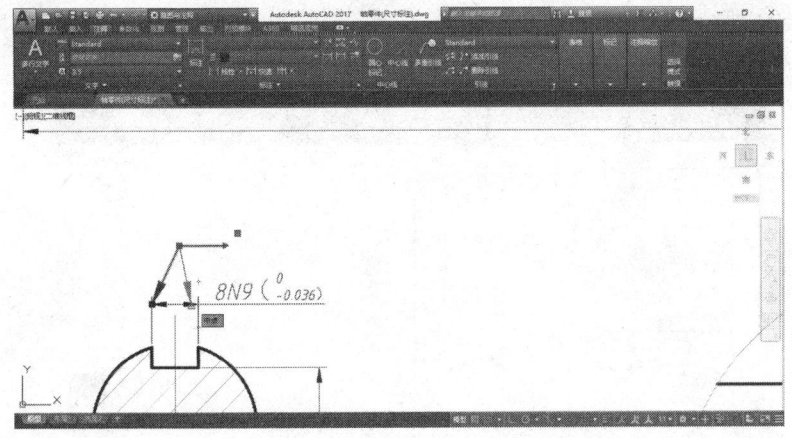

图 5-62　同时引到两个位置

4. 创建形位公差

（1）按照尺寸要求绘制形位公差基准符号，如图 5-63 所示。

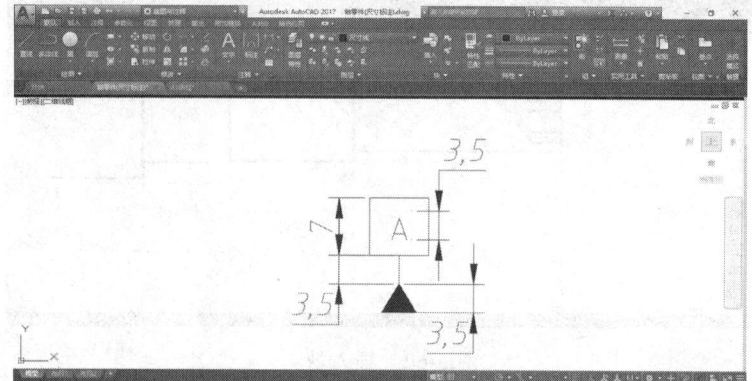

图 5-63　绘制形位公差基准符号

（2）在两个轴线上插入基准符号，并修改右侧的基准为"*B*"，如图 5-64 所示。

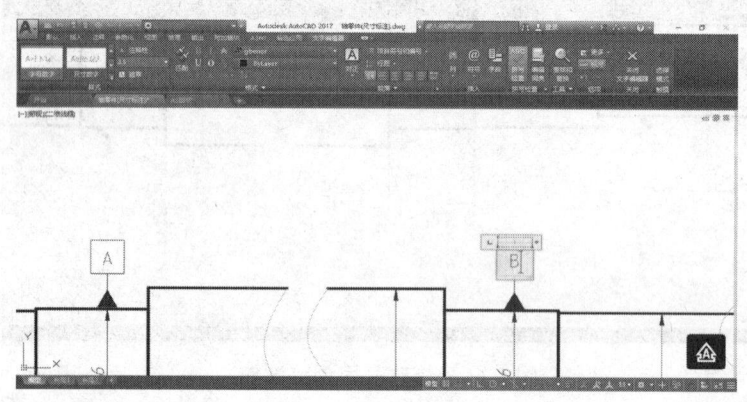

图 5-64　基准

（3）单击"注释"→"标注"→"公差"（TOLERANCE）指令，如图 5-65 所示。

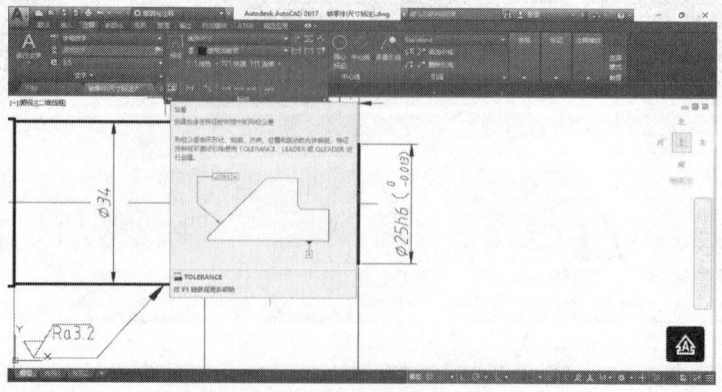

图 5-65　公差

（4）选择"符号"→"同心"符号，输入公差值为"0.06"，基准 1 输入"A"，基准 2 输入"B"，确定，如图 5-66 所示。

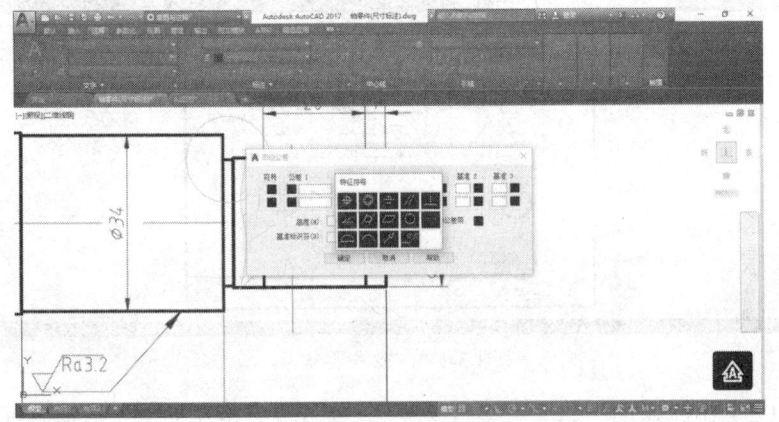

图 5-66　形位公差

（5）添加多重引线指示到 25 的尺寸线箭头位置，如图 5-67 所示。

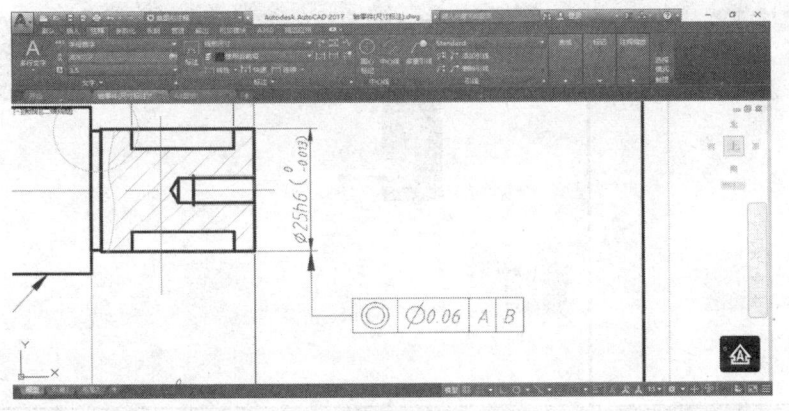

图 5-67　添加形位公差

5. 添加文字注释

（1）把"注释文字"置为当前，输入技术要求内容，如图 5-68 所示。

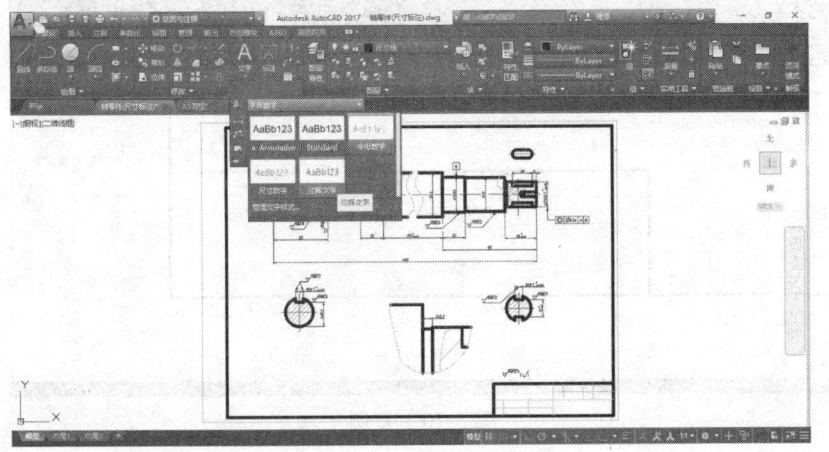

　视频：
添加文字注释

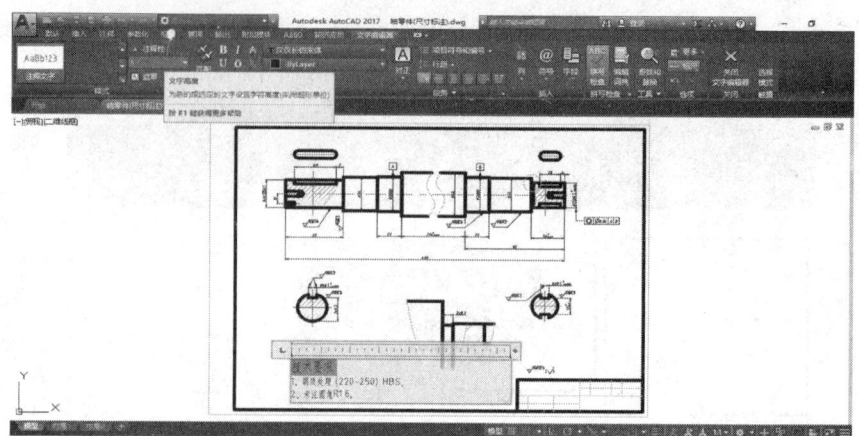

图 5-68　技术要求

（2）在标题栏中插入"多行文字"，单击单元格左上角，滑动鼠标到单元格右下角单击放置，输入"制图"，并选择文字"对正"→"正中 MC"，确定文字位置，如图 5-69 所示。

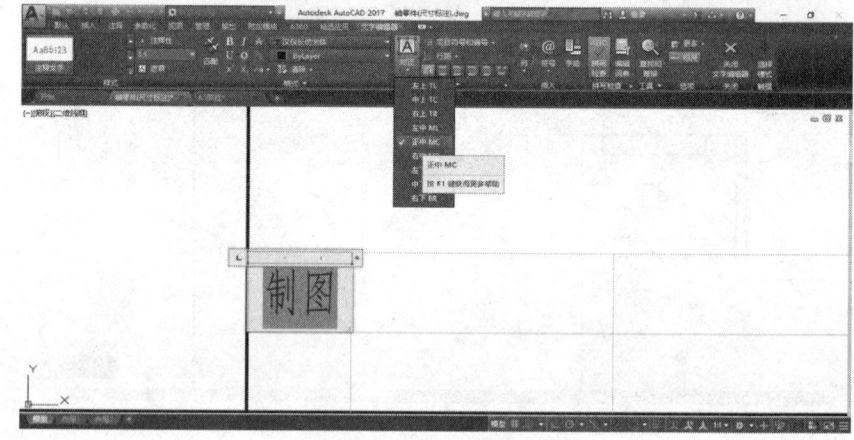

图 5-69　输入"制图"

（3）利用复制指令，选择单元格左下角点进行复制，如图 5-70 所示。

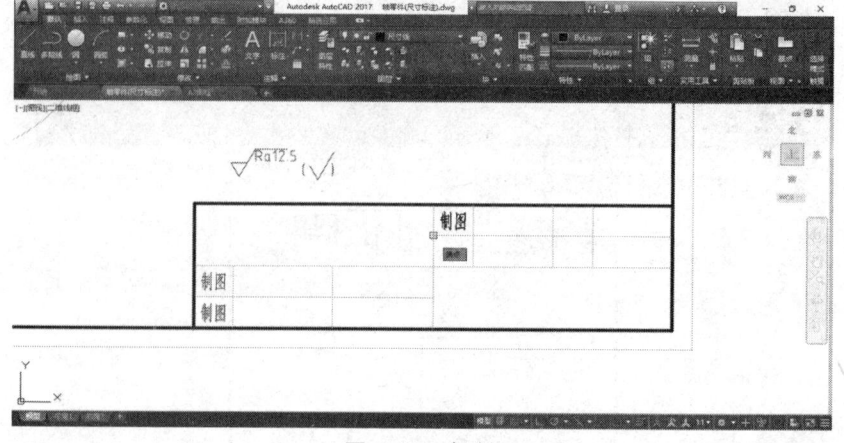

图 5-70　复制

（4）对已复制的文字进行修改，双击鼠标左键进行修改，如图 5-71 所示。

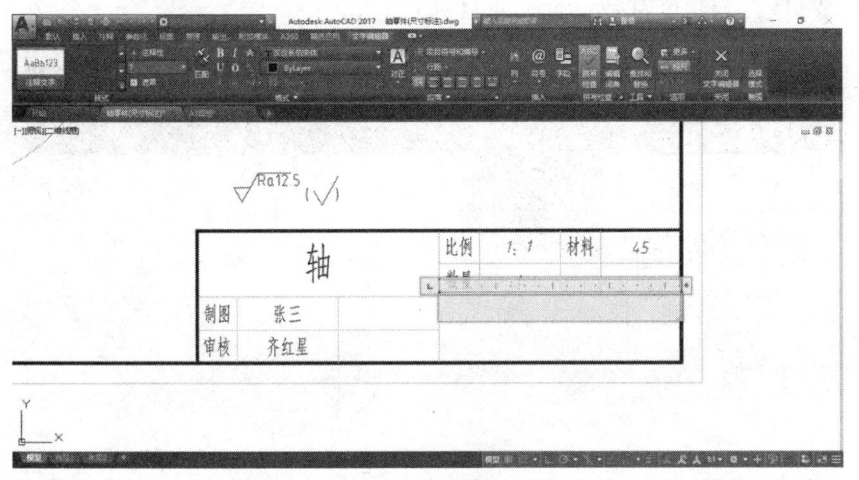

图 5-71　修改

（5）如果文字过长，单元格放置不下，可以修改文字格式中"宽度因子"，改为"0.8"或者其他合适值，以适应单元格的宽度，如图 5-72 所示。

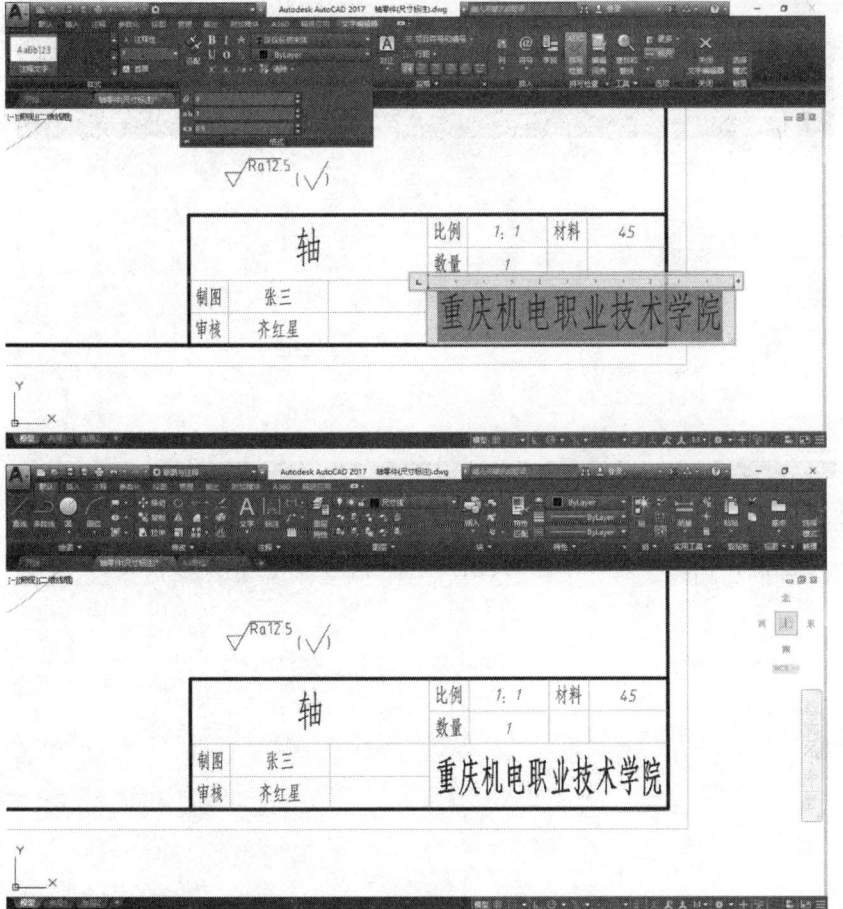

图 5-72　宽度因子

视频：
添加孔注释

（6）标注深度符号，先在文字前打"X"占位，之后选择字体中"gdt"代替"X"为深度符号，如图 5-73 所示。

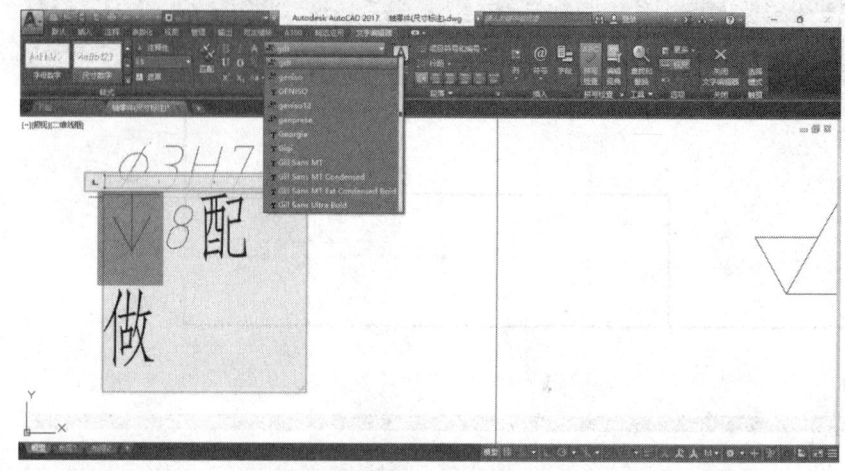

图 5-73　深度符号

其他位置的深度符号也可以这样替换，或者直接复制深度 8 的值再进行修改，如图 5-74 所示。

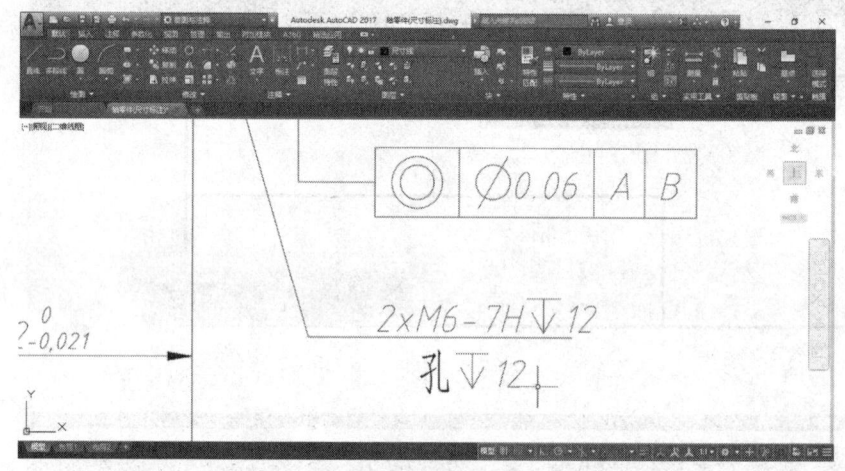

图 5-74　复制深度符号

注意：在绘图过程中适时保存绘图内容，以防止图形丢失。

项目六

绘制装配图

学习目标

- 掌握装配图的绘制过程,掌握直接绘制装配图的方法和由零件图拼画装配图的方法。

重 点

- 直接绘制装配图的过程,由零件图拼画装配图的方法和过程。

难 点

- 装配图中装配关系的理解,装配尺寸标注、序号、明细栏。

 绘制千斤顶的装配图

方法：直接绘制装配图，TOP-DOWN 绘制法。

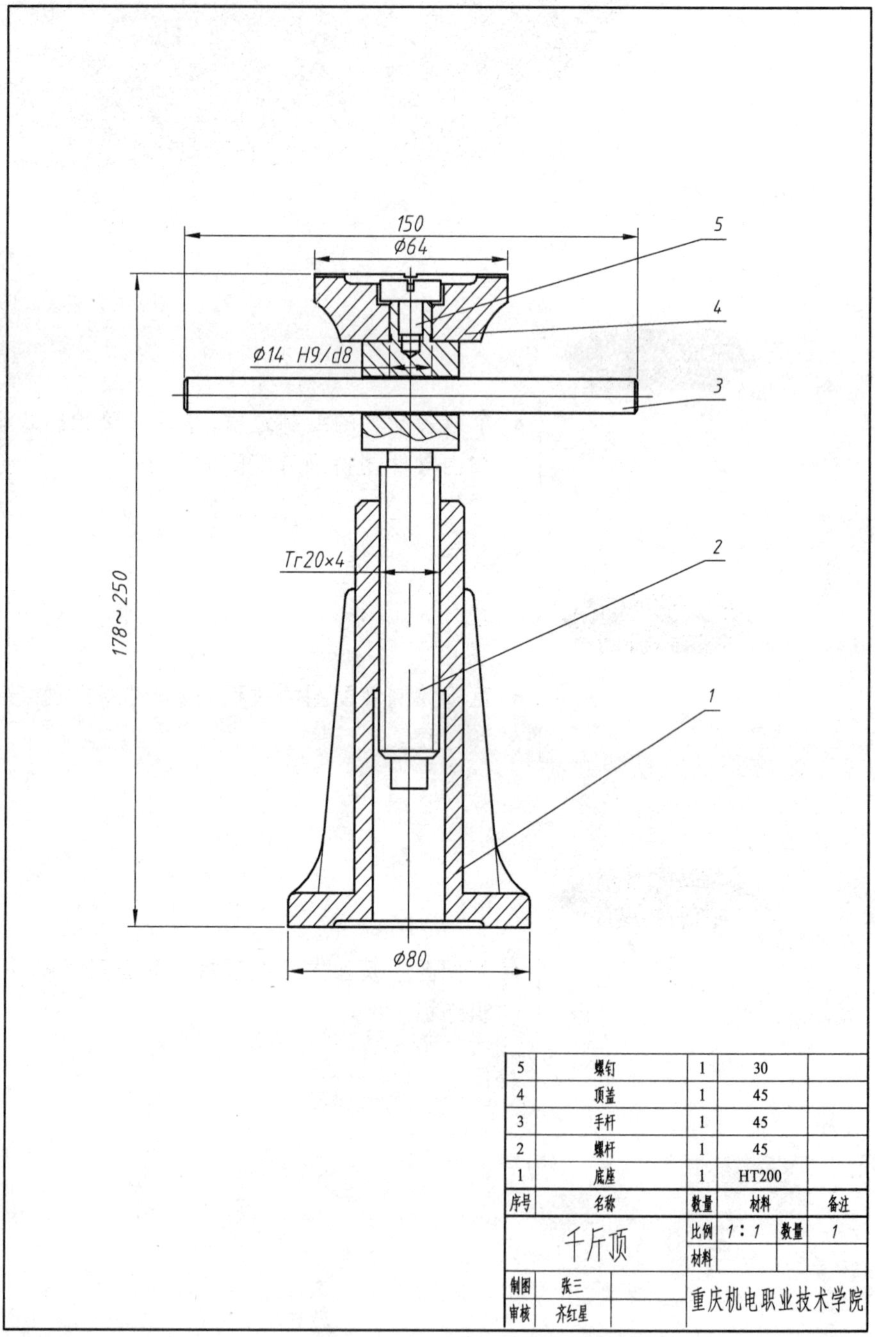

图 6-1 千斤顶

项目六　绘制装配图

视频：
绘制底座

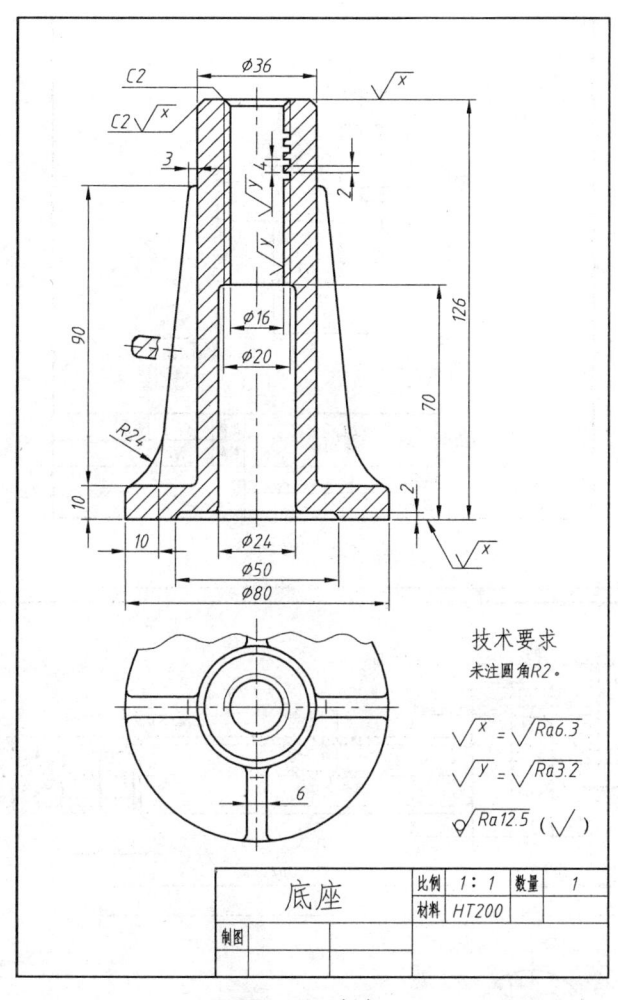

图 6-2　底座

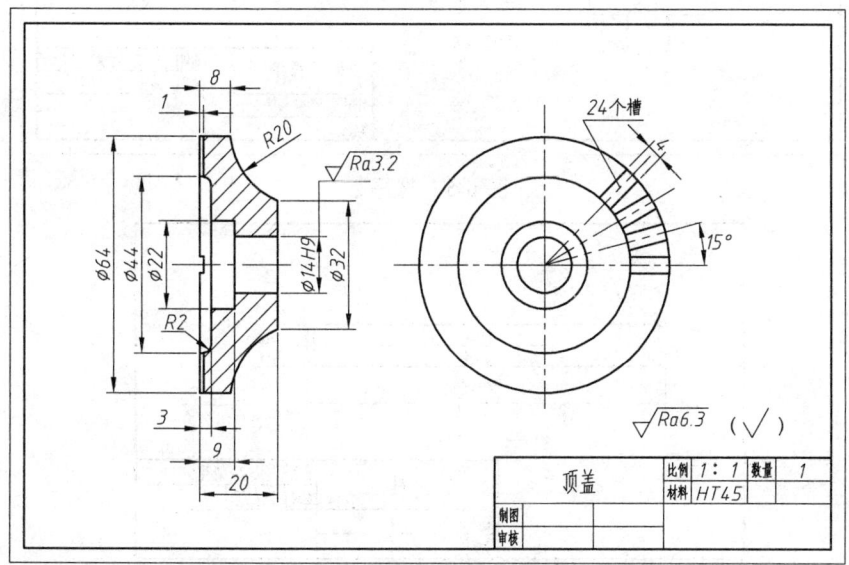

图 6-3　顶盖

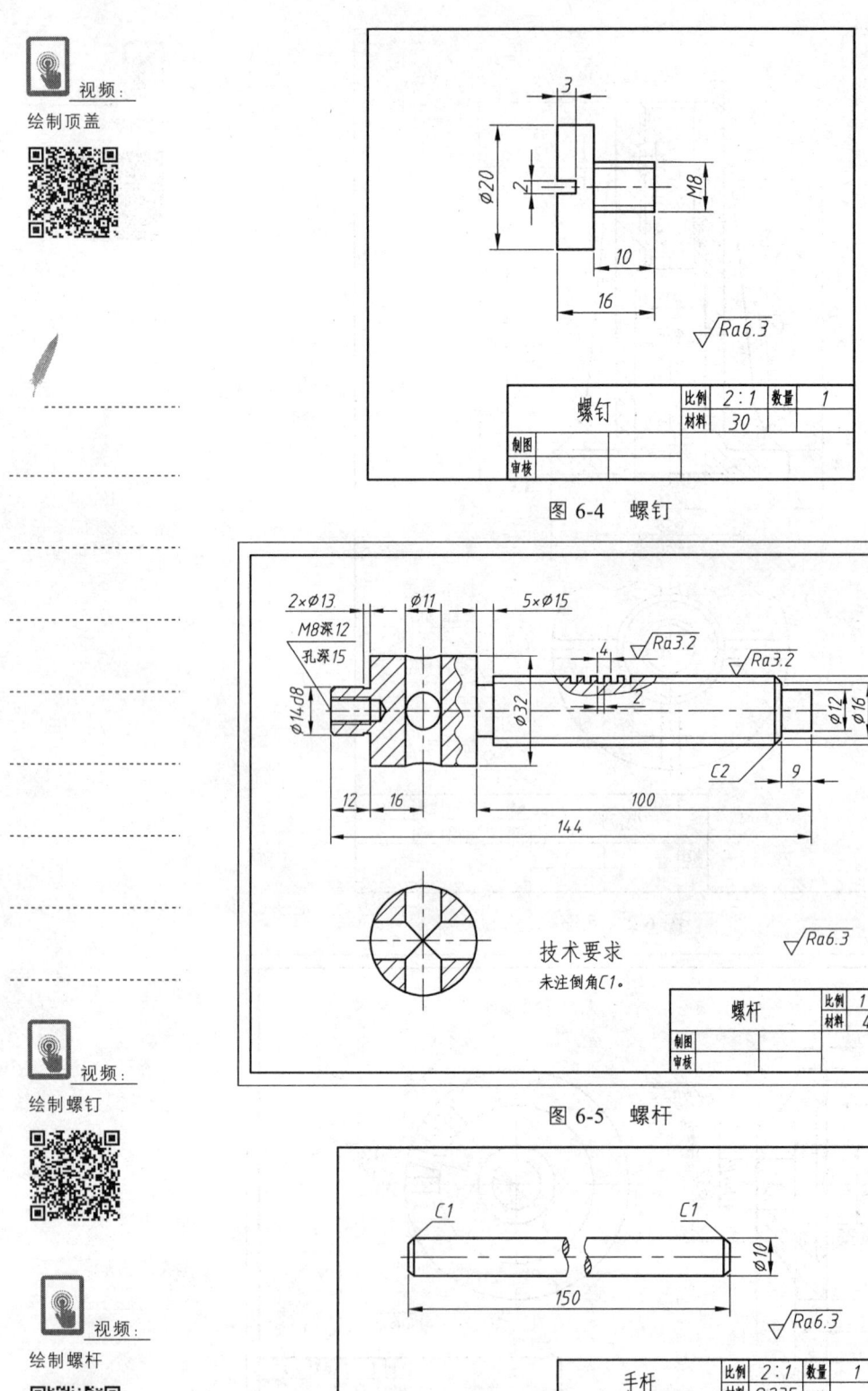

图 6-4 螺钉

图 6-5 螺杆

图 6-6 手杆

实例分析：

本案例绘制如图 6-1 所示的千斤顶装配图。装配图的主要作用是表达各零件之间的装配关系和工作原理，所以装配图中没有各零件的具体尺寸，只包括装配图的总体尺寸、零件间的配合尺寸、性能尺寸、装配尺寸等。在绘制这类装配图时，图中给定的零件尺寸要严格按尺寸绘制，其他尺寸应该按图形中各零件的比例关系进行绘制，标准件按标准件的规格绘制。图 6-1 中的千斤顶由 5 种零件构成（见图 6-2 ~ 6-6），其中螺钉是标准件。

知识点：

直接绘制装配图时，应像装配零件一样，将各个零件在不同的视图中绘制完成后，再绘制另一个零件，并且按所需装配零件的顺序绘制装配图，这样可避免遗漏零件，提高绘图的准确度及速度。

绘图过程：

1. 建立新文件，绘制千斤顶装配图

1）建立文件

打开 AutoCAD 2017，单击"新建"按钮，以"acadiso.dwt"为样板文件，另存名称为"千斤顶.dwg"的文件。

2）绘制底座

（1）利用主视图进行表达。参考零件图中已有的尺寸，按 1：1 的比例关系，绘制主视图底座部分，尺寸如图 6-7 所示。绘制单侧筋板，尺寸如图 6-8 所示。

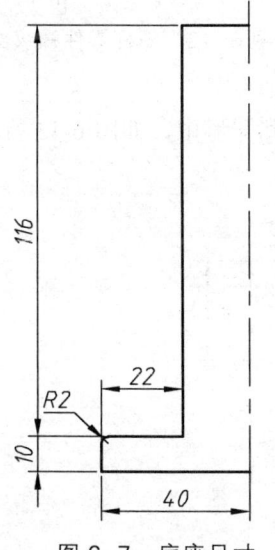

图 6-7 底座尺寸

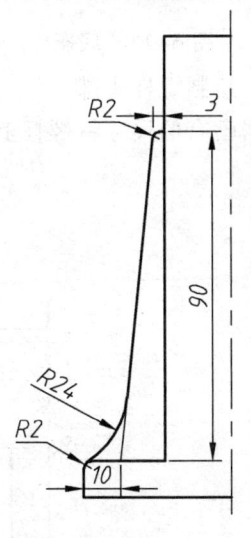

图 6-8 单侧筋板尺寸

（2）绘制主视图内孔和底部沉孔部分，尺寸如图 6-9 所示。绘制螺纹孔的图形，由于是装配图，梯形螺纹可以不用表达出来，尺寸如图 6-10 所示。

视频:
镜像图形

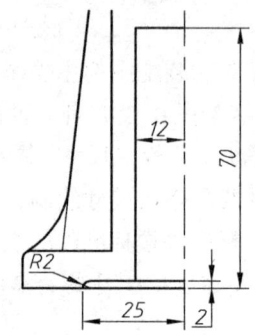
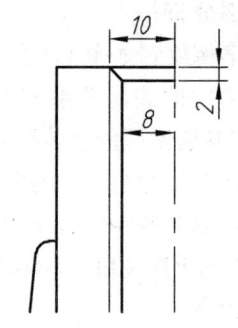

图 6-9　内孔和沉孔部分尺寸　　图 6-10　螺纹孔尺寸

（3）利用镜像指令（MI）把绘制好的图形沿中心线镜像，得到完整的底座图形，如图 6-11 所示。

3）绘制主视图中的螺杆

（1）根据已有的尺寸将螺杆下半部分绘制到图形中，如图 6-12 所示，注意尺寸中（10）为参考尺寸，不作为定位尺寸。

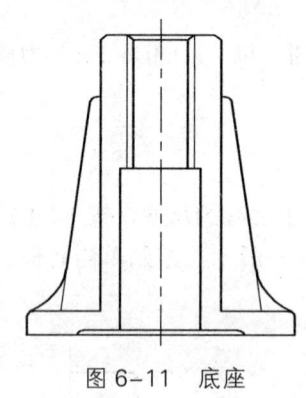
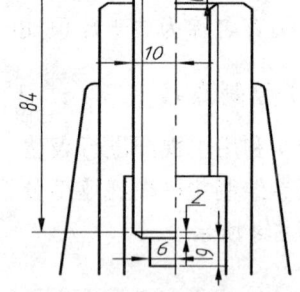

图 6-11　底座　　　　图 6-12　螺杆零件螺纹部分

（2）绘制螺杆头部。

根据已有的尺寸将螺杆上半部分绘制到图形中，如图 6-13 所示。

视频:
绘制主视图中的螺杆

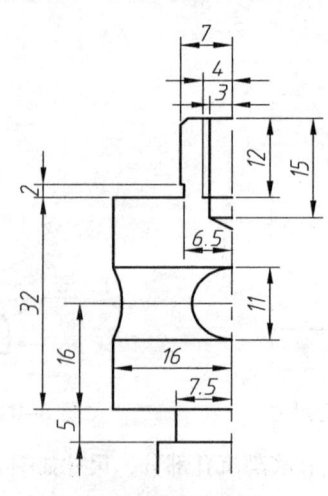

图 6-13　螺杆上部尺寸

（3）利用镜像指令（MI）把螺杆镜像到另一侧，注意在绘制中和镜像后螺杆挡住的线要删除掉，之前的螺纹线用螺杆的外螺纹，如图6-14所示。

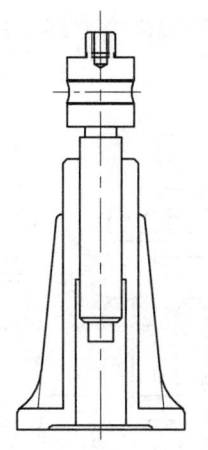

图6-14 插入螺杆零件

4）绘制主视图中的手杆

按照手杆零件的尺寸绘制零件，如图6-15所示。其中手杆零件会遮挡螺杆零件孔的部分，利用剪裁指令（TR），以手杆的两个边线做剪裁的边界修剪图形，修剪剩下的图形为可见边线，需要保留，如图6-16所示。

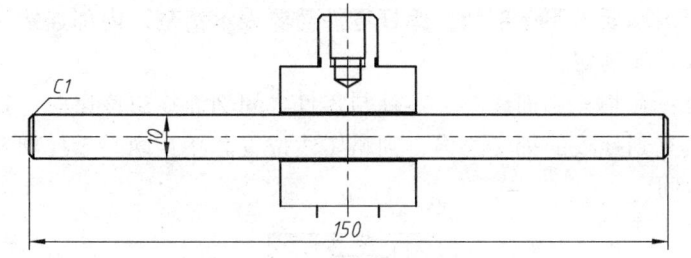

图6-15 手杆零件

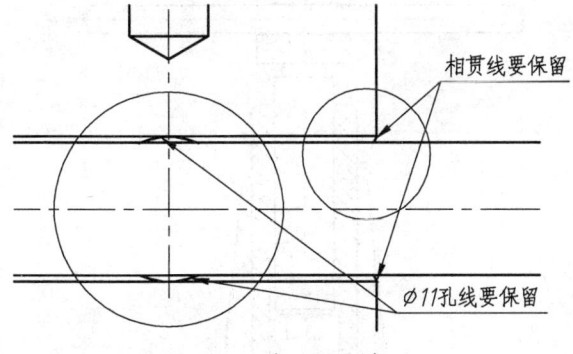

图6-16 保留图形部分

视频：
绘制主视图中的手杆

5）绘制主视图中的顶盖

按照顶盖零件的尺寸绘制零件，如图6-17所示。利用镜像指令（MI）完成整个顶盖的绘制。

视频:
绘制主视图中的
顶盖

6)绘制主视图中的螺钉零件

按照螺钉零件的尺寸绘制零件,如图 6-18 所示。利用镜像指令(MI)复制另一侧的螺钉,并利用修剪指令(TR)修剪掉遮挡的图线,完成整个螺钉的绘制。

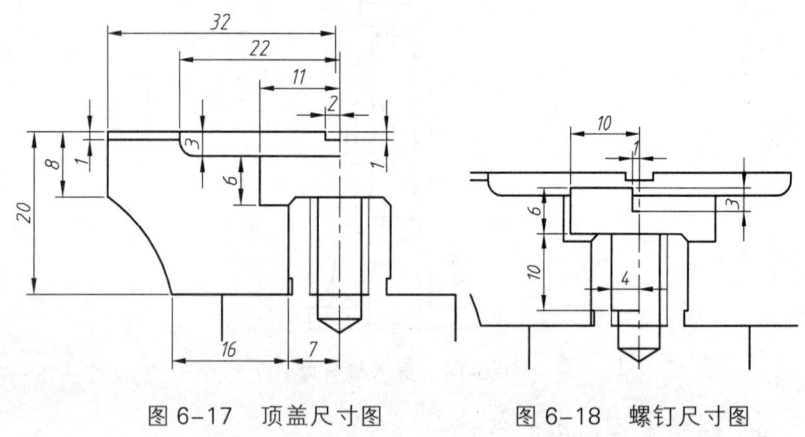

图 6-17　顶盖尺寸图　　　图 6-18　螺钉尺寸图

7)绘制剖面线

按照全剖画法把千斤顶装配体进行剖切,切换细实线层置为当前,利用填充指令(H)填充装配图的各个零件,如图 6-19 所示。其中手杆、螺钉按照国标要求不做剖切,螺杆零件需要表示清楚,内部连接和螺纹孔部分做局部剖切。

注意:在填充剖面线时,零件与零件之间剖面线应该反向;且剖面线应该填充到螺纹的细实线内,到粗实线位置截止;同一零件剖面线方向应该相同。

视频:
绘制剖面线

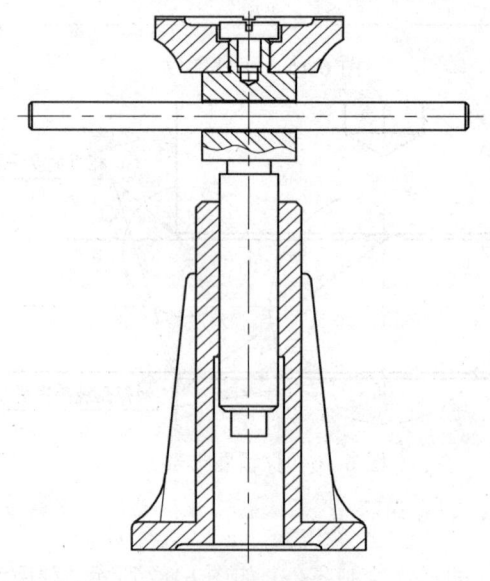

图 6-19　填充剖面线

2. 标 注

1）标注尺寸

（1）标注线形尺寸。

将"尺对线"图层置于当前图层，将"线性尺寸"样式设置为当前样式。调用"线性标注"，标注尺寸 150、178～250，并把尺寸 20 修改为 Tr20×4。

（2）标注直径尺寸。

将"直径尺寸"样式设置为当前样式。调用"直径标注"，标注尺寸 ϕ64、ϕ14、ϕ80，并在 ϕ14 后面加上配合公差 H9/d8，如图 6-20 所示。

视频：
标注尺寸

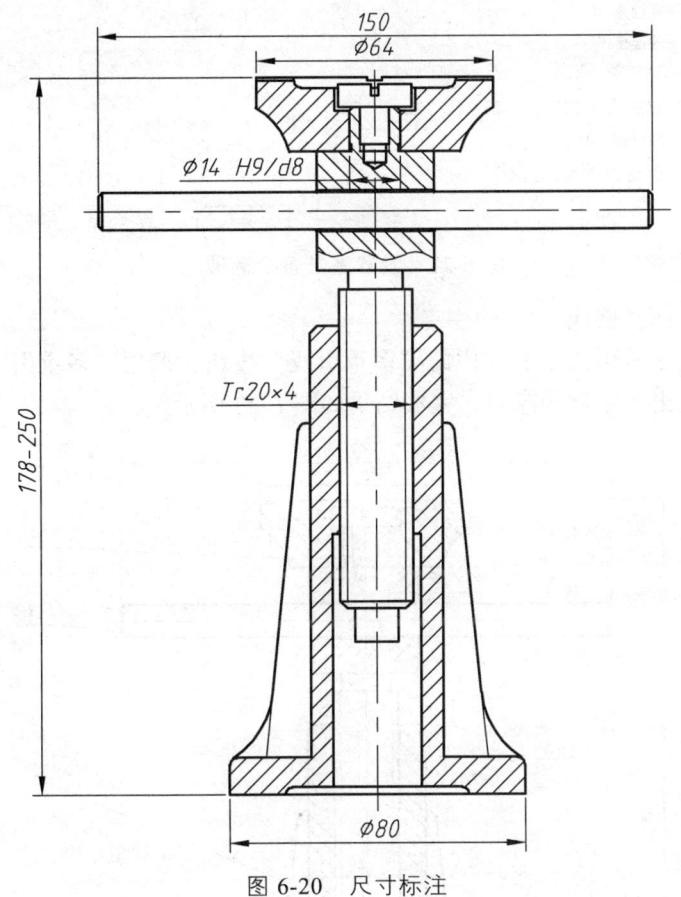

图 6-20 尺寸标注

2）标注序号

（1）设置引线标注样式。

标注序号可以用引线标注，首先将多重引线工具栏调出。需要建立序号的标注样式"序号"，单击"多重引线样式"按钮，弹出"多重引线样式管理器"对话框，以"倒角"样式为基础样式，建立名称为"序号"的引线样式，单击"继续"按钮，打开"修改多重引线样式：序号"对话框，按图 6-21 所示设置各个选项。然后选择"内容"选项卡，将"文字高度"设置为 5，单击"确定"按钮。

视频：
标注序号

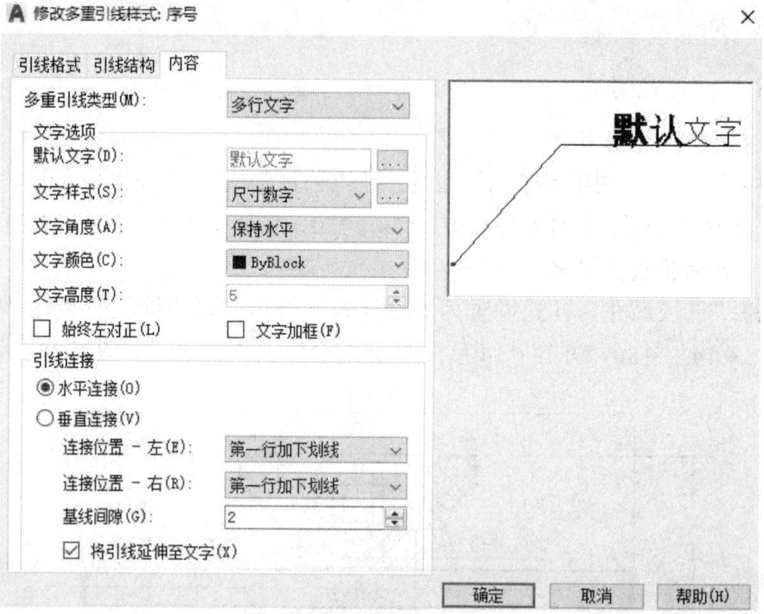

图 6-21 设置序号各个选项

（2）标注引线。

单击多重引线工具栏中的"多重引线"按钮，调用"多重引线"命令，标注出各零件的序号，完成结果如图 6-22 所示。

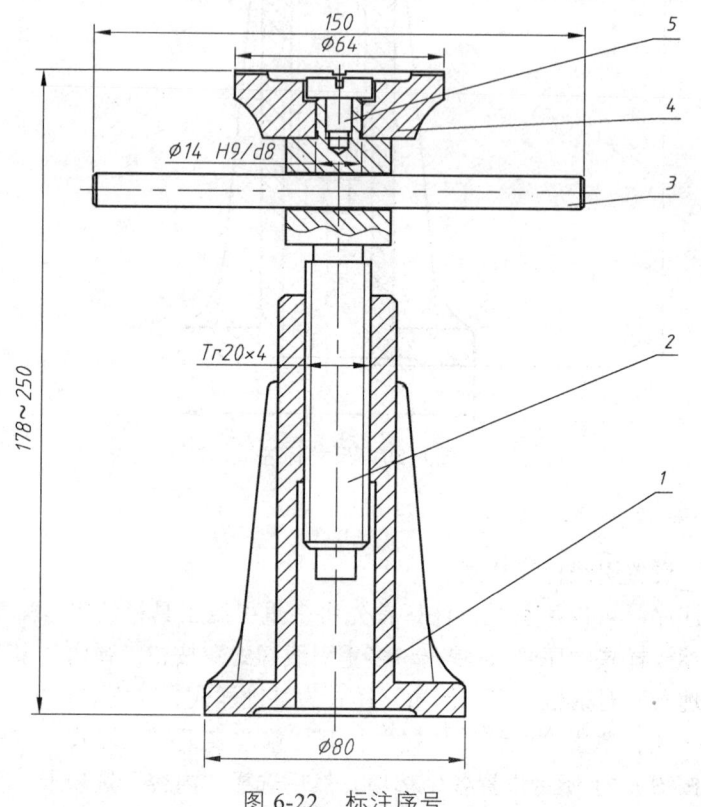

图 6-22 标注序号

注意：

在标注过程中，要在空白处绘制点，各序号间应该保持对齐关系。在系统提示"指定引线箭头的位置"时，应该关闭"对象捕捉"功能，以保证在空白处绘制点，在系统提示"指定引线基线的位置"时，打开"对象捕捉"功能，以使用对象捕捉、对象追踪功能，保持各序号间的对齐关系，在标注过程中，要用 F3 键切换对象捕捉。

视频：
绘制标题栏及明细栏

3）绘制标题栏及明细栏

（1）绘制 A3 图纸的框线（297 mm×420 mm）。在"图框外框线"图层绘制矩形外框线；在"图框内框线"图层按左边距为 25 mm，右、上、下边距为 5 mm 绘制内框线。

（2）绘制装配图标题栏和明细栏。

按图 6-23 所示的尺寸绘制标题栏的框线。

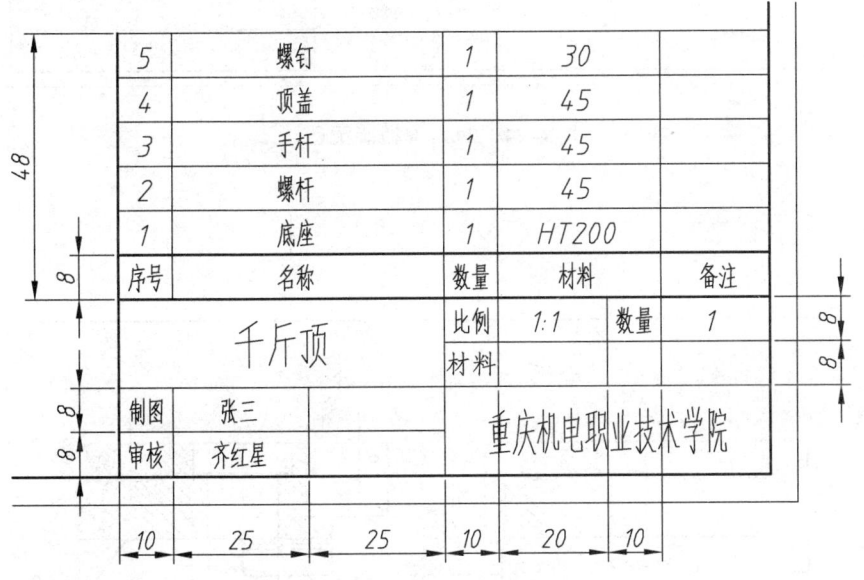

图 6-23 标题栏明细表

二、绘制机用虎钳的装配图

视频：
绘制机用虎钳的装配图

方法： 由零件图拼画装配图。

实例分析：

本案例绘制如图 6-24 所示的机用虎钳装配图，视图用标准的三视图加剖视图进行表达。在绘制这类装配图时，图中给定的零件尺寸要严格按尺寸绘制，其他尺寸应该按图形中各零件的比例关系进行绘制，标准件按标准件的规格绘制。图 6-24 中的机用虎钳由 11 种零件构成（见图 6-25~6-30），其中螺钉、垫圈、销是标准件。

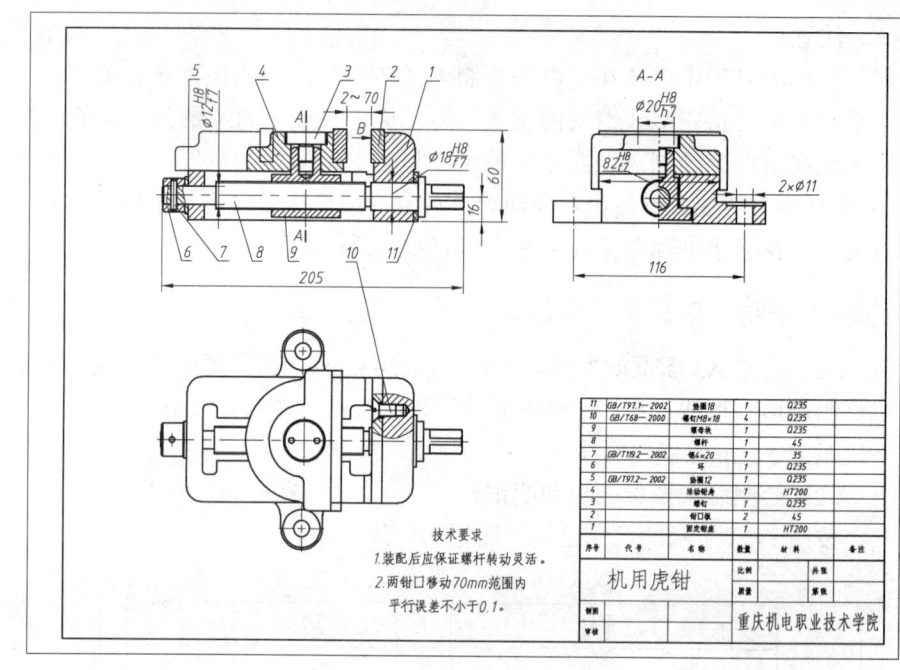

图 6-24 机用虎钳装配图

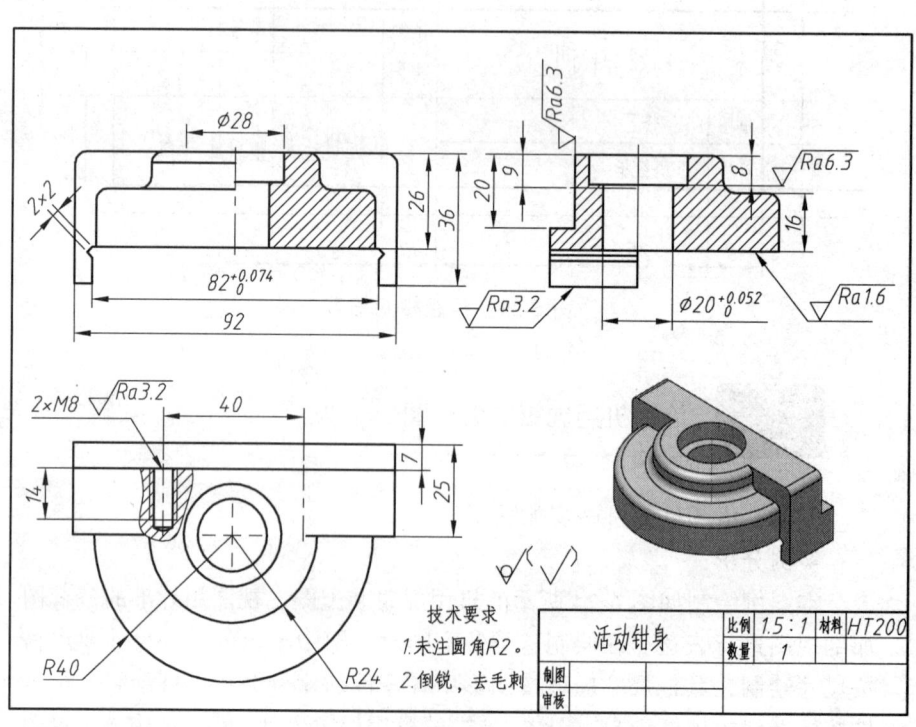

图 6-25 活动钳身

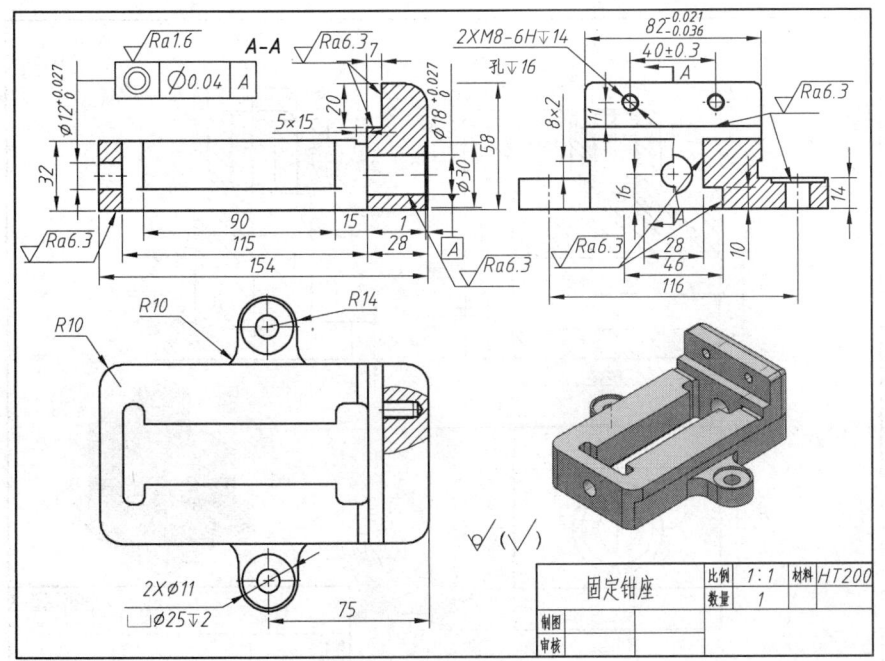

图 6-26 固定钳座

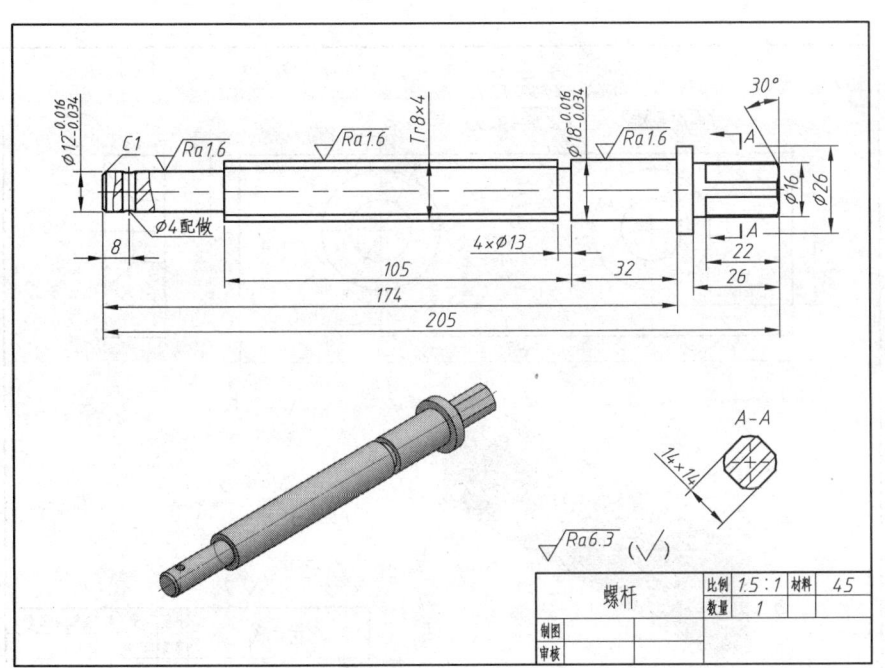

图 6-27 螺杆

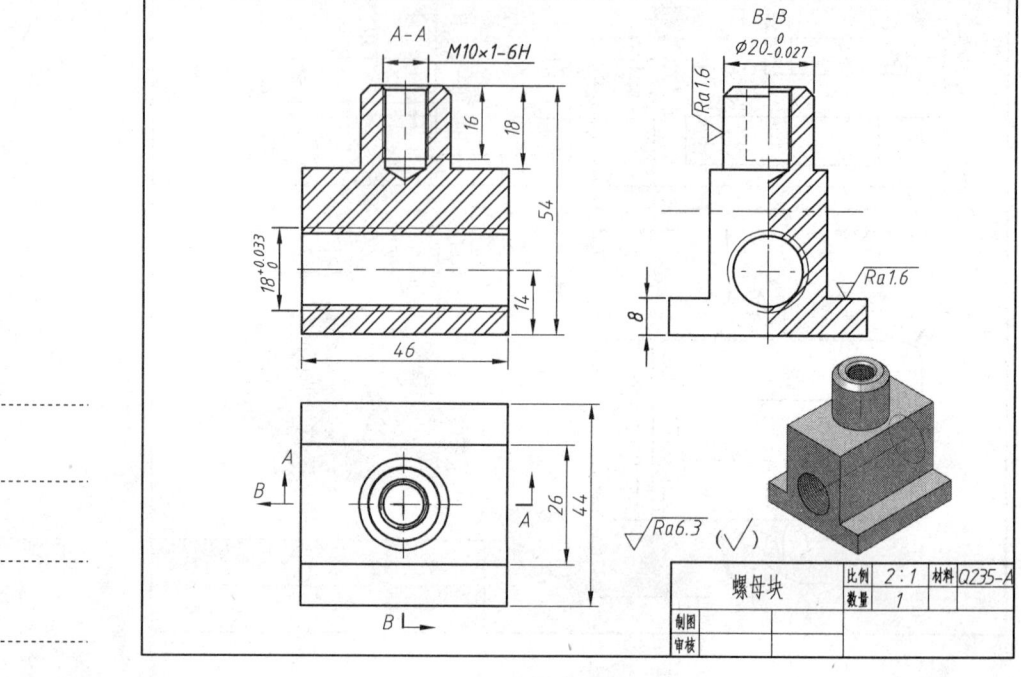

图 6-28 螺母块

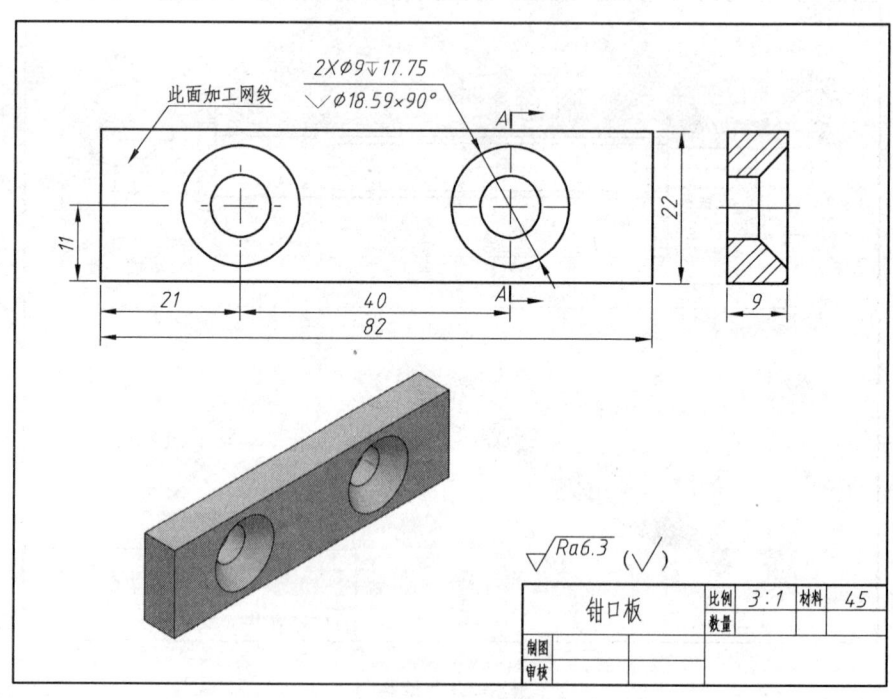

图 6-29 钳口板

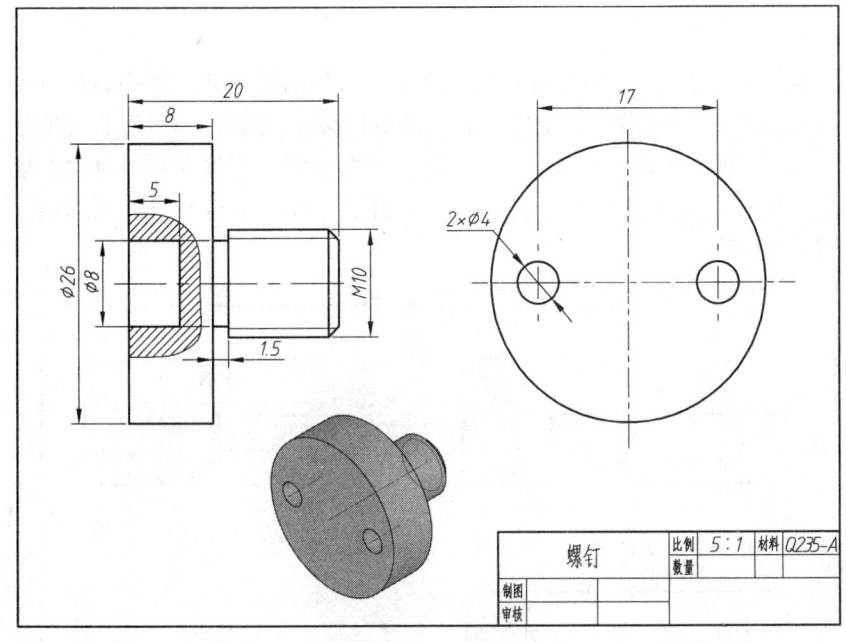

图 6-30 螺钉

知识点：

零件图拼画装配图时，应像装配零件一样，将各个零件在不同的视图中放到相同的位置并做线条的修剪，保留可以用到的零件视图，再插入另一个零件，在插入图形时使用复制（CO）、移动（M）、剪裁（TR）指令进行图形的处理，并且按所需装配零件的顺序修剪装配图。

绘图过程：

1. 建立新文件，绘制机用虎钳装配图

1）建立文件

打开 AutoCAD 2017，单击"打开"按钮，利用已经建立好的"A3模板.dwg"为样板文件，将文件另存为名称为"机用虎钳.Dwg"的文件。

2）关闭"尺寸线"层

在绘制装配图之前，建议把所有零件图复制到一张装配图中，方便查找和修剪图形。将已有的零件图"尺寸线"层关闭，保留其他图线层，让图形显示出来，如图 6-31 所示。

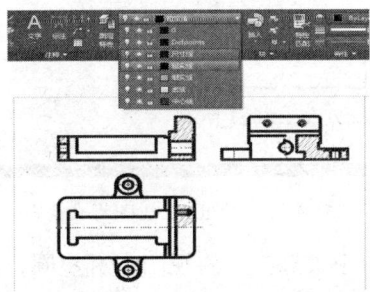

图 6-31 关闭"尺寸线"层

3）插入固定钳座

利用复制指令（CO）将固定钳座零件三视图插入装配图中，这时发现图框较小，后期插入其他零件和标注的时候空间不够，利用缩放指令（SCALE）放大图框，放大 1.5 倍。移动视图位置，在移动视图时注意视图之间的相对位置关系，可以打开正交指令（F8）进行单个视图移动，如图 6-32 所示。

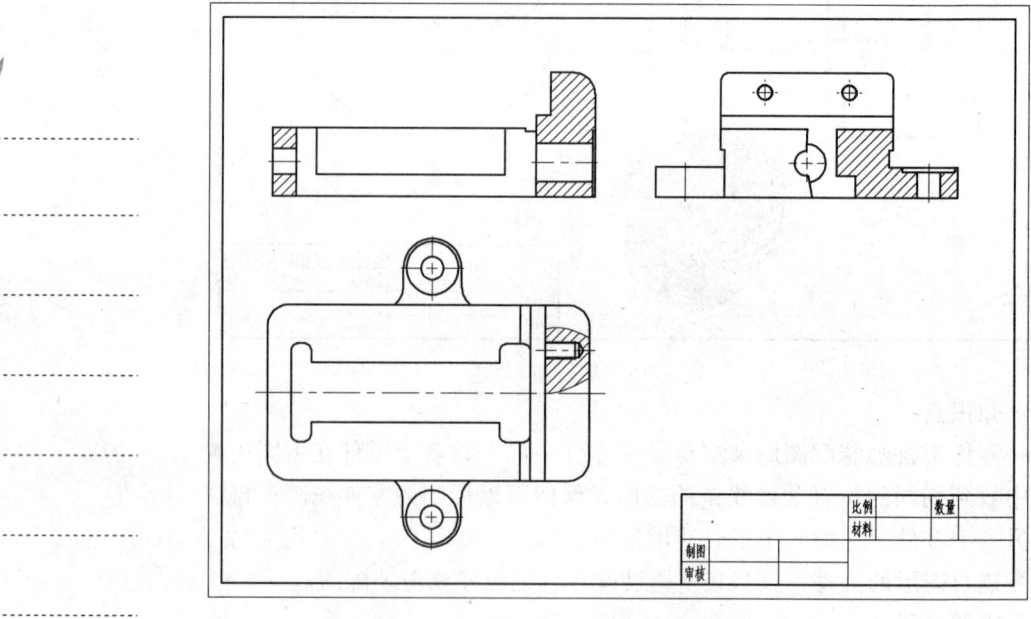

图 6-32　插入固定钳座

4）插入垫圈 18 零件

（1）复制垫圈 18 零件到主视图中，如图 6-33 所示。**注意**：主视图垫圈会被螺杆遮挡，应剖切绘制。

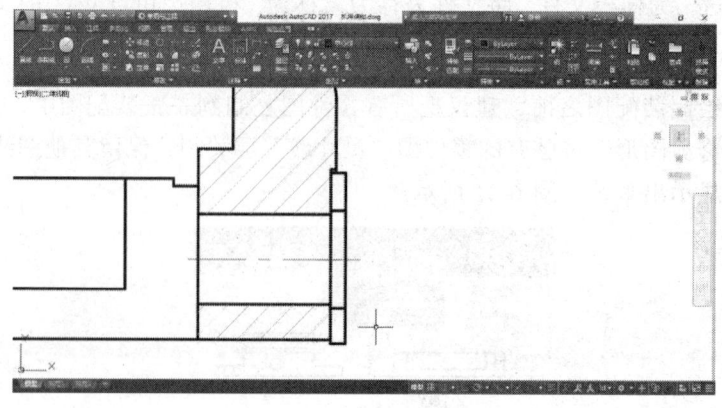

图 6-33　垫圈主视图部分

（2）垫圈在左视图中被遮挡，俯视图中有垫圈，且被固定钳座遮挡。绘图方法：从主视图复制垫圈，以中心线交点为复制基准点向俯视图垂直复制,利用剪裁指令(TR)修剪被遮挡的线,完成插入,如图 6-34 所示。

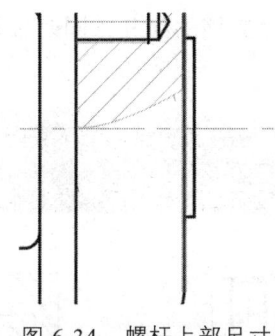

图 6-34　螺杆上部尺寸

5)插入螺杆零件

(1)复制螺杆零件到主视图中。**注意**:主视图中螺杆会遮挡固定钳座部分实体,应修剪掉遮挡的部分,如图 6-35 所示。

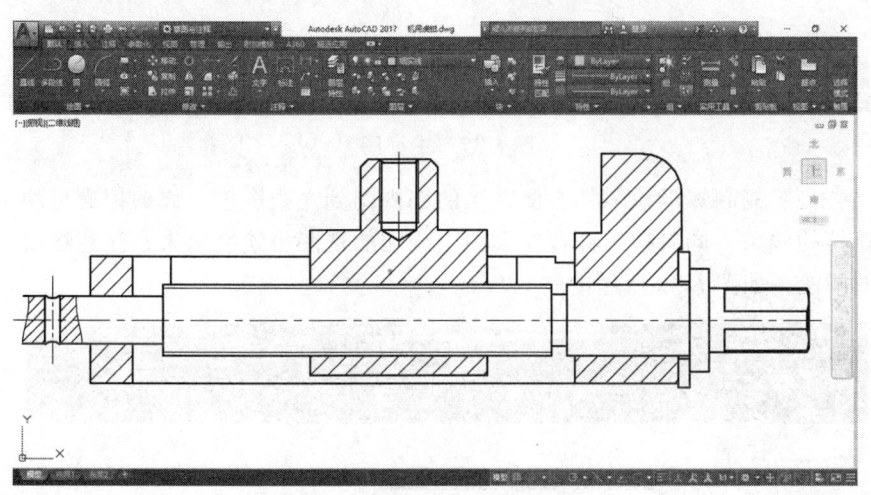

图 6-35　螺杆零件

(2)复制螺杆零件到俯视图中,修剪掉螺杆被遮挡的部分,同时销孔的方向改变了,也要在俯视图中删除螺杆销孔的表达视图,如图 6-36 所示。

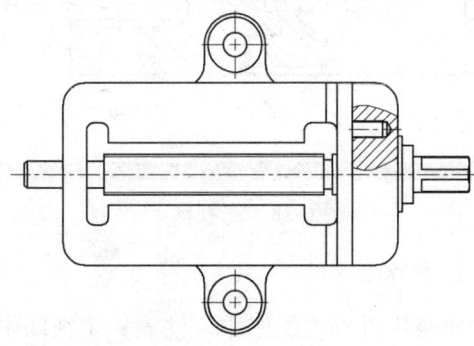

图 6-36　保留图形部分

6）插入螺母块零件

（1）复制螺母块零件到主视图中。**注意**：主视图中螺母块会遮挡固定钳座部分实体，应修剪掉遮挡的部分，同时螺杆遮挡螺母块的线条也要删掉，如图6-37所示。

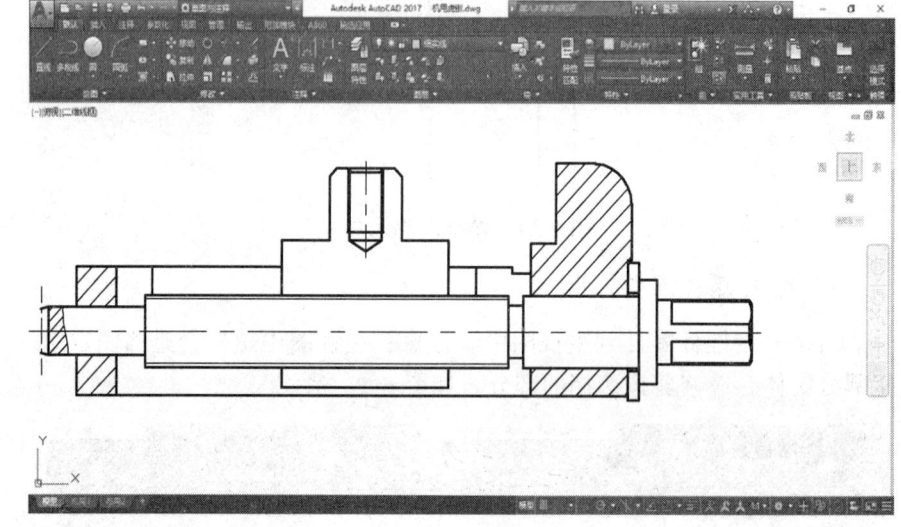

图 6-37　主视图

（2）复制螺母块零件右侧一半的剖视图到左视图中，修剪掉螺母块遮挡的线条，同时把螺杆在左视图中剖切的视图也绘制出来，注意螺纹的画法，如图6-38所示。

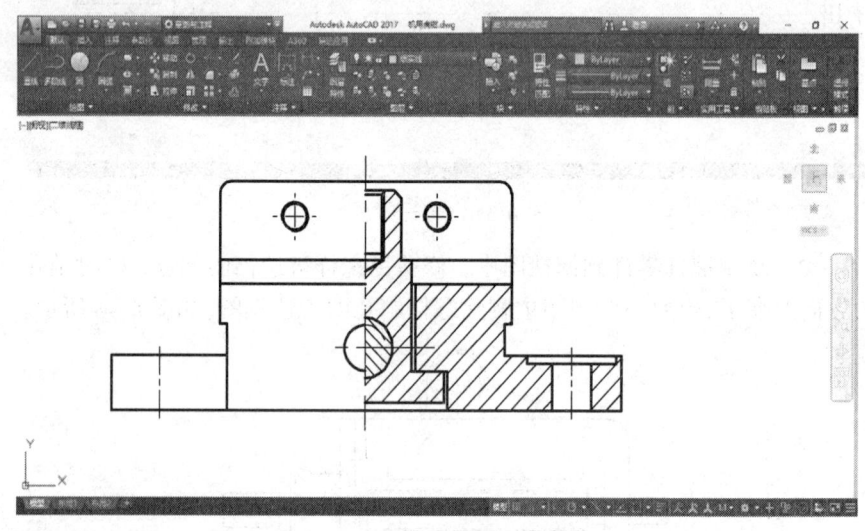

图 6-38　左视图

7）插入活动钳身零件

（1）复制活动钳身零件到主视图中。**注意**：主视图中螺母块会遮挡活动钳身零件部分实体，应修剪掉遮挡的部分，如图6-39所示。

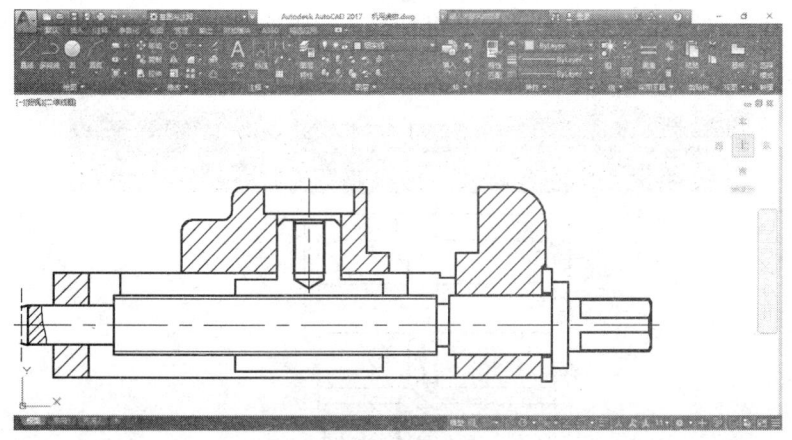

图 6-39 主视图

（2）复制活动钳身零件到俯视图中，修剪掉活动钳身遮挡的部分，如图 6-40 所示。

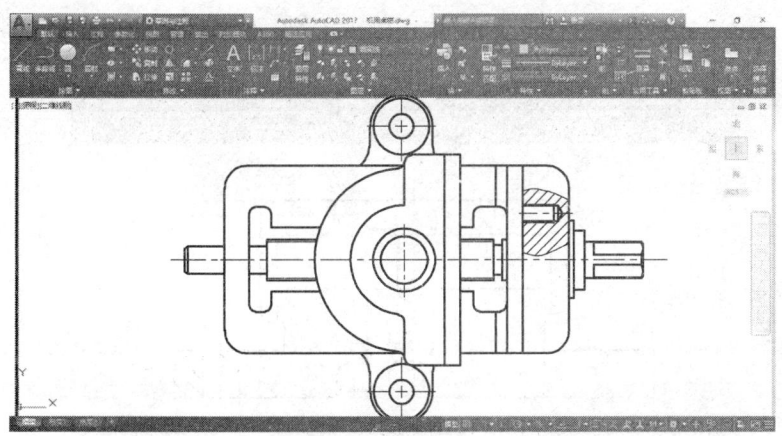

图 6-40 俯视图

（3）在活动钳身零件图中左视图未做表达，所以可以先绘制活动钳身的左视图再添加到装配图左视图中，如图 6-41 所示。

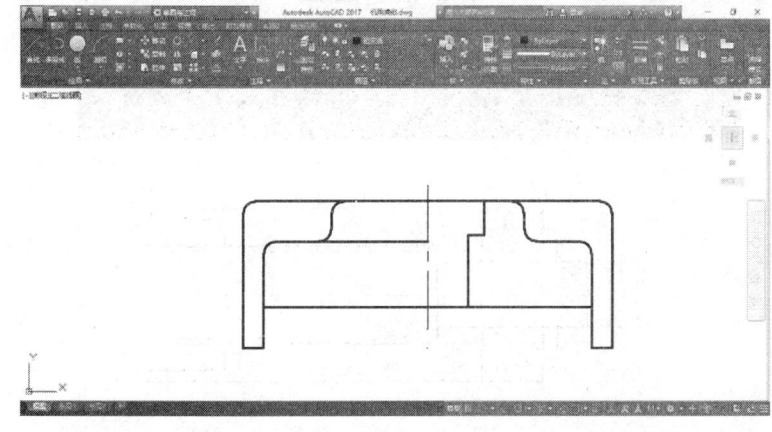

图 6-41 左视图

插入方法：先将做好的活动钳身移至左视图中，并用中心线对正螺母块中心线，如图 6-42 所示。

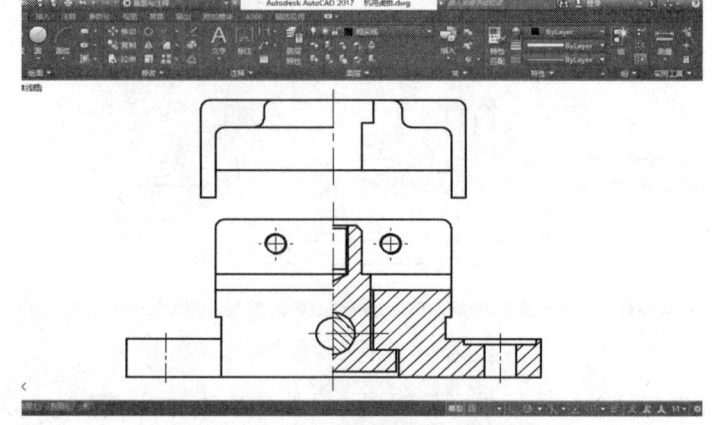

图 6-42　对正中心线

在将活动钳身向下移动放置在固定钳座位置，修剪图形如图 6-43 所示。

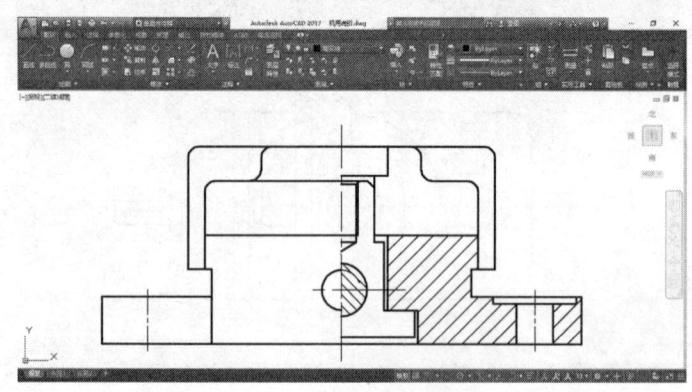

图 6-43　修剪图形

8）插入垫圈 12 零件

（1）复制垫圈 12 零件到主视图中。**注意**：主视图中螺杆会遮挡垫圈 12 部分实体，应修剪掉遮挡的部分，如图 6-44 所示。

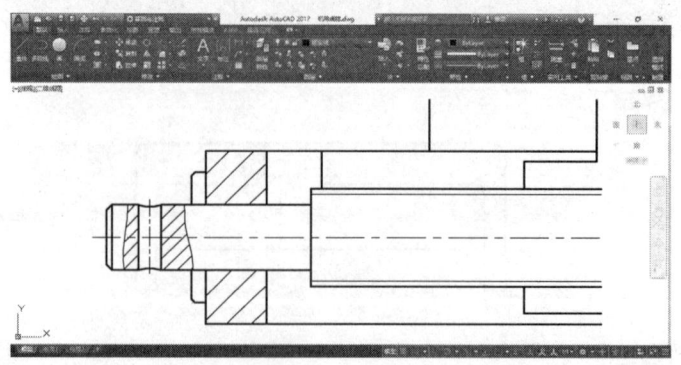

图 6-44　主视图

（2）复制垫圈12零件到俯视图中，修剪掉垫圈12遮挡螺杆的部分，如图6-45所示。

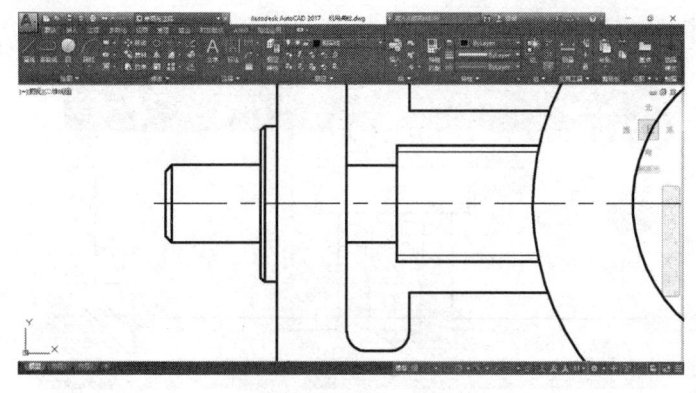

图 6-45　俯视图

（3）利用直线（L）指令将垫圈12在左视图中的高度标记出来，之后利用圆指令（C）绘制两个同心圆，并删除右侧半圆，如图6-46所示。

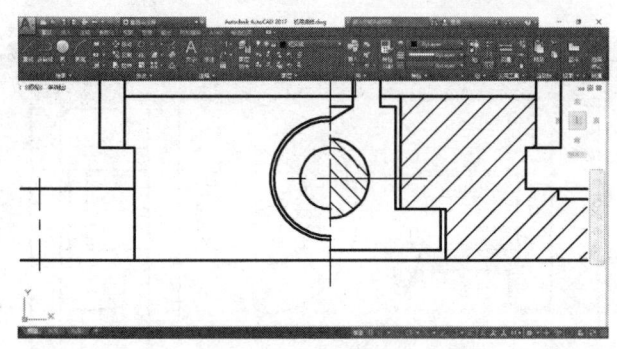

图 6-46　左视图

9）插入圆块零件、销零件

注意： 销轴零件为不被剖切的零件，绘制中应放置在最外侧，如图6-47所示。

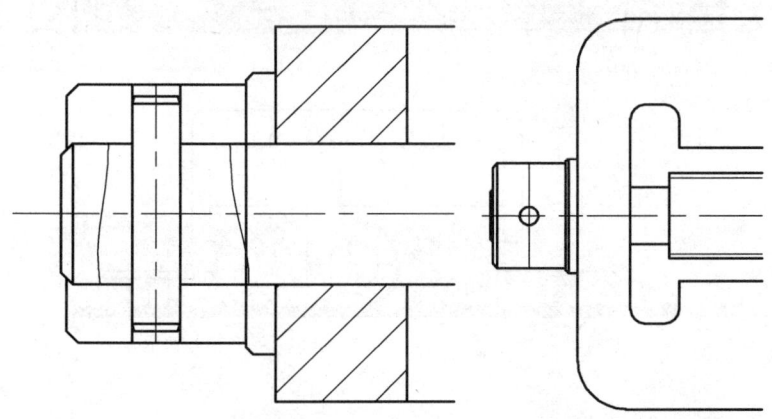

图 6-47　插入圆块零件、销零件

10）插入螺钉零件

（1）复制螺钉零件到主视图中。**注意：**主视图中螺杆会遮挡螺母块部分实体，应修剪掉遮挡的部分，如图 6-48 所示。

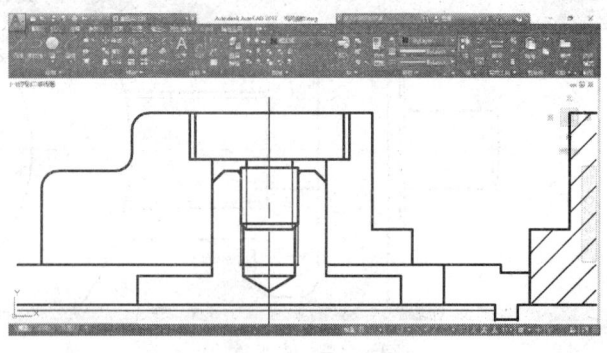

图 6-48　主视图

（2）复制螺钉零件到俯视图中。**注意：**俯视图中螺钉会遮挡活动钳身部分实体，应修剪掉遮挡的部分，如图 6-49 所示。

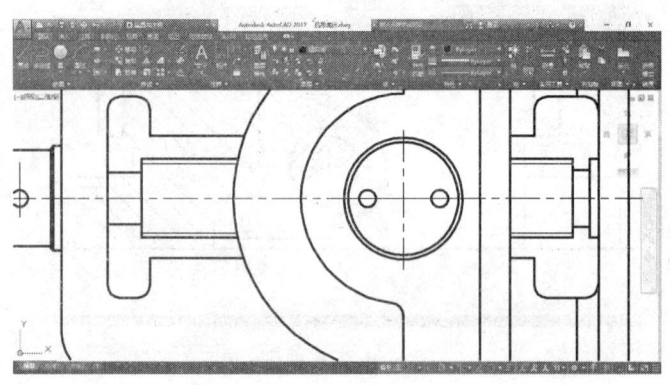

图 6-49　俯视图

（3）复制螺钉零件到左视图中，修剪图线如图 6-50 所示。

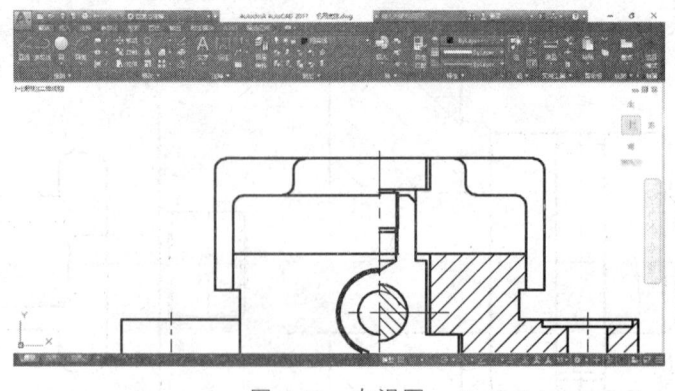

图 6-50　左视图

11）插入压板零件

（1）复制压板零件到主视图中，如图 6-51 所示。

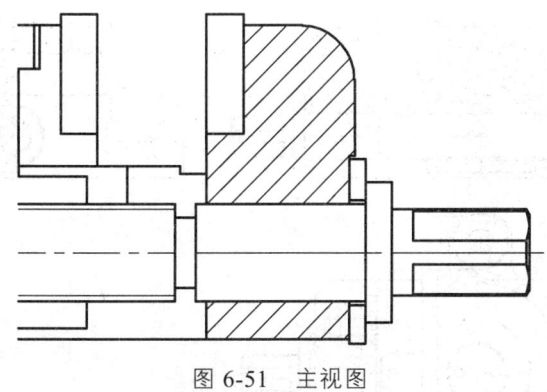

图 6-51　主视图

（2）复制压板零件到俯视图中，如图 6-52 所示。

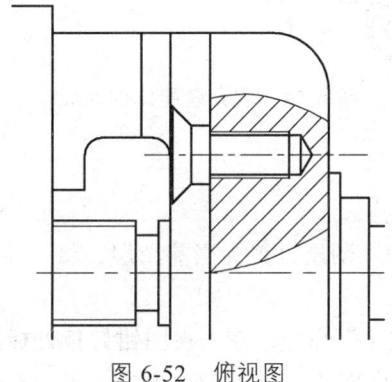

图 6-52　俯视图

12）插入压板螺钉

复制压板螺钉零件到俯视图中，按照螺纹的配合插入压板螺钉，并修剪相应图线，如图 6-53 所示。

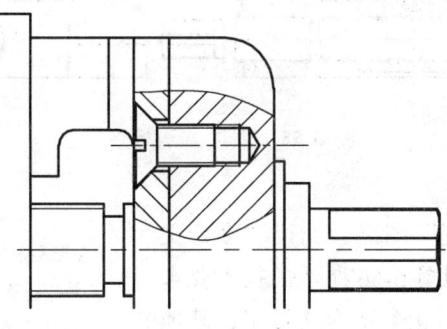

图 6-53　插入压板螺钉

13）填充装配体剖面线

按照装配体零件位置关系添加剖面线。**注意：**在左视图中螺母块、固定钳身、活动钳身三者两两接触，剖面线应避免相同，调整螺母块剖面线比例为"0.8"，同时主视图中也应一并修改。得到最终图形如图 6-54 所示。

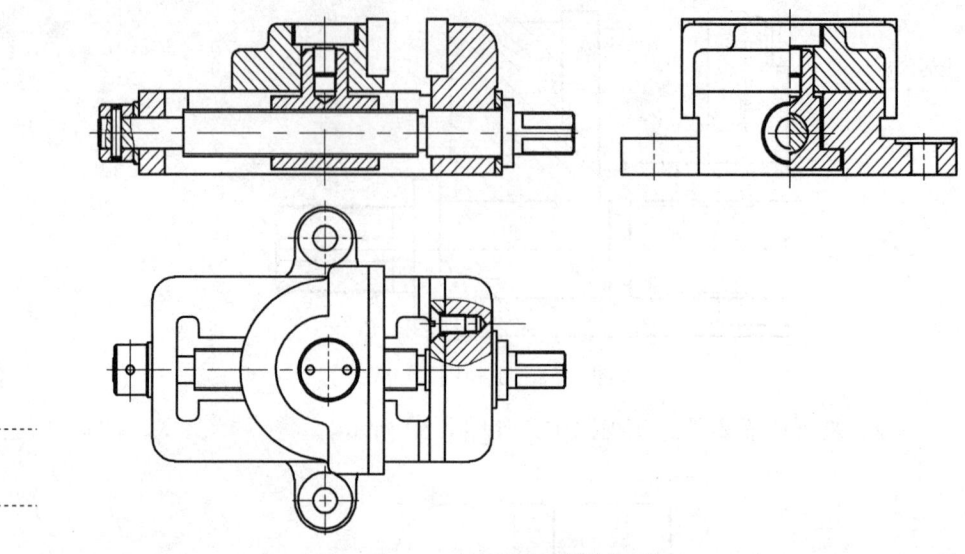

图 6-54　填充装配体剖面线

14）标注

（1）表达方法标注。

① 将"文字处理"图层设置为当前图层，将"注释文字"样式设置为当前文字样式。

② 调用"多行文字"命令，在主视图钳口板处标注"B 向"。在主视图用粗实线两倍标记作剖切的位置，标记"A—A"。左视图上对应标注"A—A"，如图 6-55 所示。

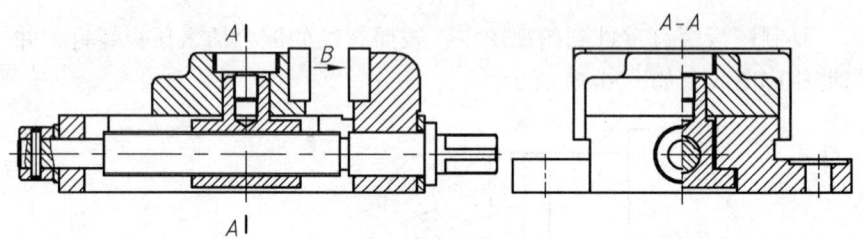

图 6-55　表达方法标注

（2）技术要求。

在"文字处理"图层，调用"多行文字"命令，书写如图 6-56 所示的技术要求文字，"技术要求"4 个字为 7 号字，其他为 5 号字。

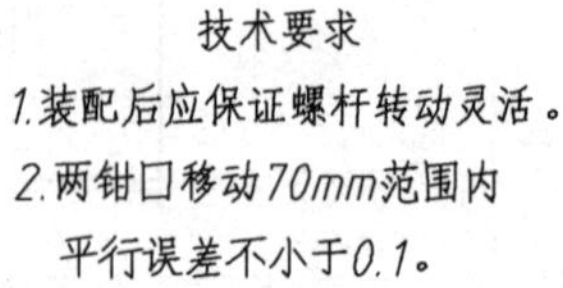

技术要求
1. 装配后应保证螺杆转动灵活。
2. 两钳口移动 70mm 范围内平行误差不小于 0.1。

图 6-56　技术要求

（3）标注尺寸。

① 将"尺寸标注"图层设置为当前图层。

② 用"线性尺寸"样式标注各长度尺寸。

③ 标注配合尺寸。调用"线性"标注命令，选择两尺寸界限点后，系统提示：

指定尺寸线位置或
↔ DIMLINEAR [多行文字(M) 文字(T) 角度(A) 水平(H) 垂直(V) 旋转(R)]:

输入"M",按<Enter>键,弹出多行文字输入框。Ø12H8/f7 在尺寸数字前输入"%%C",在数字后输入"H8/f7",选择"H8/f7",单击格式工具栏上的"文字堆叠"按钮 ᵇ/ₐ,再在文字编辑框外单击左键确定,或选择 × 都可退出编辑状态。将其放置在合适的位置。

用引线标注的配合尺寸,需在格式下拉菜单中新建标注样式,基于原有标注设定,设置"调整"和"文字",如图 6-57 所示。

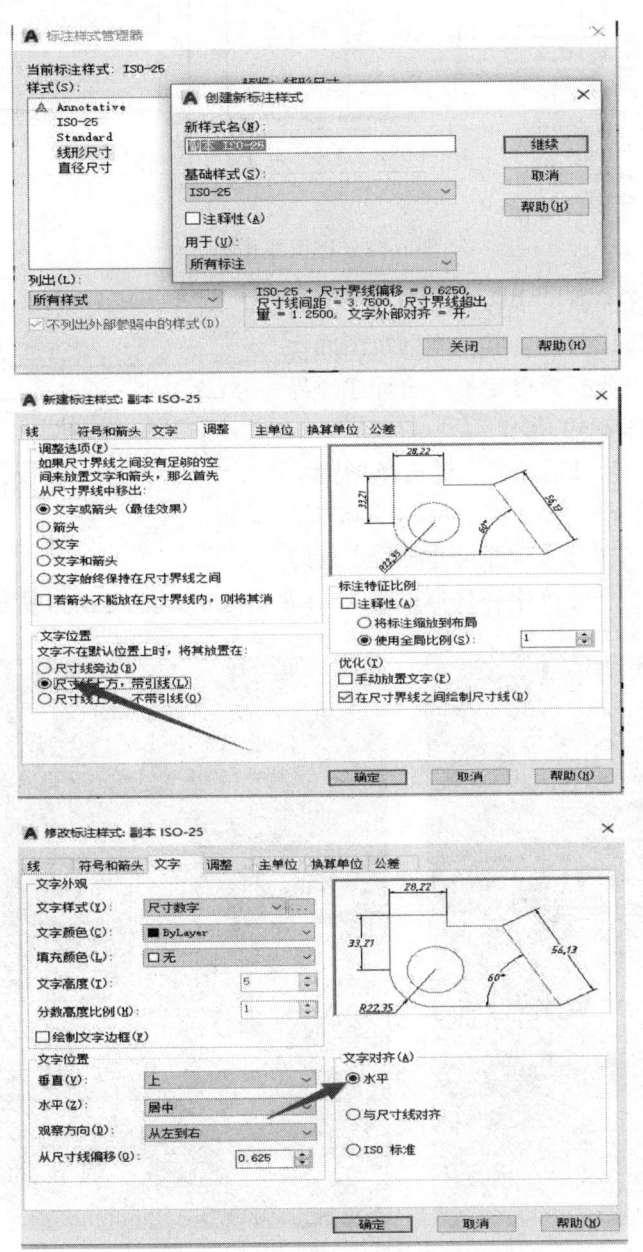

图 6-57 设置"调整"和"文字"

把副本 ISO-25 置为当前标注样式，标注 $\phi 18^{H8}_{f7}$，放置好以后，左键单击激活，鼠标放置在尺寸数字上方即会出现如图 6-58 所示的选项，选择随引线移动，放置在合适的位置即可。

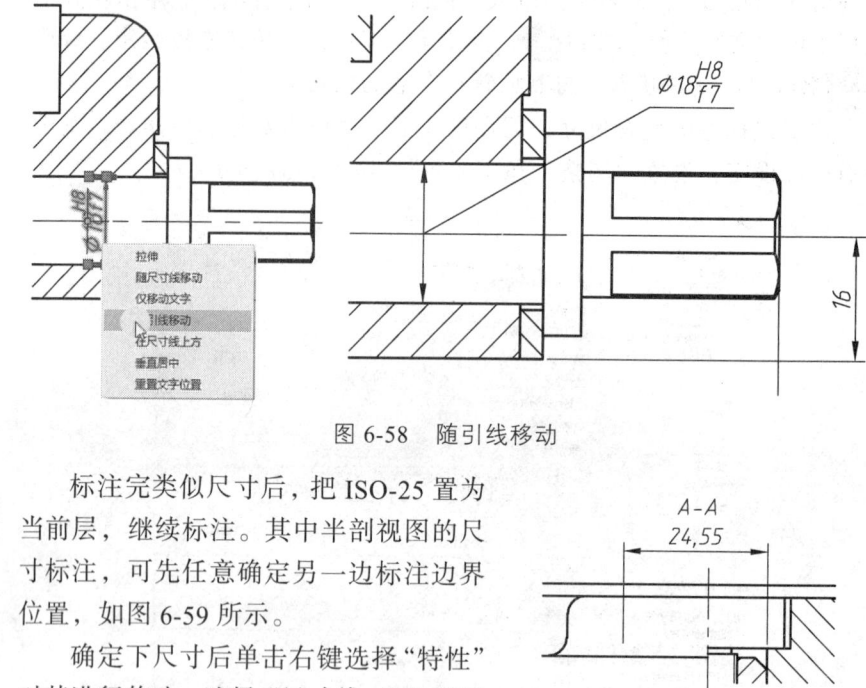

图 6-58 随引线移动

标注完类似尺寸后，把 ISO-25 置为当前层，继续标注。其中半剖视图的尺寸标注，可先任意确定另一边标注边界位置，如图 6-59 所示。

确定下尺寸后单击右键选择"特性"对其进行修改。选择"尺寸线 2"和"尺寸界限 2""关"。（标注尺寸时后点选的为尺寸线 2。）在文字替代那里输入%%c20H8/h7，如图 6-60 所示。

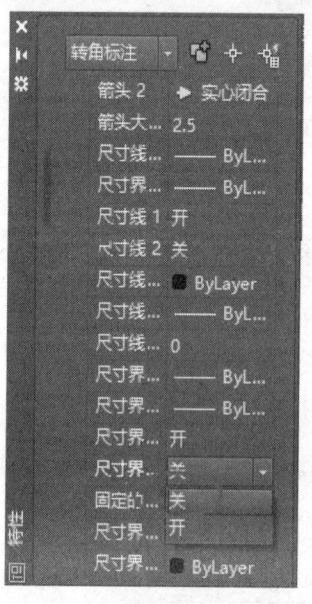

图 6-59 标注

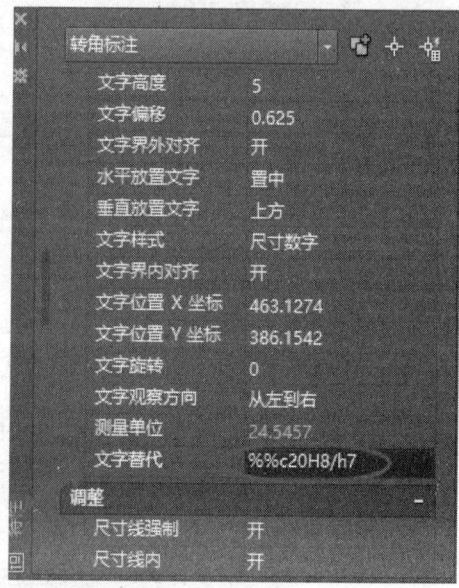

图 6-60 文字替代

回车确定退出后,再点击尺寸数字,选择 H8/H7 "堆叠"。标注出所有尺寸,完成结果如图 6-61 所示。

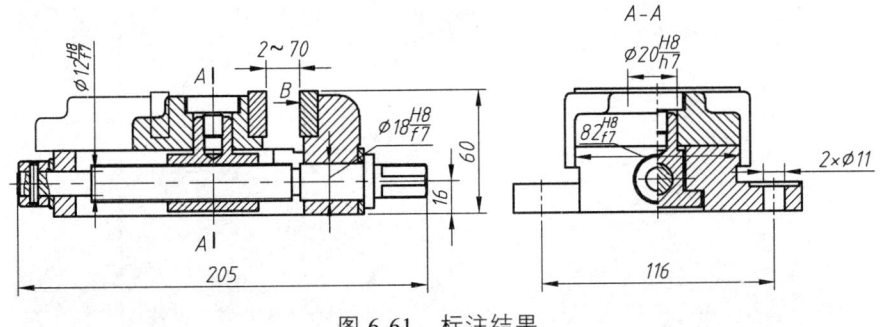

图 6-61　标注结果

15)标注序号

单击"格式"→"多重引线样式"进行修改,如图 6-62 所示。

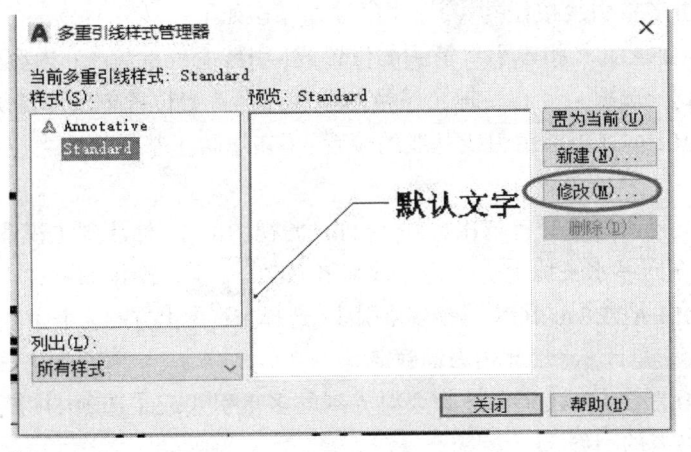

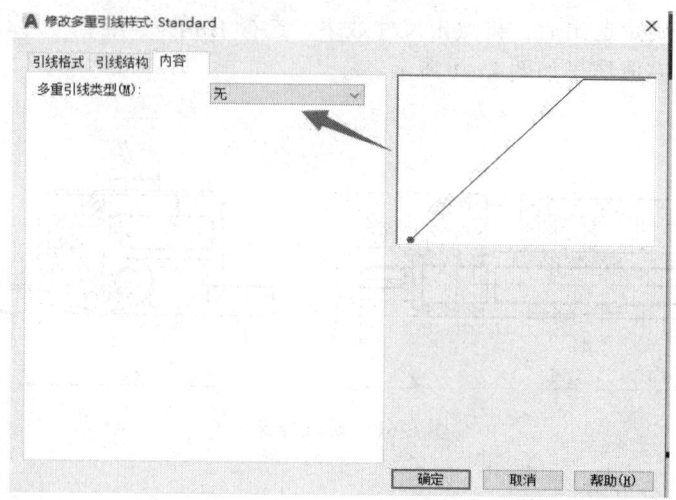

图 6-62　多重引线样式

单击多重引线按钮 标注序号，操作如下：

• MLEADER 指定引线箭头的位置或【引线基线优先(L)　内容优先(C)　选项(O)】<选项>：（在要标注序号的零件内部适当位置单击左键）。

• MLEADER 指定引线基线的位置：（在想防止基线的适当位置单击左键）。

在主视图按逆时针依次标注 1~11，俯视图的 10 标注到主视图与 9，11 尽量在同一水平线上。单击引线对齐按钮 ，操作如下：

• MLEADERALIGN 选择多重引线（选择主视图上方的 5 个序号引线）：找到 1 个，总计 5 个（单击右键确定）。

• MLEADERALIGN 选择要对齐到的多重引线或【选项(O)】：（单击可作为参考的引线）。

• MLEADERALIGN 指定方向：（选择正确的水平方向，左键单击）。

将主视图下方序号也完全调整到统一水平线上，完成后如图 6-63 所示。

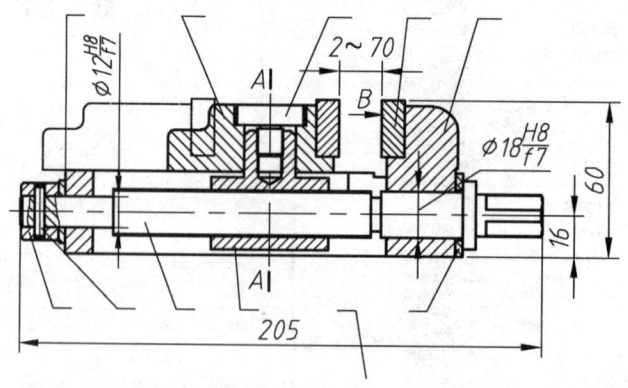

图 6-63　标注序号

再用多行文字在一个序号基线上书写字母，调整好位置后。选定基点复制粘贴到其余序号上，再修改为对应数字。完成序号标注，如图 6-64 所示。

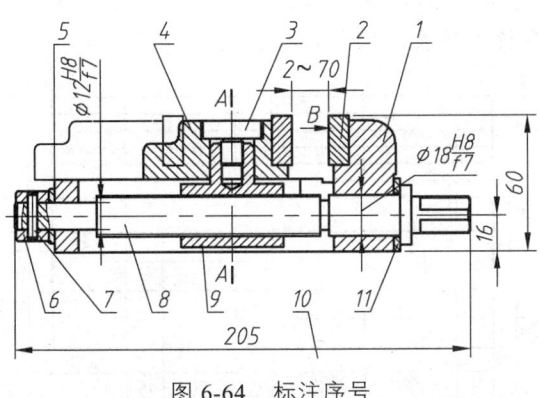

图 6-64 标注序号

16）绘制装配图和标题栏及明细表

绘制 A2 图纸的图框（细实线），图框边界线（粗实线），如图 6-65 所示。

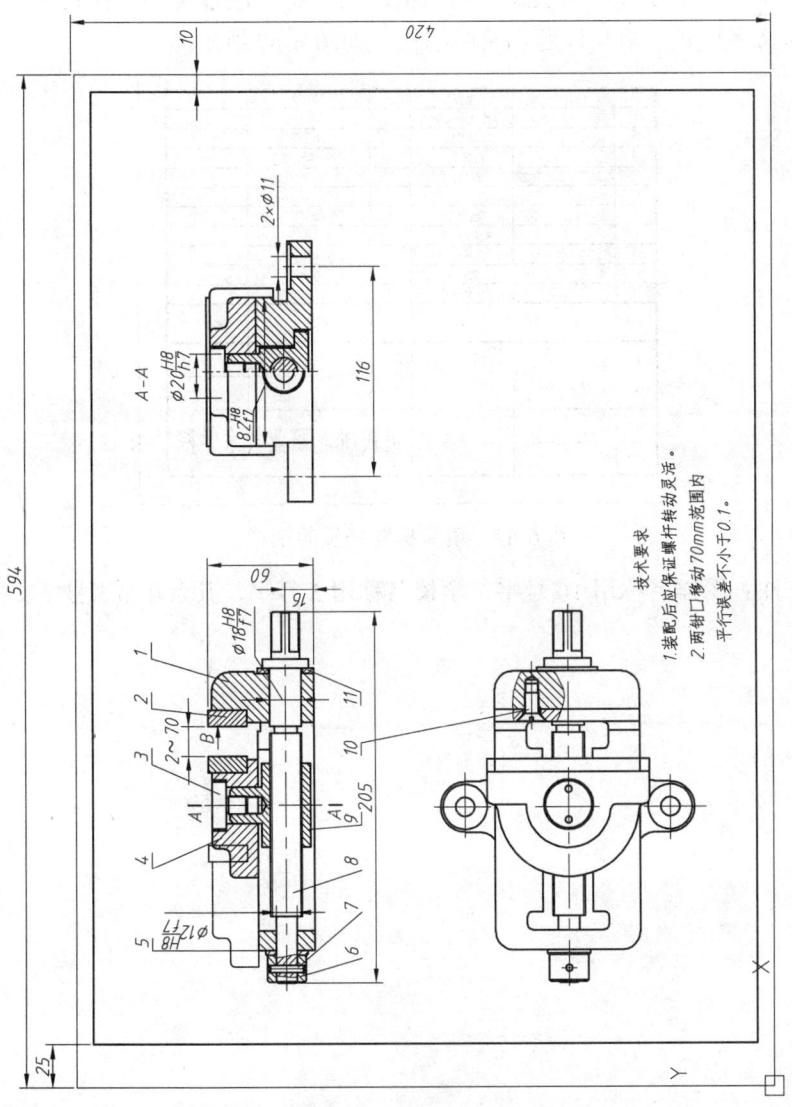

图 6-65 绘制图框

绘制标题栏及明细表，如图 6-66 所示。

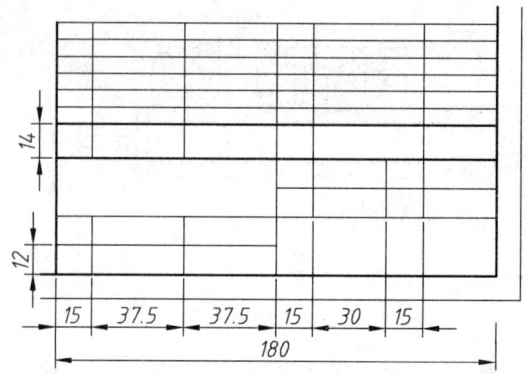

图 6-66　绘制标题栏

将"文字处理"图层设置为当前图层，将"注释文字"样式设置为当前文字样式。填写标题栏及明细栏，如图 6-67 所示。

11	GB/T97.1—2002	垫圈18	1	Q235	
10	GB/T68—2000	螺钉M8×18	4	Q235	
9		螺母块	1	Q235	
8		螺杆	1	45	
7	GB/T119.2—2002	销4×20	1	35	
6		环	1	Q235	
5	GB/T97.2—2002	垫圈12	1	Q235	
4		活动钳身	1	HT200	
3		螺钉	1	Q235	
2		钳口板	2	45	
1		固定钳座	1	HT200	
序号	代号	名称	数量	材料	备注
机用虎钳			比例		共张
			质量		第张
制图			重庆机电职业技术学院		
审核					

图 6-67　填写标题栏及明细栏

注：图样名称用 10 号字，学校名称用 5 号字，其余用 3.5 号字。

项目七
设计实例

根据前面六个项目，抄画下列设计实例（见图 7-1 ~ 7-47）。

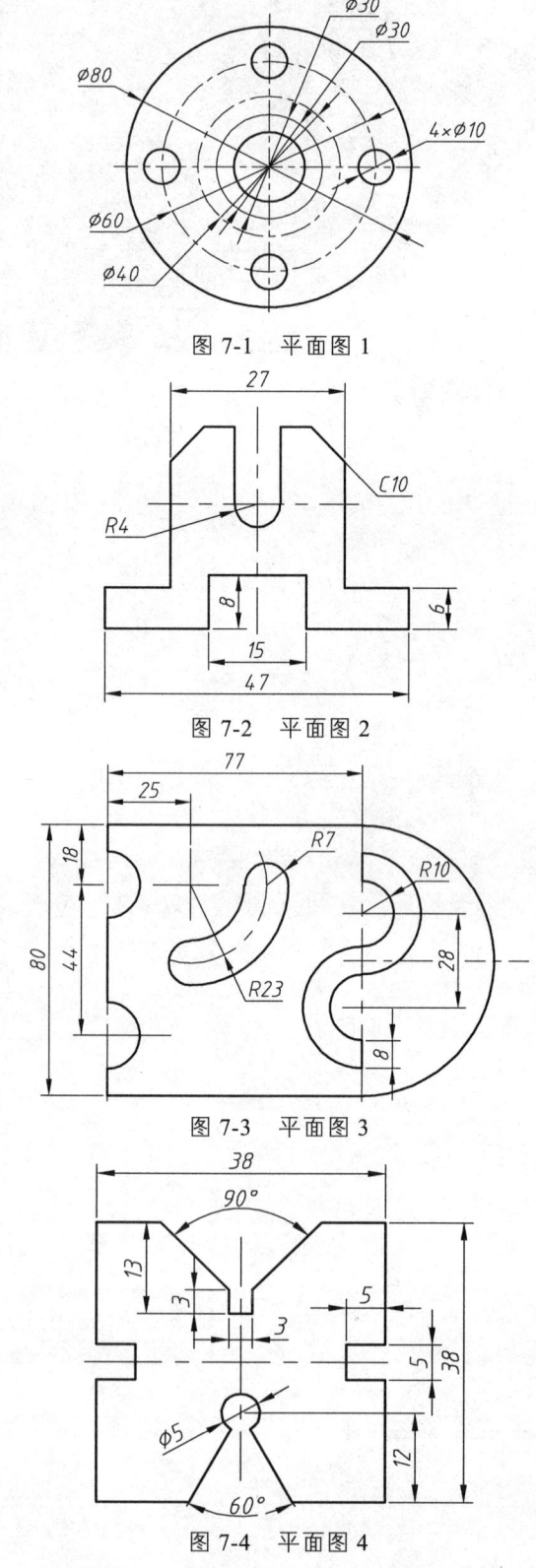

图 7-1　平面图 1

图 7-2　平面图 2

图 7-3　平面图 3

图 7-4　平面图 4

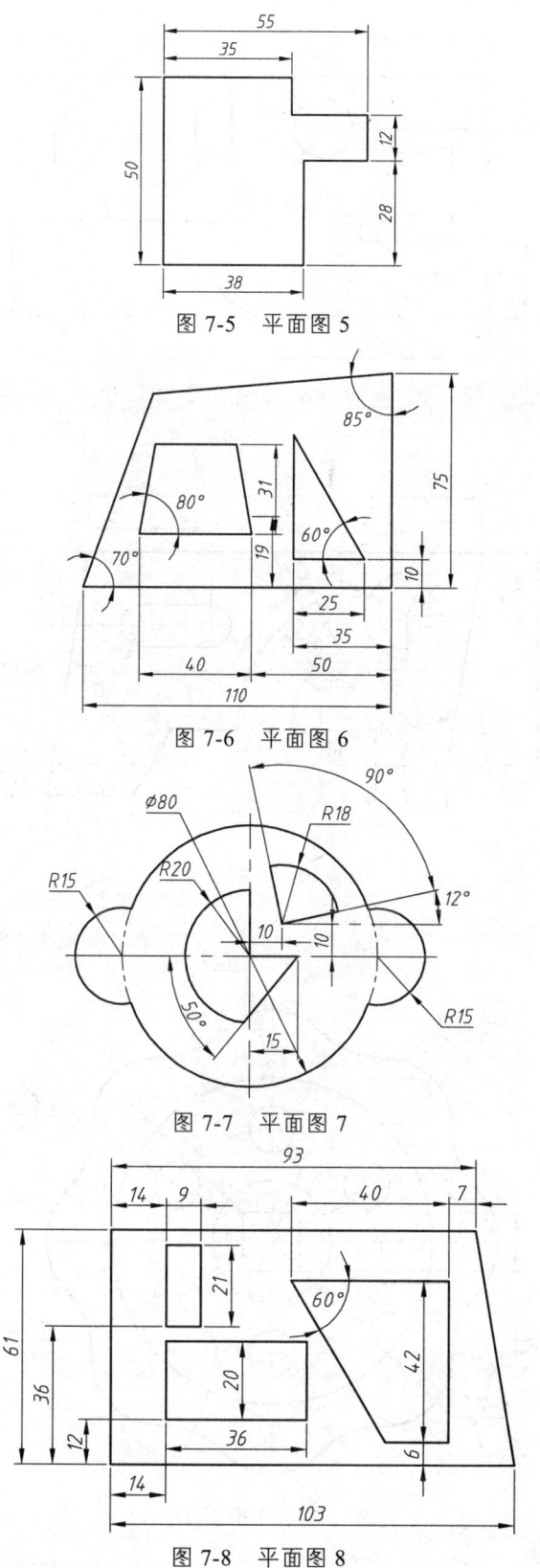

图 7-5 平面图 5

图 7-6 平面图 6

图 7-7 平面图 7

图 7-8 平面图 8

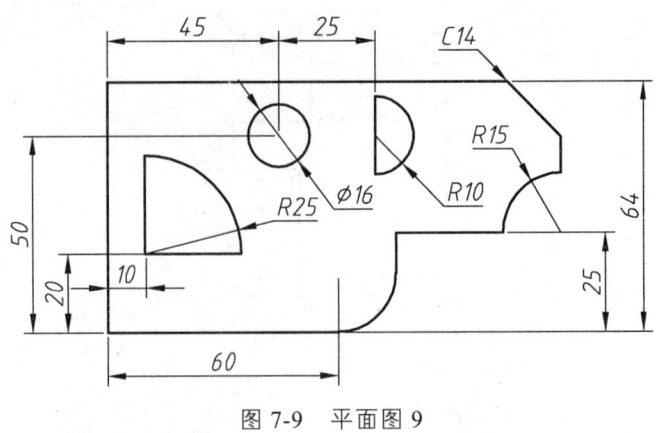

图 7-9　平面图 9

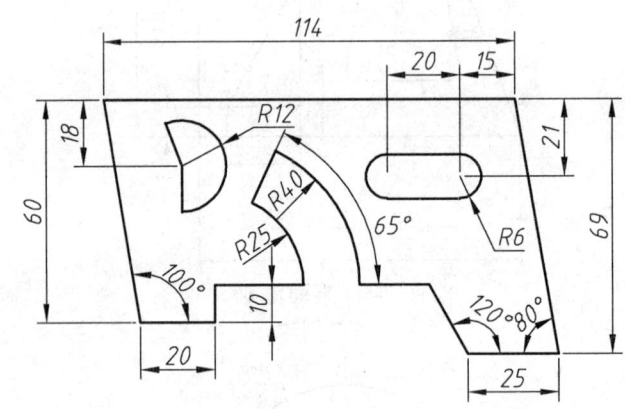

图 7-10　平面图 10

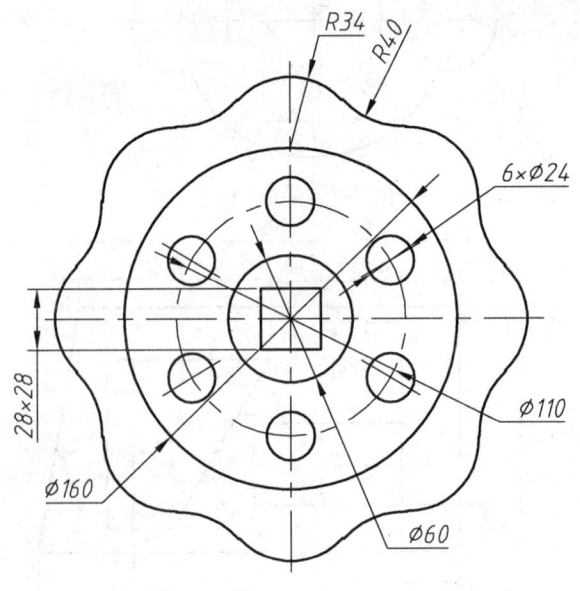

图 7-11　平面图 11

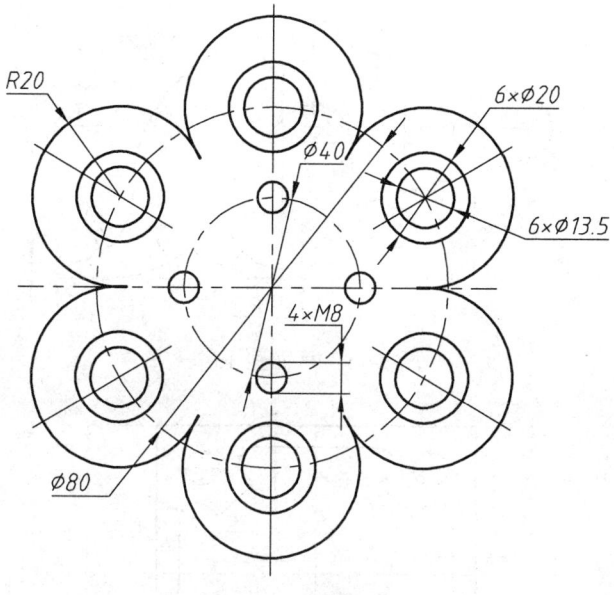

图 7-12　平面图 12

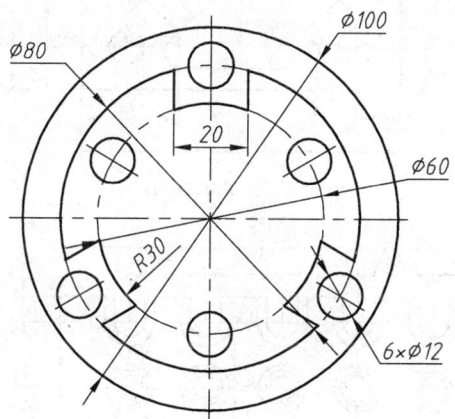

图 7-13　平面图 13

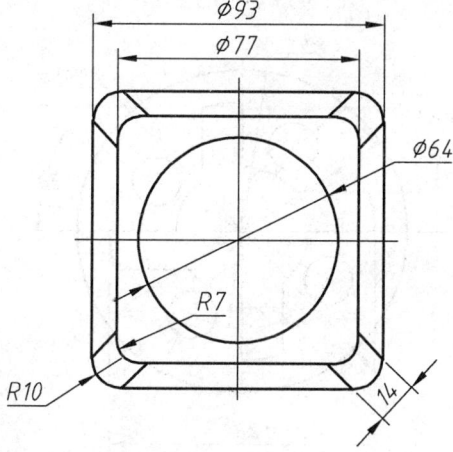

图 7-14　平面图 14

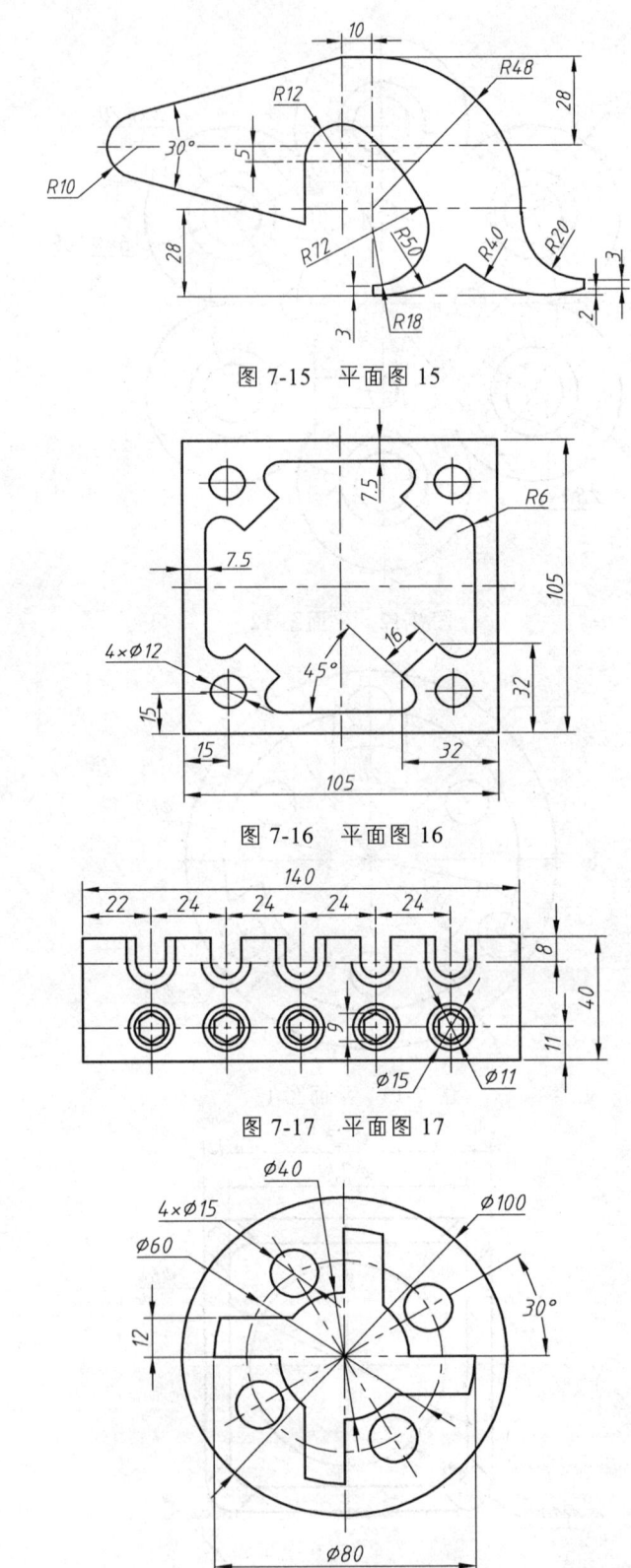

图 7-15 平面图 15

图 7-16 平面图 16

图 7-17 平面图 17

图 7-18 平面图 18

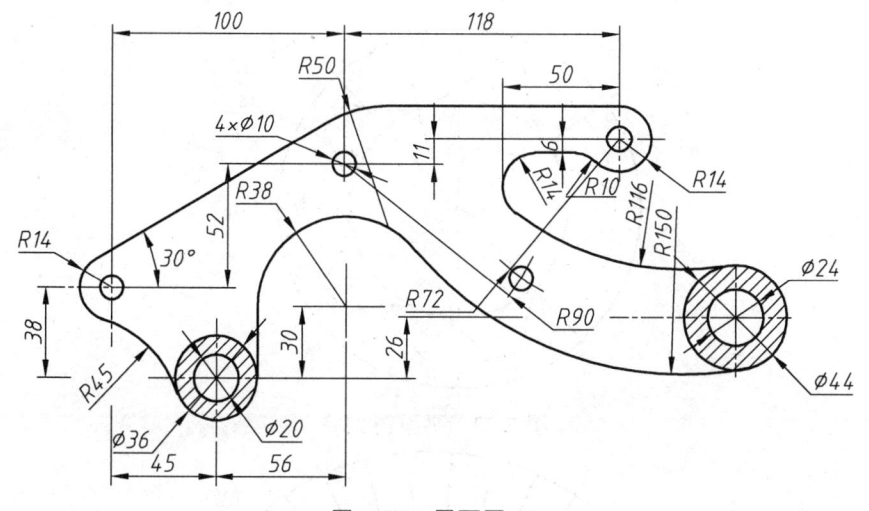

图 7-19　平面图 19

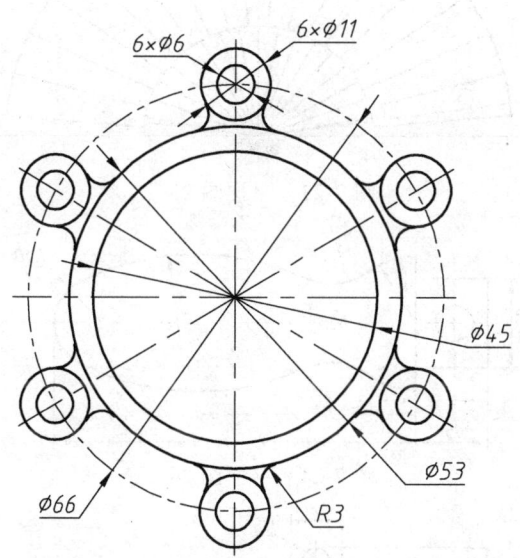

图 7-20　平面图 20

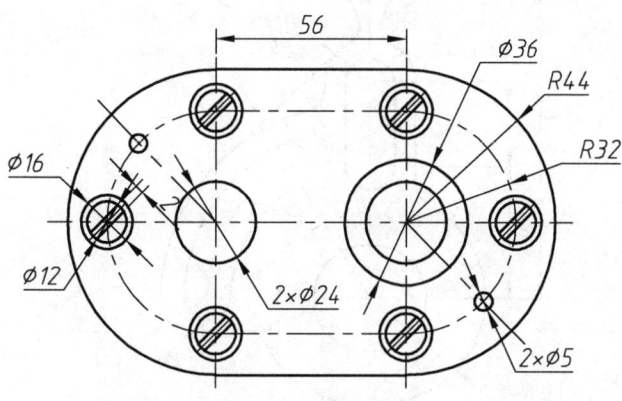

图 7-21　平面图 21

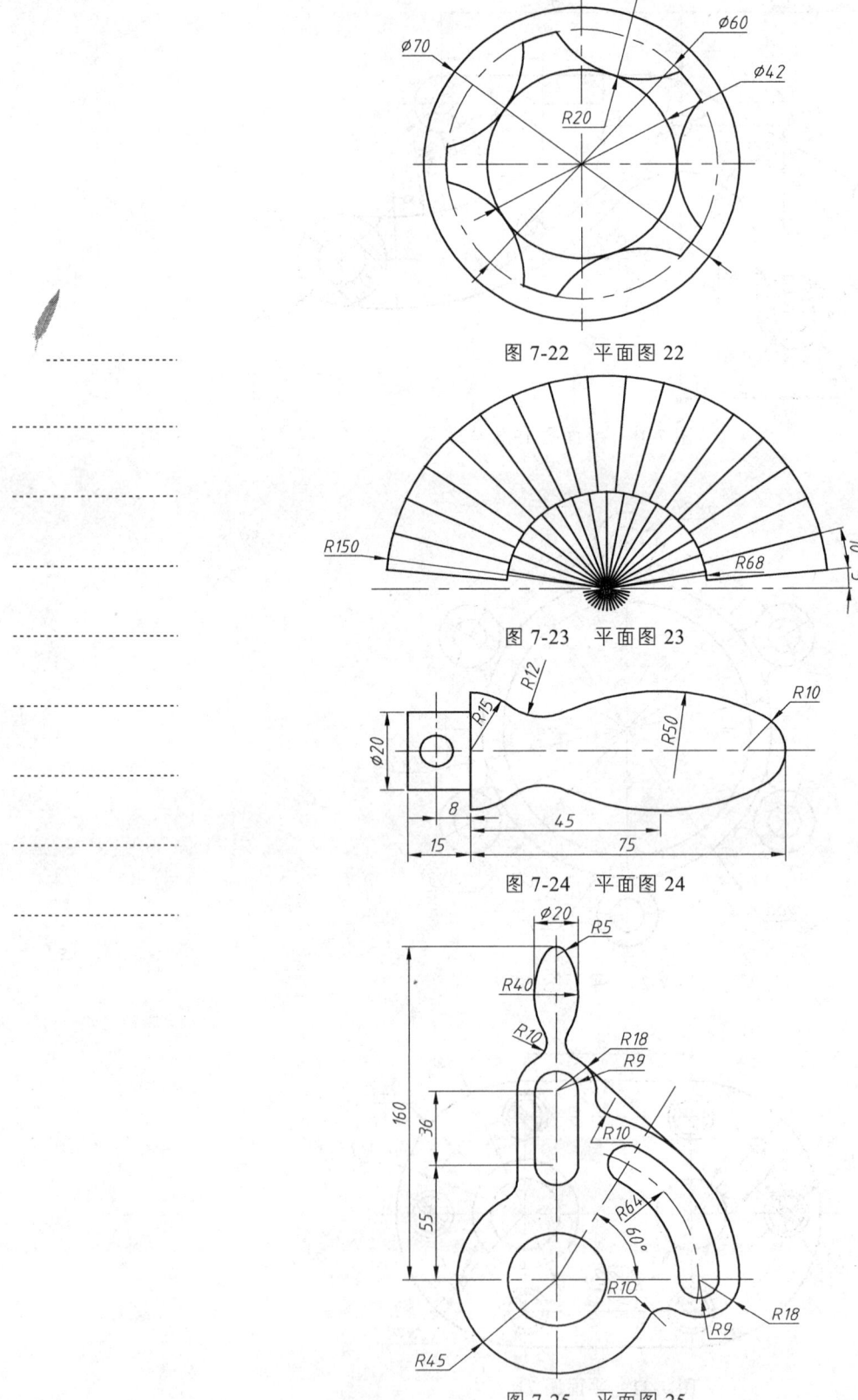

图 7-22 平面图 22

图 7-23 平面图 23

图 7-24 平面图 24

图 7-25 平面图 25

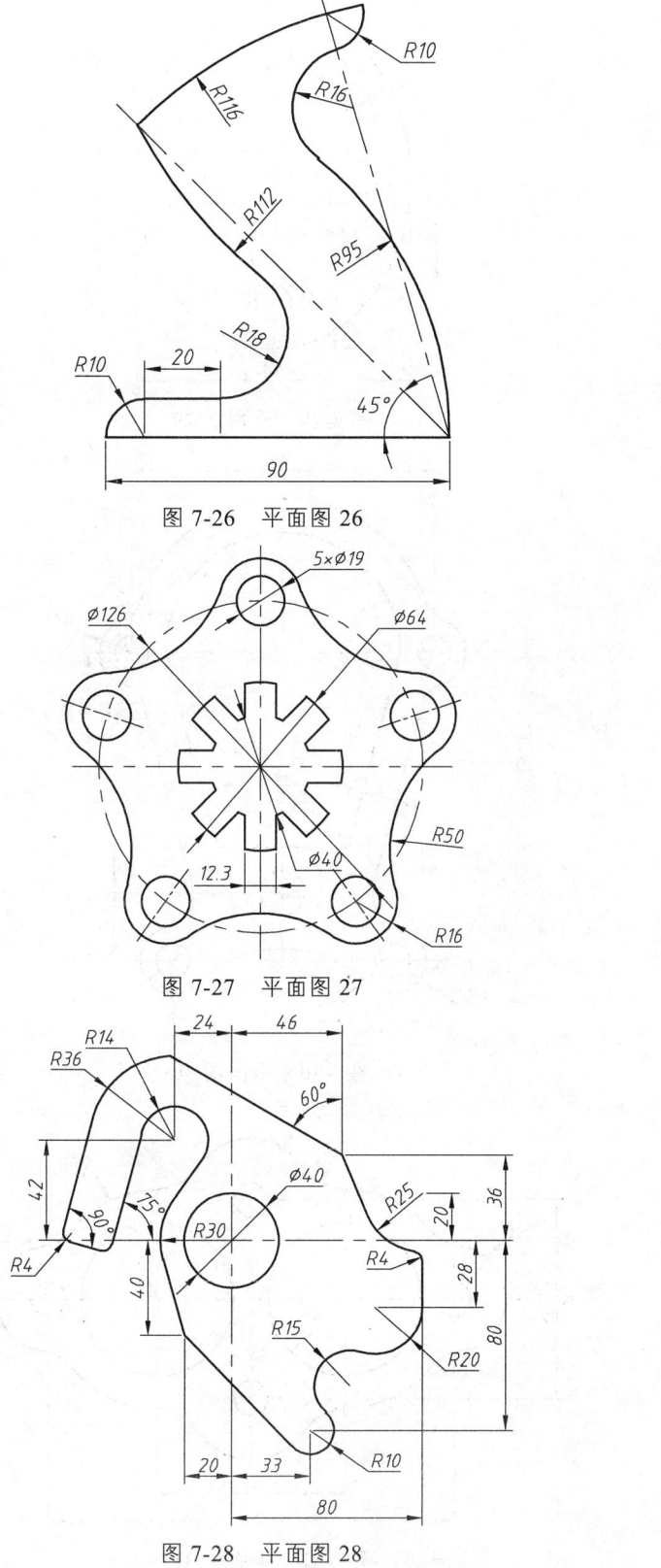

图 7-26 平面图 26

图 7-27 平面图 27

图 7-28 平面图 28

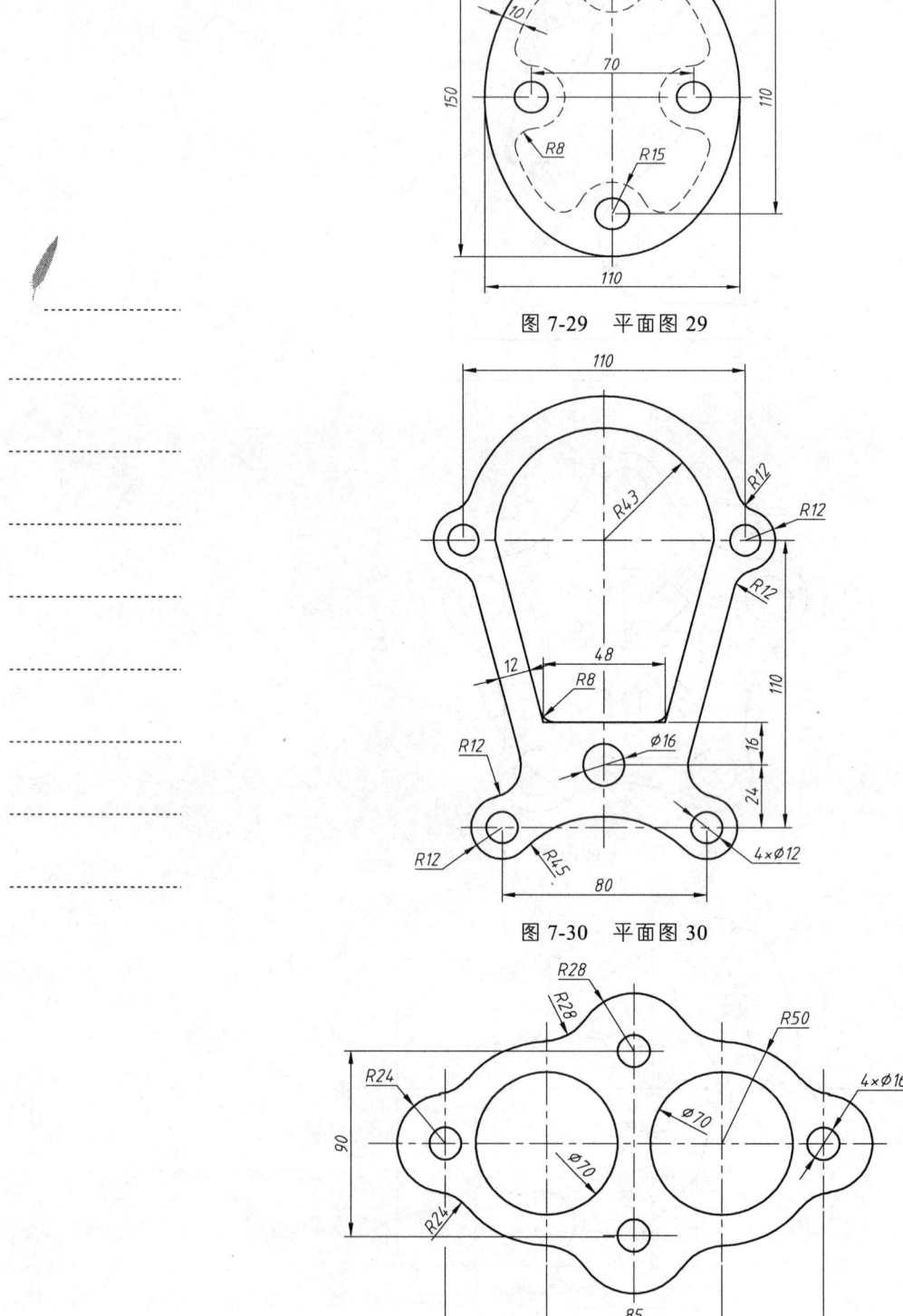

图 7-29 平面图 29

图 7-30 平面图 30

图 7-31 平面图 31

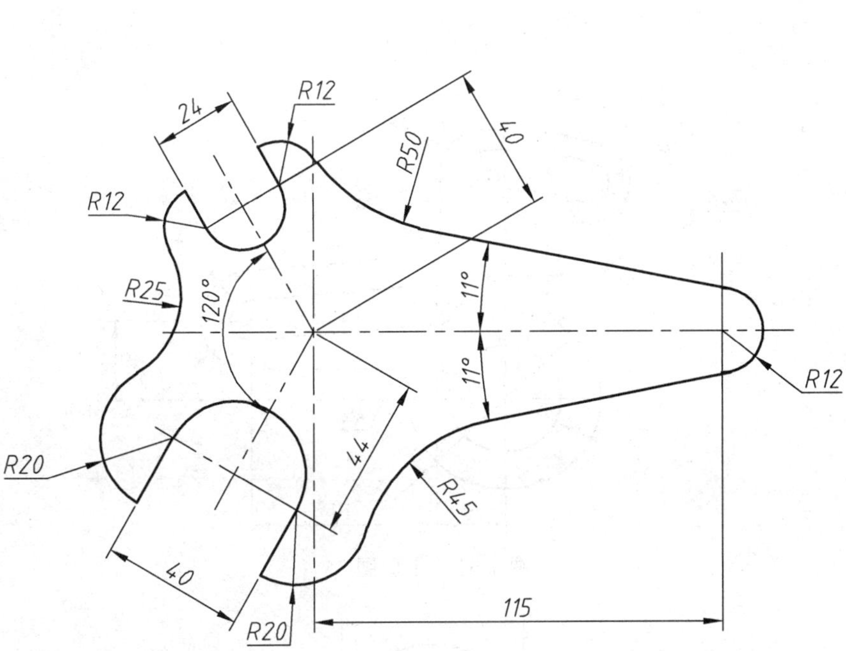

图 7-32 平面图 32

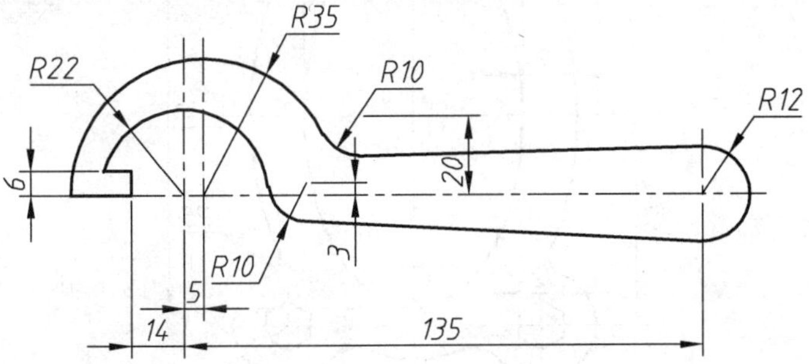

图 7-33 平面图 33

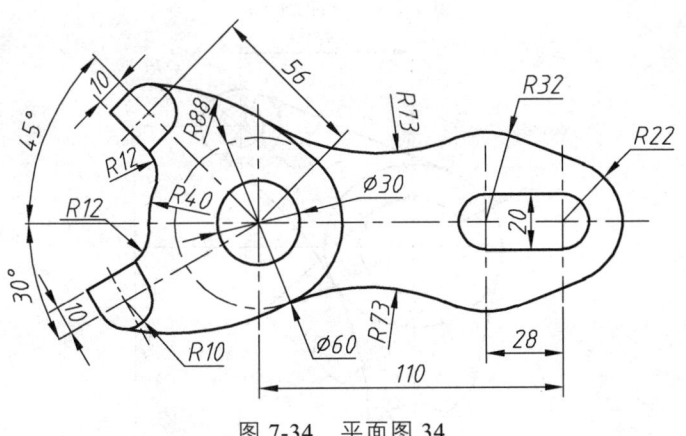

图 7-34 平面图 34

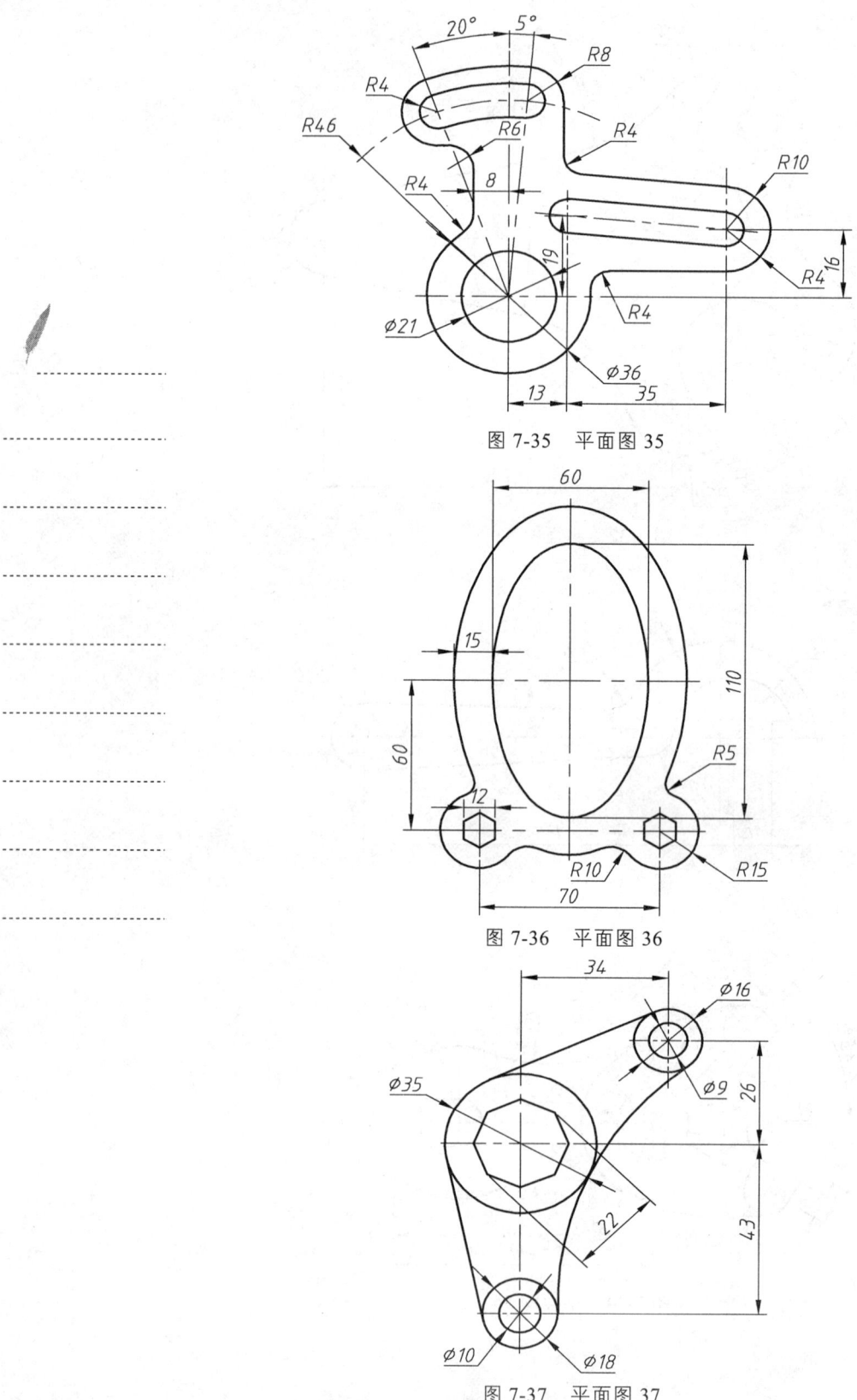

图 7-35 平面图 35

图 7-36 平面图 36

图 7-37 平面图 37

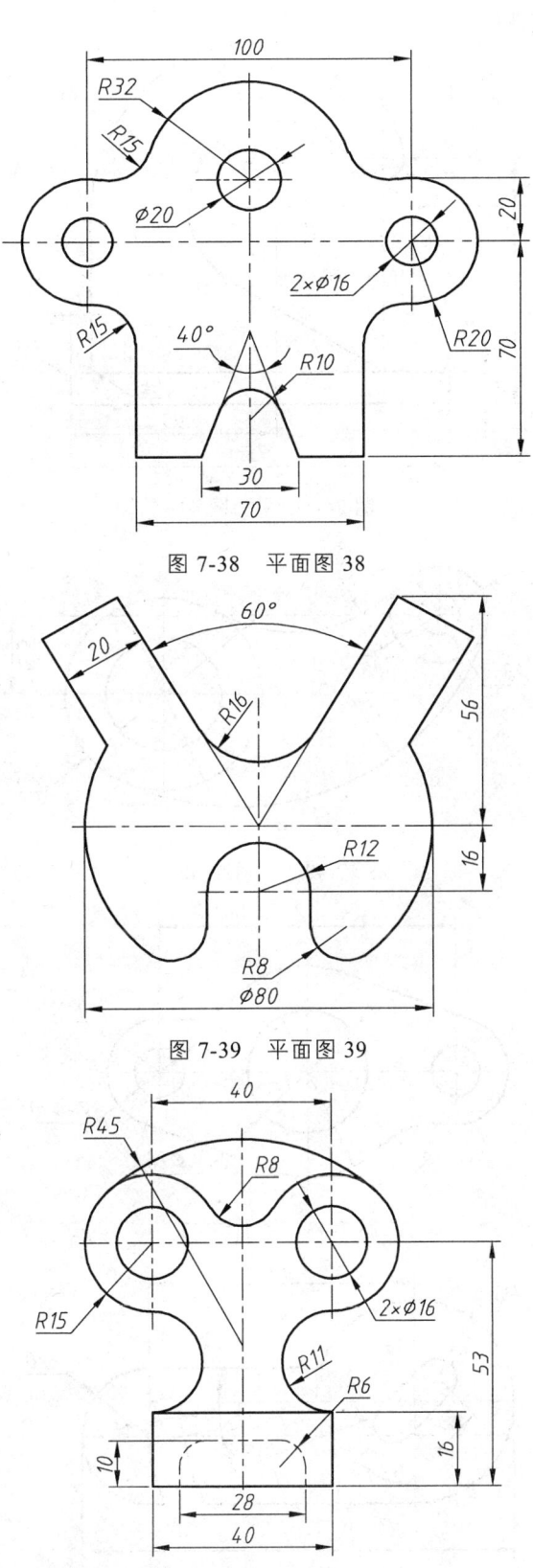

图 7-38 平面图 38

图 7-39 平面图 39

图 7-40 平面图 40

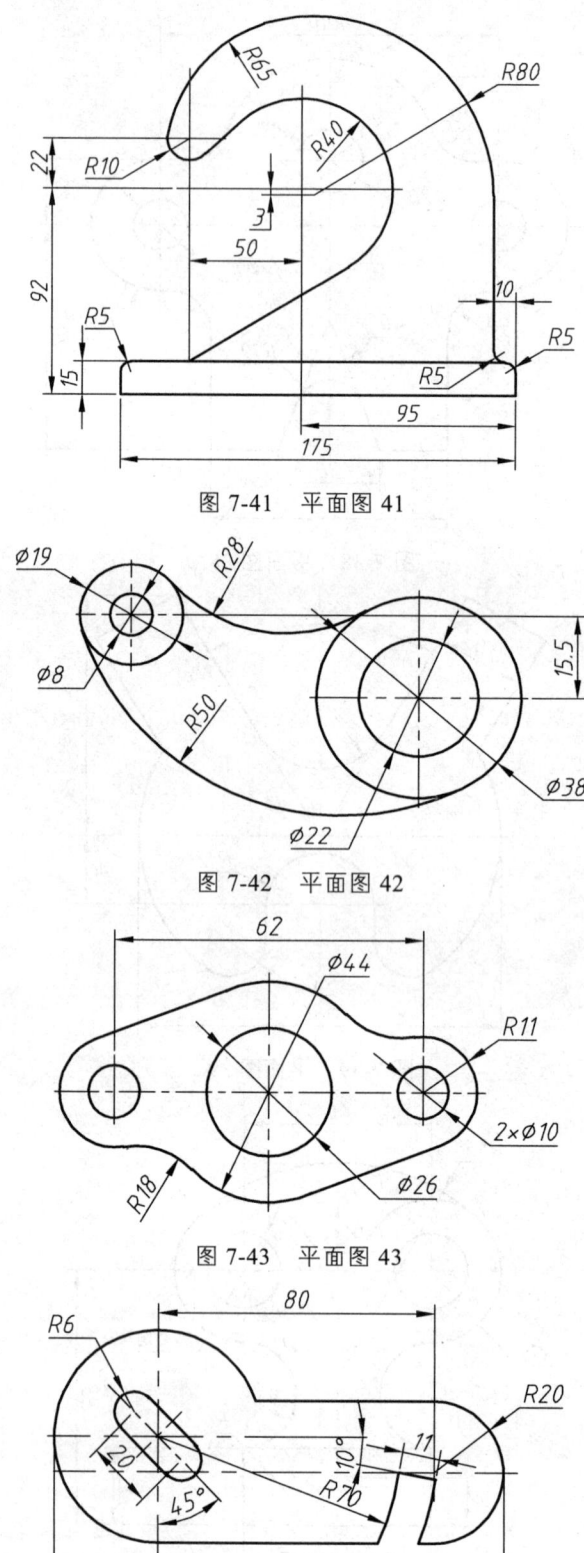

图 7-41 平面图 41

图 7-42 平面图 42

图 7-43 平面图 43

图 7-44 平面图 44

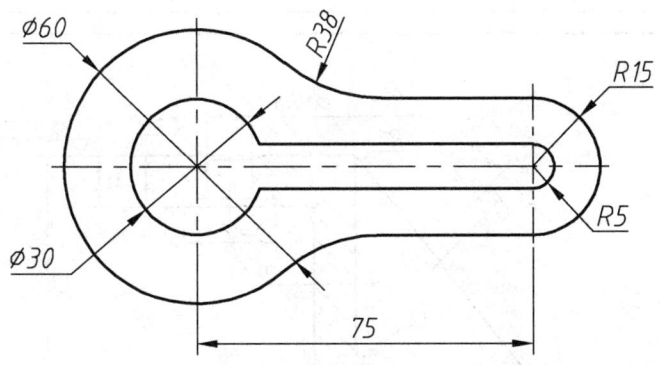

图 7-45　平面图 45

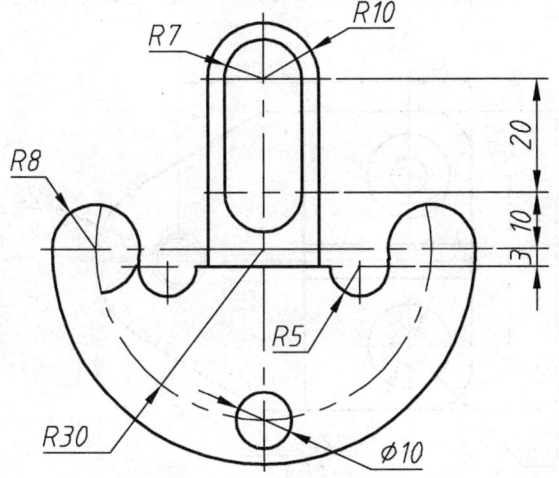

图 7-46　平面图 46

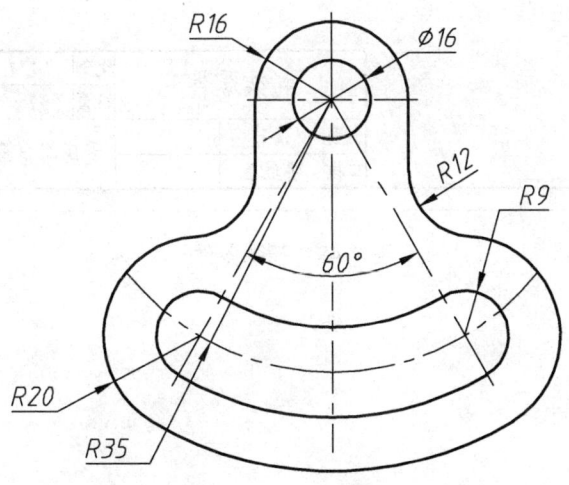

图 7-47　平面图 47

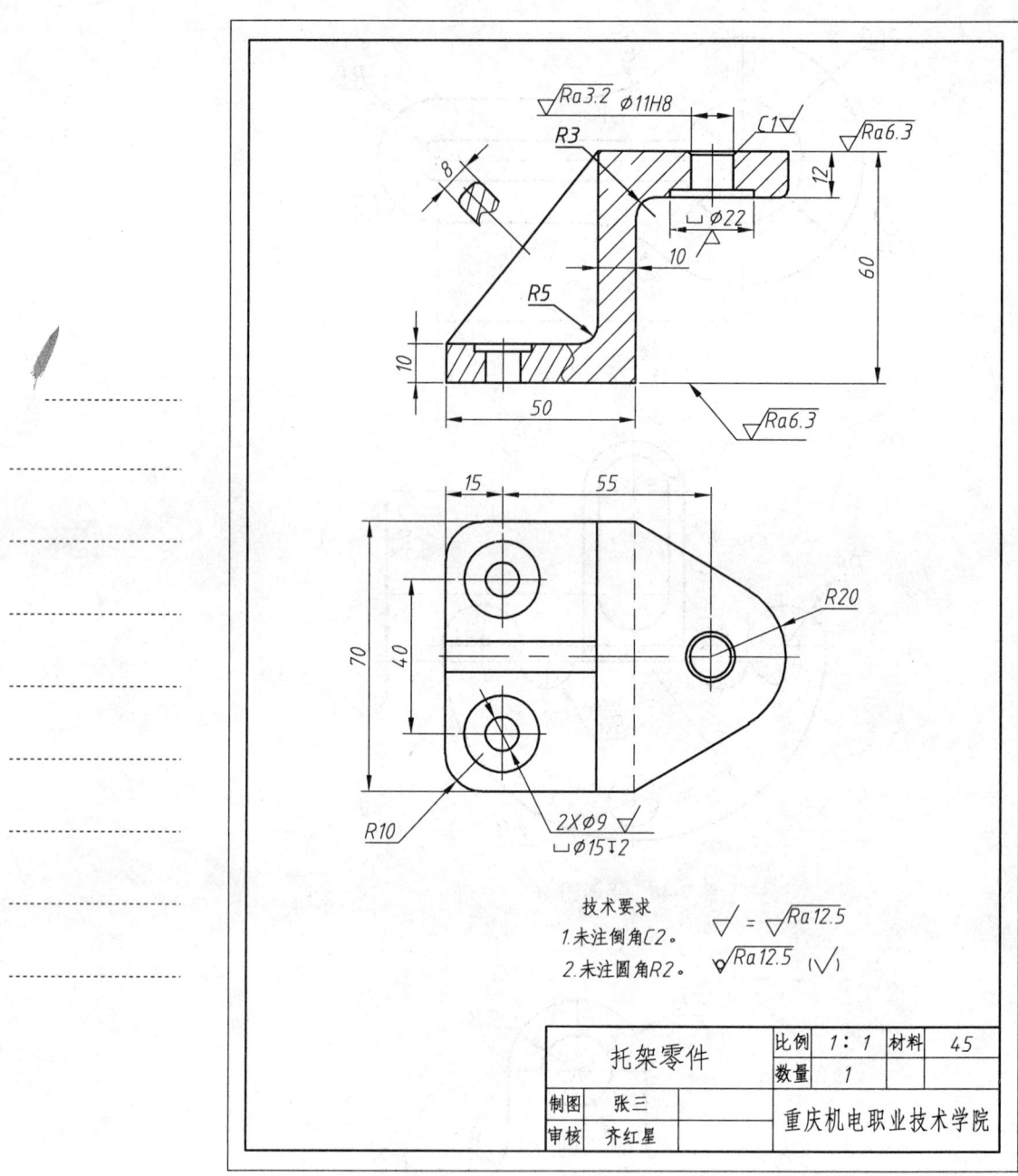

图 7-48 托架零件

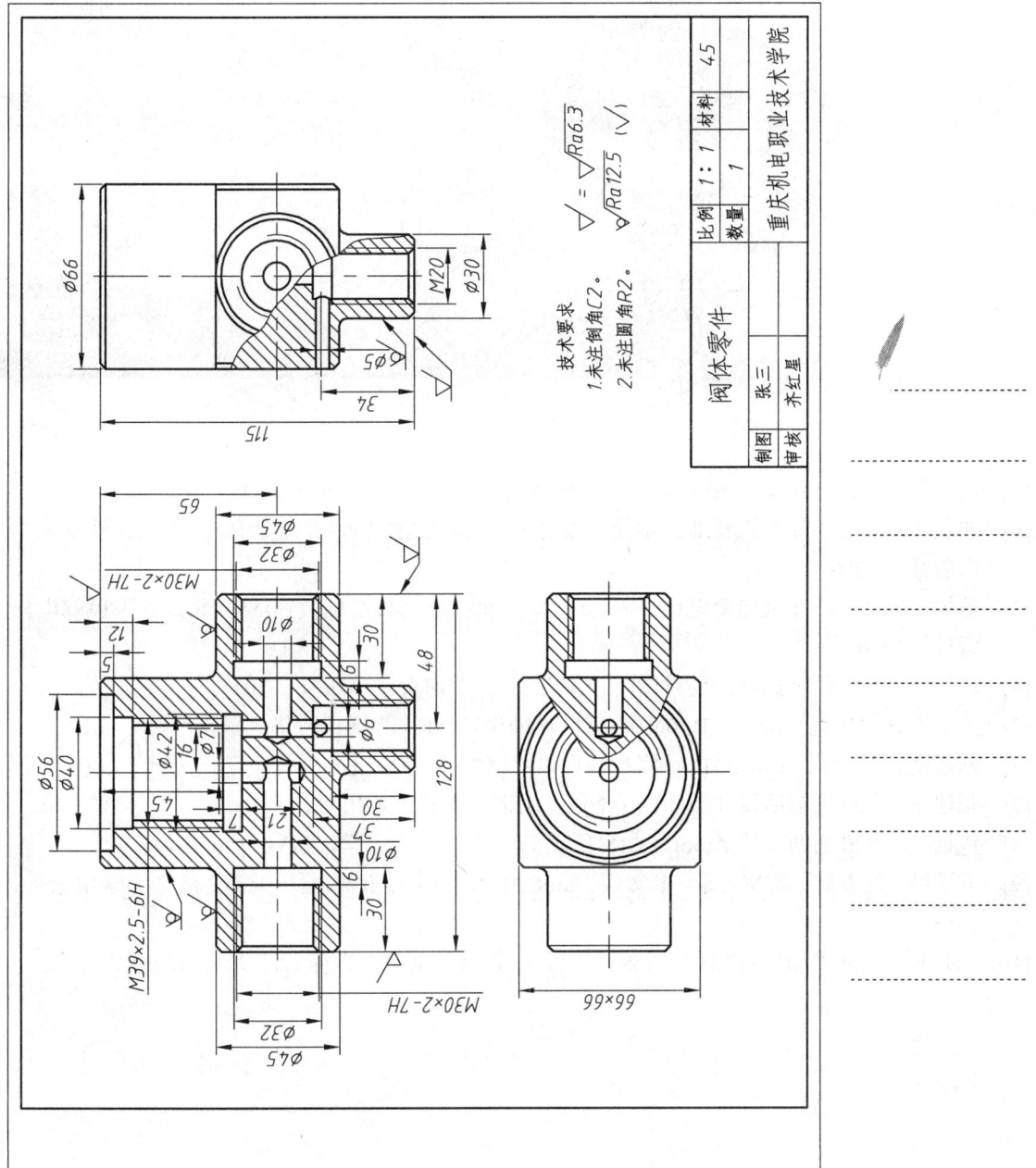

图 7-49 阀体零件

参考文献

[1] 汤爱君. AutoCAD 2017 中文版工程制图[M]. 北京：机械工业出版社，2018.

[2] 本丛书编委会. 计算机辅助二维绘图设计——AutoCAD 2009 中文版[M]. 北京：清华大学出版社，2010.

[3] 姜勇，陈博. 计算机辅助设计——AutoCAD2008 中文版基础教程[M]. 北京：人民邮电出版社，2010.

[4] 陈昌辉. 二维计算机辅助设计[M]. 上海：上海交通大学出版社，2011.

[5] 吴卫平，胡凤菊. AutoCAD2009 计算机辅助设计[M]. 北京：清华大学出版社，2010.

[6] 陈崇刚，瘳金权. AutoCAD 计算机辅助设计[M]. 北京：北京科海电子出版社，2009.

[7] 张建军. 计算机辅助设计绘图[M]. 2 版. 北京：机械工业出版社，2012.

[8] 钱杨. 计算机辅助设计 AutoCAD[M]. 上海：上海交通大学出版社，2006.

[9] 董国峰，黄志欣，高冰，等. 中文版 AutoCAD2008 实用教程[M]. 北京：清华大学出版社，2018.

[10] 孙轶红. AutoCAD2017 计算机辅助设计教程[M]. 北京：北京理工大学出版社，2018.